世界著名博物馆

冬宫博物馆

[俄罗斯] 米哈伊尔·彼得罗夫斯基　主编

邵晋红　刘芳志　译

北 京 出 版 集 团

北京美术摄影出版社

图书在版编目（CIP）数据

冬宫博物馆 /（俄罗斯）米哈伊尔·彼得罗夫斯基主编；邵晋红，刘芳志译. — 北京：北京美术摄影出版社，2023.1

（世界著名博物馆）

ISBN 978-7-5592-0448-6

Ⅰ. ①冬… Ⅱ. ①米… ②邵… ③刘… Ⅲ. ①博物馆—介绍—圣彼得堡 Ⅳ. ① G269.512

中国版本图书馆 CIP 数据核字（2021）第 250024 号

北京市版权局著作权合同登记号：01-2021-5127

责任编辑：王心源

助理编辑：刘舒甜

版权引进：李胜兵

责任印制：彭军芳

世界著名博物馆

冬宫博物馆

DONGGONG BOWUGUAN

[俄罗斯] 米哈伊尔·彼得罗夫斯基　主编

邵晋红　刘芳志　译

出　版　北 京 出 版 集 团
　　　　北京美术摄影出版社

地　址　北京北三环中路 6 号

邮　编　100120

网　址　www.bph.com.cn

总发行　北京出版集团

发　行　京版北美（北京）文化艺术传媒有限公司

经　销　新华书店

印　刷　北京雅昌艺术印刷有限公司

版印次　2023 年 1 月第 1 版第 1 次印刷

开　本　787 毫米 × 1092 毫米　1/8

印　张　76.5

字　数　800 千字

书　号　ISBN 978-7-5592-0448-6

定　价　698.00 元

如有印装质量问题，由本社负责调换

质量监督电话　010-58572393

目　录

冬宫：国际艺术宝库

米哈伊尔·彼得罗夫斯基（冬宫博物馆馆长、圣彼得堡大学教授、俄罗斯科学院通讯院士、俄罗斯列宾美术学院正式会员、历史学博士）

冬宫博物馆（又名艾尔米塔什博物馆）不仅仅是一座高规格的国际美术馆，其自身还是一座具有历史纪念性质的建筑。冬宫斑驳的墙壁见证了沙皇俄国时期的每一个历史瞬间：这里是彼得大帝最后居住的地方；叶卡捷琳娜二世在这里留下了生活的痕迹；亚历山大二世受伤后回到这里，并最终逝世于此；第一次国家杜马是在这里召开；这里还见证了临时政府的辉煌与瓦解。俄国的历史同时也是冬宫的历史，随着时间的推移，冬宫也慢慢变成俄罗斯向世人展现政治文化的窗口，并成为涅瓦河畔的国际文化集中地和展示区。这里收藏着世界顶级艺术作品，数不清的细节与整座博物馆交相辉映，形成密不可分的整体。

彼得大帝与叶卡捷琳娜二世

一切与圣彼得堡相关的历史都是从彼得大帝开始的，当然也包括冬宫，虽然博物馆是由叶卡捷琳娜二世主持建造的，她不仅是彼得最伟大的继承者，也是博物馆最初的收藏家。彼得大帝建立了这座城市和俄国第一所博物馆——艺术房间。当时博物馆收藏的艺术作品很大一部分被搬放到了冬宫，这也是为什么我们的故事要从彼得大帝开始讲起。彼得大帝去世后，这里放置了一尊奇异的、真人大小的蜡像。这尊蜡像不仅面容与死去的彼得大帝毫无二致，连发丝与双手的细节也制作得十分精巧。蜡像的各个部位利用合页巧妙连接，就连衣着也是彼得大帝生前所穿戴的。沙皇生前令民众心生畏惧的压迫感也同样笼罩在这尊蜡像上，可以站立甚至可以自由摆动双臂的蜡像，让人们相信这些艺术作品和纪念物是属于当时那个伟大统治者的。

彼得大帝在这座由他亲手所建的城市里拥有众多住所。位于涅瓦河畔的冬宫在经历多次重建和扩充后成为他生前最后的住所，并最终在这里为他举行了庄严的安葬仪式。到了叶卡捷琳娜二世执政时期，这里被改成冬宫歌剧院，并在G. 夸伦吉的主持修建下得以保存至今。夸伦吉将建筑进行整合，将之前彼得大帝宫殿的一层与外墙打通。如今，在冬宫歌剧院舞台下方还保留着当时彼得大帝的办公室，里面所有的摆件都是其生前所使用的：家具全部出自知名木匠之手，高脚写字台以及旁边摆放的望远镜均是名贵物品。从这里出发，穿过一个房间就能到达博物馆了。房间内摆放着我们上面提到的那尊著名的彼得大帝蜡像，蜡像注视着重建后的庭院，那里摆放着彼得大帝曾使用过的马车和雪橇。彼得大帝冬宫博物馆作为冬宫博物馆群的一部分，是整个俄国历史的典型代表，就连空气和房间玻璃上折射出的光以及屋内的陈列都是历史的一部分，尤其是属于沙皇历史的一部分。俄国每任在位的沙皇可能并不会亲自去收集艺术作品，但被他们所任命的博物馆建筑师们都是最能抓住时代风格的人物。不得不说，在冬宫博物馆能捕捉到各个历史时期的缩影。我们无法直接向大家证明它们之间的联系，即使它们如昙花一现般存在着，但参观者不会忽略其历史的价值。世界上很多珍贵的艺术品都被搬到了俄罗斯，被安置在沙皇曾居住过的宫殿，并在这里焕发着新的生机。

彼得大帝曾将收藏的目光瞄向海外，也正因如此，今天我们才能欣赏到如此多美轮美奂的艺术佳作。他的藏品之中，不乏来自穆斯林、东方和欧洲中世纪的艺术品。时至今日冬宫博物馆馆藏的大部分珍贵画作都是彼得大帝在欧洲艺术品市场收购而来的，特别是荷兰市场。这位沙皇极其关注荷兰人的生活，这也导致一个奇怪现象的产生——除荷兰本土外，最大规模且最能集中展示荷兰派画作的地方居然在俄罗斯，在冬宫。

在冬宫博物馆内首屈一指的藏品要数伦勃朗的作品，据推测，彼得大帝购买回国的第一幅作品就是这位大师的《大卫和乔纳森的拥抱》。这幅油画虽然尺寸较小但内容却令人啧啧称奇：远处，虚无缥缈的风景无限延伸，与庄园碰撞出浓郁的悲剧色彩。奢华的服装、武器、珠宝和圣经人物形象在画布上被刻画得淋漓尽致，犹如一颗神秘的宝石，成为打开东方世界的关键。整幅作品内容饱满：两位朋友互道离别，这可能是二人永远的分离。乔纳森告诉大卫，他的父亲扫罗能成为国王应感谢大卫的帮助，然而如今大卫的声望却让他的父亲萌生杀意。英雄变成对手，儿子为了保护挚友选择背叛自己的父亲。相似的情节在16—17世纪依然上演着，即便是彼得大帝执政时期亦是如此。他总是扮演着家族与追随者、幕僚和朋友之间调和者的角色，协调各方的冲突与矛盾。沙皇在欣赏这幅作品的时候可能未曾思考到这些，或者并没有经常在这幅作品前驻足。但不可否认的是，这幅作品犹如一面镜子般折射出那个时期最为真实的一面。特别是这个故事的结尾，我想大家都已了然于心——被抛弃的大卫同时也是被上帝保护的他，最终成为以色列新一任的国王。

彼得大帝收藏的名画种类丰富，几乎涵盖了荷兰艺术作品的全部内容：各种风景画、生活写实画不计其数。可以看出，荷兰人朴实的艺术思想深得彼得大帝的喜爱，尤其是扬·斯特恩和其他画家关于自己家乡的素描作品。彼得大帝钟爱粗糙而简单的生活，这一点在斯特恩的素描作品中就有很好的体现。通过作品的耳濡目染，西方的生活方式逐渐被俄国民众接受。然后，彼得大帝开始逐步改善并吸收欧洲贵族生活方式的精髓，试图重现俄国沙皇的辉煌，这是文化碰撞与交流的典型案例。彼得大帝巧妙地完成了他作为改革者的任务，但他并非完全仿照他人，而是采用一种杂糅的、融合的形式完成。

从广场瞭望冬宫（建于1754—1762年）
建筑师：F. B. 拉斯特雷利

一些荷兰画中呈现的粗野场景让我们不禁重新审视彼得大帝的生活方式，特别是他的海外生活。有传言说，彼得大帝和他的幕僚曾经在英格兰因醉酒而将他们的住所搞得乱七八糟，屋内所有的装饰品和装饰画被破坏殆尽。彼得大帝和他的幕僚在英格兰居住的房间内摆满了非宗教题材的世俗画，也成为激怒在宗教圣像画中长大的贵族们的导火索。尽管这样的解释显得有些苍白和牵强，但不可否认的是，俄罗斯的文化正在进行一次不可避免的激烈碰撞。在那之前，沙俄对于非宗教题材的世俗画知之甚少。毕竟很少有人把笔墨用在圣像以外的肖像作品，世俗的生活场景和其他历史人物故事也鲜少出现。不过这种想法一旦出现，即使显得有点不合时宜，但还是引人注目的。也正是这样的时代环境为西方艺术的传播提供了便利。维护传统的保守派遭到驱逐，拥护新事物的发展派被热情接纳。搜罗艺术作品的风潮在整个圣彼得堡蔓延开来。俄国人在彼得宫内的普拉希尔宫建立了其历史上第一座美术馆，同时，贵族的官邸和卧房也纷纷效仿装饰成画廊的样式。冬宫内，缅希柯夫宫的部分房间被重新修缮，在几间供彼得大帝的挚友和幕僚居住的房间内，挂满了各自家族的肖像画。

尽管上面提到的油画很能吸引大家的眼球，但冬宫非凡的民族志收藏也是一大亮点，民众在好奇心的驱使下对不同文化产生了极大的兴趣，如此一来他们便有机会见识到真正顶尖的艺术作品。圣像画是平面的，艺术家们顶着宗教艺术的光环，在圣像画外面加上画框，二维变成了三维，这就是常说的“透视旋转”。

彼得大帝主持修建的珍奇屋是一间能与欧洲其他同类型藏室相提并论的公共博物馆，允许任何人进入，冬宫亦是如此。这不是什么社会问题，而是历史文化问题。对于广大的公众而言，他们需要一个足够大的地方，一个被世界知名人士和上流社会鉴定过的博物馆。至少对俄国来说，通往博物馆的路将冬宫变成了民主的代言人。这里承载着全社会各阶层人民的精神食粮，无论你年迈或是年轻，无论你贫穷或是富有，学富五车或是胸无点墨，中产阶级也好贵族也罢，在彼得大帝的博物馆里一视同仁。

对于今天的我们而言，珍奇屋里最重要的收藏应数西伯利亚系列藏品，琳琅满目的金器多数是来自古伊朗、斯基提亚、中亚和一些已无从考究的地区。

彼得大帝的儿子诞生时，是整个宫廷和彼得大帝最大的荣耀，贺礼源源不断地被送来。富有的乌拉尔人——阿金夫基·杰米多夫，将斯基泰黄金赠送给彼得大帝，这种古老且珍贵的黄金是从西伯利亚地区的古墓中发现的，通常当地人会将其熔化并重新铸造。彼得大帝则以务实的心态吩咐西伯利亚地区的负责人，让其去购买（注意并非是没收）各式艺术品和文物，用来填满他的珍奇屋。这些也是冬宫最引以为傲的收藏品。彼得大帝也派出了科考队，但并没有什么太大的收获。

冬宫，又称“隐士避难所”。18 世纪众多欧洲宫廷人员会在庭院内建造许多小庭院，在那里招待自己的朋友和客人。由于这种非正式场合的建立，使得主人可以自由选择客人，这些庭院也成为特殊的地方，人们在那里决定一些重要的事项，于是商讨会议开始与利益相匹配了，如同狩猎、艺术甚至是帝国的其他事务。

来自德意志的公主，并没有十分显赫的背景和丰厚的嫁妆，但却在俄罗斯展现了非凡的才能和出色的政治能力，对她而言这绝非易事。她为自己的新家投入了心血，但这个新家不是简单意义上的一个家，而是一个强大的帝国，一个在彼得大帝的努力之下正在逐渐巩固的新国家。简而言之，城市的建造在有条不紊地进行着，并且不断扩张，国家新首都以“圣彼得堡”为名，其背后的意义不言而喻。这座城市的建立更是对罗马和圣彼得之城的挑衅：莫斯科曾自豪地声称自己是第三个罗马（据说当时并不认为会有第四个了），彼得却打算建造出第四个，他并没有仿造排名第二的君士坦丁堡，而是直接效仿排名第一的罗马——一座被誉为永恒之城的城市，以无限的荣耀一直肯定着罗马在欧洲的地位。城市建立在一个强大的力量之上，换句话说，这座城市希望被赋予强大的力量。所有的工作都准备就绪了，圣彼得堡也不负众望地赢得了声誉，但这个国家却还没有达到预期的理想。然而，叶卡捷琳娜二世登台了，她不仅继承了彼得大帝的工作，还成功地完成了彼得大帝的工作。

在她的统治下，俄国逐渐成为一个强大的帝国。欧洲的格局在沙俄大炮的轰鸣声中被改写着，土耳其帝国首当其冲。叶卡捷琳娜二世统治下的沙俄，君主制依然是帝国的主旋律，但进步的思想也在这片土地上慢慢生根发芽。叶卡捷琳娜二世的统治因融合的文化、自由的思想和个人的聪慧才智而受到世界瞩目。

在圣彼得堡，女沙皇为其前任竖立了一块纪念碑，上面写着：“因有彼得，才有叶卡捷琳娜”。事实也的确如此，叶卡捷琳娜二世实现了彼得大帝耗尽毕生心血所追求的理想。也许，德国血统为她性格的塑造提供了先决条件，但不可忽略的是，在彼得之后没有谁能像她那样生活得像一名如此纯粹的俄国人，无论是行为习惯、生活方式还是在治理国家方面。她不关心任何国家利益以外的事情，叶卡捷琳娜二世早就为自己要扮演的角色做好了准备，她的丈夫——未来的沙皇彼得三世，基本上已经不具有与其相当的能力了。生活在彼得大帝和伊丽莎白一世光环下的这对年轻夫妻，也同样约束着自己的生活：小彼得不仅学习军事技术，连私下里也扮演着士兵的角色；他的妻子则通过阅读了解欧洲的哲学文化，平等与博爱的思想在当时是时髦的表现。叶卡捷琳娜二世对伏尔泰和狄德罗的思想表现出了极大的热忱，并以此作为自己的灯塔；同时，这些思想也提升了她的能力，为她今后的政治实践奠定了基础。这样的灯塔效应一直维持了很长一段时间，甚至是登基以后，叶卡捷琳娜二世也认为他们所提出的乌托邦理论与其他不切实际的理论相比已经非常的谨慎和实际了。实际上，叶卡捷琳娜二世一直试图建立一个公正的君主制国家，但最终仍以失败收场；她意识到镇压叛乱者和敌人是不可避免的，于是没过多久改革开始了——即使不情愿但也势在必行。狄德罗来到了圣彼得堡，一方面佩服，一方面却又难掩失望（伏尔泰曾经在另一位“野蛮的”执政者腓特烈二世身边有过类似的经历），致使狄德罗放弃了这次旅行。在沙俄的生活如同在普鲁士一样，并不会变得像在法国和瑞士一般。

在腓特烈二世摄政期间，他和他的臣民在叶卡捷琳娜二世那里依然受到尊重，即便他们是沙俄最大的竞争对手。伊丽莎白一世曾率军入侵柏林，但时间不长。不久后伊丽莎白一世逝世，彼得三世得以继位，随后他便与普鲁士握手言和，同时对他们以礼相待。

精明的叶卡捷琳娜组织了一场宫廷政变，随后于1762年，成功地登上皇位成为新一任沙皇，而她的丈夫遭罢黜后被杀死。她在欧洲的首次亮相是在1764年。她在欧洲古玩艺术品市场上大肆收购名画，当时的古董商人戈茨科夫斯基有一批普鲁士国王腓特烈二世预订的货品，但由于普鲁士与俄罗斯发生战争，已没有多余的钱用于支付这批艺术品，况且腓特烈还需要大量的资金以满足他对瓷器的需求。与此同时，戈茨科夫斯基大量收购粮草为俄罗斯军队在德国的长期作战做准备，而让他万万没想到的是，战争在很短的时间内便结束了，随之粮食价格突降，戈茨科夫斯基既无法解决堆积的粮食，也无力偿还俄罗斯的欠款。为摆脱困境，戈茨科夫斯基决定将之前腓特烈二世订购的名画转手给叶卡捷琳娜二世，用以偿还欠款。这无疑是一场胜利，如同在柏林郊区赢得的胜利一般。200多幅作品随后抵达圣彼得堡，不久便被收藏在了冬宫。

实际上我们现在所谓的冬宫在那个时候并不存在。当彼得三世即位后，他与皇后叶卡捷琳娜共同居住在原为伊丽莎白一世修建的新冬宫内，建筑师是有着“俄罗斯风格”的F. B. 拉斯特雷利，这位极富才华的建筑师的作品保留了许多意大利建筑的传统。叶卡捷琳娜在彼得宫发动宫廷政变，当她囚禁了自己的丈夫以后又回到了冬宫——这座承载了俄罗斯光辉的皇家宫殿。拉斯特雷利充分地运用巴洛克风格来打造这座建筑，使用了大量的白色大理石立柱，米白色的墙壁上窗檐以波浪形石膏做装饰，屋顶上还有许多奇怪的石头雕塑（现在已经用青铜替换了）。建筑风格受审美品位的影响，同样，叶卡捷琳娜二世的品位则深受彼得宫和冬宫的影响，并且占据了冬宫东南侧的位置。在她的私人卧室内，巨大的阁楼被许多造型奇异的东西所占据，房间也根据家具风格进行区分：波斯式、土耳其式、中国风等。这里经常招待特殊的客人，他们一边玩着手中的牌，一边欣赏着这些奇珍异宝，这里就是现在所说的冬宫了。

与此同时，另一名法裔俄罗斯建筑大师瓦伦·德·拉·莫斯，在冬宫的旁边修建了另一个宫殿，就是如今人们口中的小冬宫。伏尔泰喜欢神话，他将叶卡捷琳娜二世形容成北方的赛米拉米德[①]。我们对这位生活在巴比伦地区的女王知之甚少，只知道她是一名伟大的君主，拥有众多空中花园，这些花园一直保留至今。叶卡捷琳娜二世也拥有一座那样的空中花园，而且一直保留至今。这可不是什么魔法世界，毕竟我们在众多神话故事和历史故事中都能发现它们的踪迹。叶卡捷琳娜二世的空中花园和那些欧洲宫廷的花园以及彼得大帝在彼得宫修建的花园一样，都长满了许多不知名的藤蔓。藤蔓把花园里的凉亭穹顶都覆盖住了，就跟一间密室似的。我们在沙皇村发现了一个类似的凉亭，还有一个位于冬宫空中花园的南面。用于商讨秘密事项的房间是不会安排仆役的，在这些房间里有一张升降桌，当酒席预备妥当后，会从地下缓慢升起，午餐结束后又可自动撤回。在场的人尽情地吃喝、交谈，最重要的是，他们不用担心信息会外泄。

这样的冬宫毫无疑问地变成了叶卡捷琳娜二世非官方的外宾接待处。我们找到了当时制定的一些规则，其中几条现在还被用在博物馆的入口处，其中不乏一些有趣的规定：

所有跨过此门槛的人都要遵守以下规定：

1. 把你们的阶级感都扔在门外吧，特别是礼帽和佩剑，无论什么尺寸的。

2. 带着傲慢和架子这些东西，是进不了这个房间的。

3. 在这里可以享受一切快乐，但请不要破坏任何物品，不要破坏他人的乐趣。

4. 可以随意走动，站着或者坐下都可以，但请不要影响别人。

5. 说话时请注意音量，不要大声喧哗，千万不要成为别人的负担。

6. 争吵时不要动武或过于激烈。

7. 避免叹气和打哈欠，不要把沉闷和烦躁的情绪传染给其他人。

8. 可以自己想法子和在场的其他人一起打发时间。

9. 可以痛快地吃你想吃的，但喝酒要适量，毕竟你还要靠自己的双腿走出这道门。

10. 左耳朵进右耳朵出吧，不要把你听到的事情带出去。

如果有人违反了上述规定，并且有两名见证者，那男士将被惩罚喝下一杯冰水，女士也不例外，要高声朗读一段诗歌《泰勒玛克德》。而对于那些一晚上违反了3条规定的人则需要学习六段《泰勒玛克德》诗歌。最后，对于那些违反了全部条例的人而言，很不幸，他今后都将无法参与这里的任何活动了。

即便喜欢开玩笑，叶卡捷琳娜二世也从未做过什么出格的事情。乍一看她所采取的措施是与彼得大帝所制定的节日庆典相违背的：彼得大帝执政时期，宴会是一件稀松平常的事情，而到了叶卡捷琳娜二世执政时期宴会则多了许多规定和条目。沙龙是一个需要有聪明才智和得体举止的人参与的场所；作为惩罚，是不能喝除水以外的红酒或者伏特加的。在沙龙里，人们还要一起阅读著名古典诗人特列季阿科夫斯基的诗歌的经典片段。当然，言行轻佻也是不被允许的，但并不会过分约束，只要在合理范围内即可。

扬·斯特恩善于表现欢乐的宴会场景，所以他的作品在贵族

① 赛米拉米德：古希腊神话中尼诺斯国王的传奇王后，她成功地接替了国王的王位。她的名字流传在亚述各地和整个美索不达米亚、波斯、小亚细亚、阿拉伯半岛和高加索地区。

拉斐尔长廊（建于1783—1792年）
建筑师：G. 夸伦吉

的收藏中占有一席之地。俄罗斯的宫廷正慢慢走向西化，同时还带着些许彼得大帝和伏尔泰的思想与处世方法。宫廷有时也会在冬宫举办的一些私人会谈和在娱乐活动中商讨重要的事项，因此保密是宴会准则中的第十条规定。皇家沙龙也会展示戈茨科夫斯基收集的名画，其中包括弗兰斯·哈尔斯的作品，他是一位优秀的荷兰画家，精湛的画技能够完美地渲染出所有黑色的阴影。霍尔奇尼斯的两幅作品也值得一提：《亚当和夏娃》和《耶稣受洗》，取自《圣经》中两个耳熟能详的故事，分别是圣经《旧约》与《新约》最开始的故事。冬宫现代化的故事也是从这里开始的，如今这两幅作品被安置在圆形展厅，也是博物馆的代表之作。对于冬宫而言这是历史转型中最具代表性的事情，即其收藏一开始就带有一定的政治色彩。

沿着空中花园，冬宫所有的艺术藏品室相连在一起，这里有最新收购的油画作品，所有藏品被彼得大帝精心挑选和分类：古典的、中世纪的、当代的，无一不体现着他的艺术品位。他偏爱奢华的珠宝，从不吝啬在珠宝上花钱，也从不吝啬时间去把玩和欣赏它们。即使没有原件，仿制品他也不会介意。对此，叶卡捷琳娜二世在历史上也留下了浓墨重彩的一笔，这也成为对那些认为沙皇对于艺术品不应投入过多精力的人的强有力的回击。有些人则认为，艺术品至少是提升个人品位的一种方式，可能有夸张的成分在里面，但请大家不要忘记，当叶卡捷琳娜二世不得不把自己收藏的部分石刻艺术品转移到冬宫的时候，她是多么的不情愿。

我们都知道，当叶卡捷琳娜二世心情不好的时候，她喜欢去看看雕版画，这也是她疯狂复制梵蒂冈拉斐尔长廊的起因，她倾慕这些艺术。对于叶卡捷琳娜而言没有什么事情是做不到的，G. 夸伦吉在圣彼得堡正修建着一座美术馆，与此同时，在罗马的一支画家团队正将壁画复制到帆布上，只有少许的细节被更改。壁画中美第奇的族徽变成了俄罗斯雄鹰；或者，在走廊的尽头摆放了一幅拉斐尔的肖像画；同时用窗户取代了长廊开放式的拱门。最终的结果是，一座非凡的美术馆由此诞生，每一位到冬宫的参观者无不为之惊叹，这也导致即使到现在，俄罗斯的儿童依然在学习着《圣经》里的故事。

每当新的艺术作品被送来的时候，彼得大帝都急不可耐地想要先睹为快。但叶卡捷琳娜二世可不是这样冲动的人，毕竟盼望时的惊喜经常会被残酷的真相所吞噬，特别是被告知这些送来的作品是赝品的时候，科雷焦[②]就曾拒绝收下那些赝品和其他一些仿制品。这些珍贵的艺术作品经常在运输的途中发生意外：比如，一批由著名收藏家布兰坎普收集的艺术品，从荷兰经海运出发，然而玛丽夫人号货船在途经芬兰港口时突遇风暴，最终导致这批艺术品被留在了瑞典。据说当时船长并没有向船员下达抗击风暴的命令，而是带着所有人一起祷告。船沉没以后，虽然能找到当时的失事地点，但却未能成功打捞出来。20 世纪末，玛丽夫人号货船被重新发现并得到证实，如今我们正在考虑将失事船只打捞上来并还原部分艺术品的可能。在冬宫，叶卡捷琳娜二世一边品尝着红酒，谈论着或打着纸牌（也有人说沙皇会用钻石来代替筹码，谁知道呢，或许是真的吧），然后尽情欣赏着那些油画。毫无疑问，国内外的政治问题都在这里得到解决；在这些屋子里，叶卡捷琳娜二世听着大臣汇报关于国家的各种情况，如果听到不开心的事情，她总能在身旁的油画或珍宝中寻得安慰。这里真不愧为“隐士的庇护所”啊……

叶卡捷琳娜二世对艺术和收藏的喜爱是毋庸置疑的，艺术品同样也成为展示沙皇权力与霸权的手段和标志。拥有它们，即拥有整个俄国。现在俄国就是叶卡捷琳娜二世唯一的家乡，这也是她与其他俄德联姻的女人的区别。收藏对这位女沙皇来说已经成为一种情感的表达和政治的手段，毕竟整个俄国最优秀的人都在为她服务。在这种环境下，叶卡捷琳娜二世已经知道该如何把他们聚集到自己身边，并引导他们对自己忠诚，这就是她在军事、政治和经济上成功的原因。即便是在收藏领域，叶卡捷琳娜二世也成功地建立了一支国际专家“团队”，只有最优秀的艺术家才能正确地把握住沙皇的品位与欲望。狄德罗是哲学家、文学家、启蒙思想家，聪慧过人却愤世嫉俗，同时也是冬宫藏品最重要的收购者和组织者之一，他作为欧洲“左派”知识分子的代表人物，对当时俄国的现状充满同情；瑞士人佛朗索瓦·特龙金是一名古董画商人，他代表着欧洲的资本家；戈利岑王子是俄罗斯贵族和外交官的代表，他们都知道女沙皇喜欢的是什么，她和国家需要什么，他们成为了女沙皇的西方顾问。

戈利岑王子为女沙皇贡献了极为重要的一件艺术品——伦勃朗的《浪子回头》，同时也丰富了冬宫的收藏内容。伦勃朗精湛的绘画技巧将一名画家所具备的才能与笔法展现得淋漓尽致，特别是对于《圣经》中最让人匪夷所思的教义，和从三位一体到对罪人之爱的诠释。作为一名真正的收藏家，正因为戈利岑王子对这件作品足够珍视，所以最终才能得到它。这是一件了不起的事情，我们终于为这幅名画找到了一个合适的位置，如今在议会楼梯的顶部就能看见它，映照在涅瓦河粼粼的波光之中。时光飞逝，从白天到黑夜，岁月在画面上留下了痕迹，它是时间的见证者。冬宫作为博物馆（和宫殿）一直延续下来，无数的窗户让作品沉浸在自然光线中，这是作为辅助手段的人造光源所取代不了的。

现如今冬宫绝大部分的油画藏品都是在叶卡捷琳娜二世执政时期收购的。没有哪个美国人可以承受住俄罗斯帝国的艺术攻击。此外，作为一位经验老到的女性，她十分清楚作品的市场价值与经济价值。沙皇从不在价格上多费口舌，当然也不从吃亏，所以她从未“天价”购买过哪幅作品，也不会让卖家做赔本的生意。叶卡捷琳娜二世在艺术上的成就可以与她的军事和政治才能相媲美。因从戈茨科夫斯基手中成功收购了藏品，沙皇的竞争对手腓特烈二世被狠狠地“羞辱”了一番。另一个拥有相同“待遇”的是萨克森选帝侯奥古斯都，这位历代大师画廊[③]的缔造者，在

② 科雷焦：意大利北部地区的一个市镇。

③ 历代大师画廊：位于德国德累斯顿的绘画作品展示场所，画廊因拥有 15—18 世纪的杰出画作而享誉世界，其收藏的重点之一是文艺复兴和

圣乔治厅（又名王位大厅，建于1795年）
建筑师：G. 夸伦吉
后经V. P. 斯塔斯托夫与N. E. 叶菲莫夫重建

艺术品收藏方面有个强大的竞争对手——首相海因里希·布鲁尔伯爵，后者凭借自己出色的外交技巧和对人性的洞察，成功地收购了一件又一件的稀世珍宝。在他弥留之际，继承人认为声望是更重要的财富，于是，1769 年继承人将布鲁尔伯爵的全部藏品悉数送到了叶卡捷琳娜二世的手中，这无疑成为欧洲艺术品争夺战中最为重大的举动。

布鲁尔收藏了众多经典作品，但其中最具代表性的当数一幅小型画作品（只是就尺寸而言）——提埃坡罗的旷世之作：《米西奈斯向奥古斯都展示七艺》。从国王的阳台向外眺望，整个德累斯顿④的景色尽收眼底。奥古斯都不仅是萨克森王国的王子，同时也是波兰的国王，而米西奈斯很自然地就好比是布鲁尔伯爵。作品内外，一切都相得益彰，然而，当油画被运往俄国以后，一切都变了，古老的主题被赋予了新的内容。现在，奥古斯都和米西奈斯都代表着叶卡捷琳娜二世。

同一时间，鲁本斯的《珀尔修斯和安德洛墨达》也来到了冬宫。众所周知，佛兰芒派的大师们的作品常以巨大尺寸、画中人物丰满的体态和丰富多彩的生活场景著称。然而冬宫所收藏的这幅却与之相反，尺寸不是很大，作品准确地诠释出珀尔修斯杀死怪物并解救出安德洛墨达的场景，各种细节也展现得淋漓尽致，如画家对美杜莎之盾和飞马的刻画，都极具巴洛克的艺术风格。在这幅作品中，安德洛墨达是极其壮美的，这与传统的佛兰芒艺术流派中对女性体态的刻画有很大的不同。对于鲁本斯而言这是一次不寻常的尝试，然而对于冬宫这却是一个典型的存在。因为太大尺寸的绘画很难运往如此遥远的俄国，并且要支付更高昂的运费，这也导致博物馆只能接受画家手绘的且尺寸较小的名画。

冬宫是全世界拥有最多鲁本斯精品绘画的博物馆。鲁本斯善于运用大尺寸画布来表达自己的艺术语言，其代表作要数《狩猎狮子（草图）》、《玛丽亚·德·美第奇的加冕（草图）》。客观来讲，这些藏品都优于卢森堡官方收藏的绘画。《伊莎贝拉幼时的女仆的肖像》是另一件佛兰芒派的代表作，这幅作品与前者来源不同，不过这都是“军事胜利”的结果。1772 年叶卡捷琳娜二世收获了一大批精美的法国艺术品，原先这些艺术品属于皮埃尔·克洛扎侯爵，但这位继承者决定转让所有的艺术品。狄德罗一直想进入俄罗斯宫廷，因此他主动请缨做两方之间的联络人，而最后成交的价格在当时也是绝无仅有的。但偶尔也会有下面这样的情况发生：有些人因拒绝支付拍卖的款项从而被告上法庭，担心这些艺术品会落入斯拉夫人之手，而他们的当权者当然很了解这些艺术品的价值。叶卡捷琳娜二世依然会支付一笔可观的费用，但她没有商人的傲慢，毕竟这是身为女沙皇的风范。

另一方面，叶卡捷琳娜二世也委托法国赛夫尔的著名作坊为其提供珠宝服务，但由于报价过高，叶卡捷琳娜二世推迟了尾款的支付，也与对方产生了矛盾。赛夫尔陷入破产边缘，伴随而来的则是政治骚动，最后，叶卡捷琳娜二世还是以合理的价格支付了这笔订单，也成为当时挽救法国手工艺术品行业的重要举动。同样的情形还出现在 20 世纪初，冬宫内灯泡的订单将荷兰飞利浦公司从破产的边缘拉回来。

这里不得不提收藏界的克洛扎家族，包括皮埃尔·克洛扎本人和他的侄子路易斯·安东尼，这个家族在世界范围内也颇具影响力。克洛扎在博物馆对外开放方面有其独特的见解，就连冬宫也借鉴了他的风格，不少藏品就来源于此。在收藏领域克洛扎也同样出色，六幅重要的藏品都源自同一个主题——达娜厄的神话故事。德尔菲预言国王阿克里西俄斯的女儿达娜厄将生出一个儿子，而这个男孩将会把他杀死，因此阿克里西俄斯将达娜厄关进塔里，禁止她与任何男性接触。然而，在希腊的世界里最强大的男人当数宇宙之神——宙斯，他看到达娜厄后心生爱意，于是化作一阵金雨与达娜厄交欢，就这样他们生下了珀尔修斯，即解救了安德洛墨达的神（在介绍鲁本斯作品的时候我们已经提及过了）。珀尔修斯不仅杀死了美杜莎，而且就如当初预言的那样，他最后还杀死了自己的祖父阿克里西俄斯。

希腊神话不仅有令人着迷的故事，还暗含着许多关于历史、心理学的典故，不仅影响着古代社会，还影响着欧洲中世纪晚期的社会。比如上文的故事，有两个迷人的元素融合在一起：禁忌的爱与黄金，而这个主题也深受画家和赞助者的喜爱。在克洛扎自己的房间里就有两幅关于达娜厄的绘画作品，作者分别是伦勃朗和提香。在这幅收藏在冬宫的作品中，提香采用了不同于以往的表现手法，画面中等待情人的女人在仆人的衬托下显得更加美丽和热情，一侧的仆人则贪婪地接着从天上掉下的金币。画面中，金雨的形象得到了很好的诠释。

而伦勃朗笔下的《达娜厄》却完全不同，他并没有描绘出黄金雨，而是让画面整体散发出金色的光芒，有时甚至会被观者怀疑图中女人是否为达娜厄。在这幅画中，伦勃朗将著名的黄金雨幻化为一种空灵的存在，金色的光芒照耀整个房间，笼罩着那个赤裸地躺在床上的女人，使一切都显得优雅。这幅画其实并非是代表女性之美的典范，但伦勃朗却在其中刻画出了达娜厄强烈的感情，她向前探出的身子，象征着对爱情的渴望，而正是这种真挚让她变得更加美丽，突出表达了一个在焦急等待爱情的女人。

美源于感情的真挚与纯粹，这幅作品成为艺术界中最为情色的作品之一。耀眼的金色洒在肌肤与装饰品上，就连餐具和桌子反射的光芒也产生出戏剧效果。伦勃朗为这幅作品投入了大量精力，经常会中断工作然后过段时间重新开始，他笔下的人物遭受着爱情的痛苦，他将个人的热情与温柔都倾注在这件非凡的作品之中。在叶卡捷琳娜二世执政时期，这样的主题是十分流行的，这可能是因为一个毫不掩饰自己欲望的女人是非常诱人的。毫无疑问，叶卡捷琳娜二世为这幅作品找到了一个合适的位置，但随

巴洛克时期的意大利绘画，以及 17 世纪以来的荷兰绘画。

④ 德累斯顿：德国萨克森州的首府，德国东部重要的文化、政治和经济中心。历史上曾作为萨克森王国的首都，拥有数百年的繁荣史和灿烂的文化艺术。

伦勃朗大厅

着岁月的变迁，表现情色的作品并不总是能得到欣赏。叶卡捷琳娜二世去世后，《达娜厄》从主室被移走，然后一直被存放在别处。直到后来，它才重回大众视野，被人敬仰、被书写、被切割和被复制。1985 年 6 月，一名参观者进入冬宫，而他的衣服下面藏着一瓶硫酸、一把刀和一些炸药，他悄悄地靠近《达娜厄》的展台，用刀子割画布，还向画上泼洒硫酸。当这名疯子被控制住后，人们立马上前检查作品的情况并展开维护工作，然而不幸的是，作品表层的彩釉开始剥落。修复工作是漫长的，冬宫所有优秀的修复师花费了近十年的时间去中和作品表面的酸，并谨慎地修复着原画残余部分，并为脱落的部分进行补色。但遗憾的是，没有谁的修复可以重现昔日伦勃朗笔下的风采，表层色彩是不可能恢复如初了，这也证明作者最后的寥寥数笔对一幅绝世作品的完成是多么的重要。美丽的《达娜厄》已失去昔日的风采，但画中女性的形象得以保留。出乎意料的是，一些其他的细节部分，比如帷幔旁的天使、女仆、挂毯上的藤蔓花纹，如同魔法般得以重现。如今《达娜厄》已重回大众的视野，博物馆希望它能给民众带来审美享受，也是对当时未能保护好它的补偿。

因向克洛扎购买其收藏，这引起部分俄国人对狄德罗强烈的不满与指责。狄德罗一方面有反爱国主义，一方面又不遗余力地对沙皇的开明阿谀奉承，并从中获得奖赏与赞助。关于这一点，值得注意的是历史上叶卡捷琳娜二世就曾收购过一间图书馆并赠予这位哲学家。叶卡捷琳娜二世用一笔相当可观的费用购买了一间图书馆，但她并不想将其搬往圣彼得堡，于是她便把图书馆的监管权留给了狄德罗，并支付给他一笔费用。狄德罗是同时期哲学家中唯一一位前往圣彼得堡并与叶卡捷琳娜二世见面的人。起初，他们每天都会进行交谈，但随着交谈的深入他们对彼此都感到失望（对叶卡捷琳娜二世而言，她对狄德罗每次说话的时候都要玩弄自己衣服上的扣子而感到反感），他们多次强调哲学家是可以指导统治者的。实际上，事情在向不同方向发展，俄国沙皇在很早之前就意识到独裁在哲学世界是行不通的。狄德罗也指出，开明的君主制只能在“敬而远之”中实现。这两位主角虽然都心存幻想，但在很大程度上他们真诚地交换了意见，得到后世敬仰。

叶卡捷琳娜二世反对伏尔泰前往圣彼得堡，而后者也从腓特烈二世身上汲取经验，听取了这个建议。这样，原本属于伏尔泰的位置空缺下来了，于是叶卡捷琳娜二世委托另一名法国派的雕塑家乌敦将伏尔泰胸像雕塑改为坐姿。在这位伟大的哲学家去世以后，她还买下了这尊雕塑所在的图书馆作为纪念。这是一件非凡的作品，雕塑家用一种戏剧的手法再现了伏尔泰睿智的面庞以及仿佛能直达观众内心的眼神。有传言说叶卡捷琳娜二世每每看到作品都会感到不舒服，所以希望尽量少见到，也有人说她的继任者尼古拉一世对伏尔泰嗤之以鼻，经常能从他的脚边看见伏尔泰雕塑的碎片，于是女沙皇总是不断地下令把那些雕塑搬到远离他视线的地方，却又总是被他不经意地看到。无论这些故事是真实还是杜撰，这都表明冬宫每件艺术品身上都围绕着这样或那样的故事，这不仅是博物馆作为一个有活力的机构的表现，也是命运交织的结果。

同样出自克洛扎收藏系列的另一件世界级名画《朱迪斯》，出自意大利威尼斯画派领军人物乔尔乔内之手。主角作为《旧约》悲剧式人物的代表，一直不被犹太人所接受，但深受基督徒的喜爱。美丽的朱迪斯诱惑了人们所憎恶的仇人——荷洛芬尼斯，并利用片刻的亲密时间将其头颅切下。大多数博物馆都收藏了许多同一主题的绘画作品，血腥且恐怖（主题是歌利亚与圣乔万尼的头颅）。然而乔尔乔内的作品并没有多么惊悚，被切下的头颅看起来可以用温和来形容。朱迪斯也是以温柔的女性形象出现，微妙的颜色让她的衣服和身体融合在温暖的背景之中，就连她手中的剑看起来也更像一件宝石而不是杀伤性的武器。圣洁的光（这正是威尼斯画派的力量与优雅）洒满整幅作品，这比文字叙述的《圣经》更具有震撼效果。不过我们并不曾刻意掩盖其悲剧成分，其实这幅作品更主要的是向我们讲述了一名女性英雄的故事，讲述一个女性不是通过武力而是凭借其美丽来击败敌人，尽管她手持利剑。她的胜利也预示着她的悲哀，伟大的胜利伴随着从容与谦逊，这样的形象完美地诠释了宫廷生活，一位击败了众多男人的伟大女性和她严谨以及威严的统治生涯。

总之，乔尔乔内的代表作给我们指明了一个方向，同样的作品可能会有多种甚至是截然不同的解读方式。当全世界都在为威尼斯画派年庆祝的时候，叶卡捷琳娜二世以重新绘制《朱迪斯》的方式在冬宫公开庆祝，但这不仅遭到了新闻媒体的抨击，更多的批评则是来自受过教育的知识分子。发生了什么事情，人们不禁要问：把一幅描绘杀人的画作印到门票上就是庆祝？因此并不是所有人都能理解这幅作品所歌颂的并非是杀人犯，而是女性的胜利。那些不断和艺术品打交道的人习惯于解释作品的内涵，这与偶然才接触艺术品的人在对待和理解艺术品上有很大的不同。只有那些经常与美术馆、艺术作品近距离接触的人才能理解博物馆并非是盛放珠宝的保险柜，而是一个复杂、跳动的有机体，它充满活力的生命因艺术品显得更加珍贵。而文化与兴趣之间的关系则是全世界都面临的一个问题。

叶卡捷琳娜二世沉醉于收藏之中无法自拔。英国第一位首相罗伯特·沃波尔名下的霍顿厅是一处奢华且收藏了大量艺术珍品的城堡，然而，他的后代却无力维持城堡的开销。1778 年，他们决定出售城堡里收藏的绘画，还将藏品信息结集成册以供购买方便，但考虑到城堡里藏品的价值，这不是一件容易办成的差事。俄罗斯外交大使代表叶卡捷琳娜二世提出了最好的报价，并达成了最终协议。但是和之前的法国一样，英国也爆发了抗议活动。国家的遗产同时也是英国最好的艺术品，现在居然要离开这个国家，跑到俄国人的手中！后来他们还试着采取外交手段，从英国境内收集重要的作品，但依然无济于事。最后，这些绘画作品还是踏上了前往俄罗斯的路程。当时，公众舆论非常骚乱，特别是当载有沃波尔名画的货船失事的消息传播开来以后，英国的报纸媒体无一不得意扬扬。他们这种行为没有道理，收藏在冬宫的艺

倾斜的天花板

术品都得到了应有的保存和管理，这其中包括许多名画，特别是英国凡·戴克时期的绘画作品，还包括鲁本斯的作品。鲁本斯一生创作了大量经典的英国贵族肖像画，而现在他的大部分作品就收藏于冬宫博物馆。在博物馆的第一个房间里我们就能欣赏到凡·戴克超凡的《自画像》，画家把自己刻画成一位精致、风度翩翩的贵族绅士，这也成为世界上最优雅的作品之一。相同品质的绘画我们可以在其他英国贵族的肖像画中看到。从中我们不难发现，佛兰芒派的艺术家们在作品风格上并不会拘泥于朴素和刻板的印象，而是直接进行创造，建立一种新的模式和定义，并影响那个时代的时尚与服饰。鲁本斯和凡·戴克的绘画对英国贵族的肖像画起到了决定性影响，毫无疑问，他们将人物的内心情感表现得淋漓尽致。流传下来的肖像画有很多，但最引人注目的当数凡·戴克的两幅作品——伦敦著名建筑师伊尼哥·琼斯以及托马斯·查罗纳爵士的画像。凡·戴克巧妙且细致地刻画出两位人物的内心世界，通过作品我们仿佛窥探到了他们的一生。

从霍顿厅运往冬宫的艺术珍宝中还有几件来自斯尼德斯画室的作品，斯尼德斯作为佛兰芒派静物画的大师级人物，其静物画足以“以假乱真”。画家钟爱的题材是丰盛的食物，这也可以说是典型的佛兰芒式的美好生活，是与自然关系的独特表达，是对一切事物的喜悦和品位（是的，就是品位！）的微妙倾向。彼得大帝曾在荷兰居住过一段时间，因此深受此种风格的熏陶，叶卡捷琳娜二世亦是如此，作为彼得大帝最好的继任者，她的艺术品位更倾向于世俗的欢愉。不得不承认，佛兰芒派艺术在俄罗斯宫廷找到了“归属”。

购买英国人的收藏不仅是俄国对艺术品渴望的产物，更主要是当时俄国人亲英的表现。从叶卡捷琳娜二世执政时期开始，在俄国人眼中，“英国”就等同于“优越”。从沙皇本人到贵族都拥有至少一件英国货，或许，他们在英国身上看到了政治秩序的模式，这同样也是俄国人所期许的——君主制与新理想的融合。无论什么原因，俄国人都很舍得在英国花钱，希望借此能在国内重塑英国清新优雅的艺术风格，让生活如同艺术一般。值得注意的是，叶卡捷琳娜二世不仅从韦奇伍德那里订购了一批“青蛙餐具”，同时还购买了其他英国当代艺术家的作品。乔舒亚·雷诺兹伯爵接到了反映俄国政治特点的历史绘画作品的订单，于是他创作了《年幼的赫拉克勒斯杀死毒蛇》，显然年幼的赫拉克勒斯与俄国之间有很大的共通性，欧洲舞台最强大的主角正在成长。这无疑是一幅成功的作品，而另一幅杰作来自德比郡的约瑟夫·赖特，这位当时在英国最受欢迎的画家在海外却鲜为人知。是叶卡捷琳娜二世的亲信发现了他的作品，最终，冬宫订购了一幅他的杰作：《铁匠铺》。

叶卡捷琳娜二世已经习惯了购买当代艺术家的作品。按照狄德罗的建议，沙皇应该用法国艺术家格勒兹的作品装饰冬宫。相反，美院则委托夏尔丹创作了《静物：美术用品》，这也成为了大师的代表作品。亲英派不是单纯的狂热分子，而是遍及整个欧洲，涉及艺术、时尚、法式风味等，这一现象在18世纪主流的雅宴画[⑤]中得到了淋漓尽致的展现。通过购买克洛扎和其他人的收藏，冬宫拥有数量惊人的藏品，特别是华托、布歇和朗克雷的作品。曾经俄国宫廷和贵族生活中矫揉造作的愉快和无忧无虑的生活在如今的社会中成为被追随的对象，而画家则成为这本手册或时尚杂志的编辑。

法国虽然是艺术的宝库，但依然是个强劲的收藏对手。当叶卡捷琳娜二世向德国人戴维·伦琴订购一批家具时，玛丽·安托瓦内特也向其定制了家具，这可能是基于竞争的关系，尽管这位俄国女沙皇一直在与俄国的男性竞争，从未与女性竞争过。其实每次艺术圈的抉择与政治决策是密不可分的，博物馆的成功就如同战争的胜利，而不只是沙龙层面的儿戏。

收集不只是保存，也是专业知识与资金支持的结果。很快，冬宫的沙龙已无法满足人们的需求了，连接两座美术馆的空中花园很快便达到了饱和。基于对宫殿的考量，国家决定建立一座新的建筑充当博物馆。展厅一直是皇家住所不可分割的一部分，这也是冬宫的特点之一。尽管在20世纪，冬宫的许多房间被改造成陈列室，但依然保留了其原始风貌，并没有失去作为住宅的本质。

1771—1787年，尤里·费尔腾为叶卡捷琳娜二世建造了大冬宫（亦被称为旧冬宫），这是一座辉煌的建筑，展览功能与居住功能被巧妙地结合在一起。在这里，房间既是休息室又是美术馆，同时也是国务委员会和内阁的工作室，在一定程度上反映了叶卡捷琳娜二世执政时期冬宫的综合性特点。最初，这个名字是指帝国时期博物馆里举办的沙龙，还包括各种类型的接待，或大或小的“隐室”。在这里，各式的艺术厅才是真正的主角，包括一座辉煌的剧院，一个古典音乐厅，人们可在剧院的休息厅或房间内享用晚餐、玩纸牌等。私人沙龙背后是宫廷生活的缩影，叶卡捷琳娜二世曾试图在这里将轻松与优雅结合在一起。

除了收集艺术作品，叶卡捷琳娜二世还喜爱歌剧。与幕僚、朝臣、外国宾客在一起，她一直表现得像个出色的演员。叶卡捷琳娜二世还自己创作喜剧和歌剧剧目，但她更像是这座王宫和这个国家的导演。

冬宫剧院是夸伦吉为叶卡捷琳娜二世建造的，它犹如一个符号、一颗璀璨明珠。剧场大厅内的座椅与维琴察的帕拉迪奥“老”剧院相呼应。阿波罗与缪斯女神的雕塑充斥其中，并以文学和戏剧的浅浮雕加以装饰。这里没有皇帝专区、沙皇座席或者第二排专座。人们有时也会用一块踏板把大厅连接到舞台，从而为拥挤的宴会厅开辟一个大空间。剧院和画廊则成为冬宫最大的亮点。

叶卡捷琳娜二世打造了一个时代，一座博物馆。数以千计的精美绘画作品和其他艺术品一同构成了宫廷生活的一部分，从珍贵的珠宝到镶金的家具，再到精美的瓷器。冬宫的风格就此定格。

⑤　雅宴画：是一个艺术术语，指1717年由法兰西学院专门创作的一类绘画。它表现了富裕的贵族阶级穿着华丽的服装在森林里集会的场景。

意大利风格的大沙龙厅
建筑师：利奥 · 冯 · 克伦泽

保罗一世与儿子亚历山大

叶卡捷琳娜二世的儿子——保罗，对王位已期盼许久，一旦上位，他将试图缩小特权阶级和贵族高层在其母摄政时期的权力范围。为了维护阶级利益，贵族曾多次派人去暗杀这位对等级秩序极其看重的皇帝。即便是现在他曾经做过的事还依然被人嘲讽，保罗的吹毛求疵在冬宫也留下了深刻的印记，他把无以计数的订单印刷成册并与藏品一一对应。他还要求博物馆把所有的版画都印上精美的字母“P”，作为编目工作的证明。

这位等待坐上王位的未来沙皇，试图像彼得大帝那样，不仅可以训练自己的“军队”，而且还能像他的前任一样微服出巡。这次长途旅行发生在1782年，保罗和他的妻子在欧洲进行了漫长的旅行，同时也成就了他在欧洲大陆上流社会生活的一件大事。因为在此期间，保罗发现他继承了母亲对美的热爱以及对收藏的热情。他频繁参观画室，出入艺术品制造商和收藏家的住所，订购家具、瓷器或购买设计图和版画。

时至今日保罗一世的藏品也让我们为之震撼，包括他从威尼斯法尔赛蒂家族购买的大量珍贵意大利雕塑家作品，如贝尔尼尼、艾尔加迪等很多雕塑大师的作品。叶卡捷琳娜二世从未收藏过类似的作品，她喜欢精巧的作品，因此收藏的作品大多以易碎的陶俑和大体积的大理石雕塑为主。我们的王子可以买得起他想要的，也会不惜一切代价地去购买手稿。诚然，他是对的。他直接找到艺术大师然后商讨作品的购买，他已经跳出了通过中间商的模式，不再需要经手人、合伙人或者经理人。鲁本斯的草图、贝尔尼尼的草图在很多方面不仅对今后的研究有很大的帮助，更重要的是可以让观众在其中发现许多乐趣，从中观众可以感受到艺术家指尖的跳动与手部的脉搏。最初所有的手稿都收藏在美院，但随着时间的推移这些手稿向世人展现得更多的是其艺术价值，而非单一“教材”的功用，因此这些手稿被转移到了冬宫。如今它们成为博物馆最为特殊的一类藏品，同时这里的收藏也是最为完整的。

不久以后保罗一世的儿子亚历山大一世继位，随后便搬去了冬宫。这是一位不怎么受欢迎的沙皇，普希金曾这样评论：“一个软弱而狡猾的统治者，一个秃顶的花花公子，他是劳动者的敌人。”但熟知俄国历史的人也应该知道，这是一位曾经击败过拿破仑的沙皇。

同样地，尽管他在执政期间为博物馆制定了相应的规章和条例，使博物馆脱离宫廷而成为一个独立机构，但他推动冬宫发展的功绩却没有被提到。究其原因，可能是由于亚历山大一世已经知晓其父亲被杀害的阴谋，而这样的罪恶感伴随其一生，直至死去。有一则关于他的传说，据说他并没有死，而是放弃了王位并改名为菲陀尔·库士密支神父，在修道院度过了其后半生。从年轻时起，亚历山大一世就希望进行一系列改革，但法国的侵略让自由在俄国土地上成了奢侈（正如同法国革命对叶卡捷琳娜二世所做的那样）。

在亚历山大一世的统治下，俄国与欧洲在文化上保持更紧密的关系，同时在与拿破仑签订了提尔西特条约后，俄国与法国进入了短暂友好阶段，大量的法国新派风格进入俄国社会，即我们所谓的“帝政风格”[⑥]。法国艺术大师在战争前后陆续来到俄国工作，也正因如此冬宫有幸收藏了汤米亚最为杰出的青铜雕塑。此时，俄罗斯已完全进入了帝政风格阶段，以古典俄罗斯派的风格取代了欧洲典型的古典罗马式风格。

在艺术品收购方面，画廊负责人弗朗茨·莱本斯基成为冬宫第一责任人。在法国博物馆负责人同时也是罗浮宫创建者维旺·德农的帮助下，冬宫博物馆再次进行了大规模的油画收集工作。关于德农在此次工作中的具体职责我们没有确切的资料，可能像他们对外宣传的那样，德农只是提出了建议和指导。在我们找到的文献中表明德农曾获得过圣安娜勋章[⑦]，但我们不清楚这是否只是沙皇赠予他的礼物或是因为在艺术品购买时他给予了帮助。不过这些已成往事，最重要的是德农带来了卡拉瓦乔的名画《特鲁琴[⑧]演奏者》。从某种程度上来说，这幅画反映了它来到博物馆的时代。作为艺术家初期的作品之一，同一时期卡拉瓦乔的朋友马里奥也创作了几幅精彩的肖像画，然而卡拉瓦乔的这幅画却更胜一筹，直到今天也被公认为是全球最具价值的作品之一。一位谜一般的男孩坐在大理石桌旁弹奏吟唱（从微微张开的嘴里我们能看到舌头）；身前的乐谱上标题清晰可见——《你知道我爱你》。无论是眼神、姿势，精致细腻却不显得情色，在当时是多么的纯洁可爱。观众仿佛可以听到音乐和歌声。在男孩的面前是一组静物，为这幅带有一丝情愫的作品增添了一抹哲学意味，画中的水果已经熟透了，可能再过一会就开始腐烂了。其实腐烂的过程已经开始了，并且以不可抗拒的方式进行。作品的寓意已不言而喻，青春是美妙的但绝非永恒的，就如同画中的水果一般。卡拉瓦乔的现实性是永恒的，但在不同时期会以不同方式呈现，从这幅画我不禁想到，这颗从法国革命中残存的带有轻微划痕且临近腐烂的水果，是否透露着革命后颓废的回声。

《特鲁琴演奏者》来自朱斯蒂尼尼家族的系列收藏。卡拉瓦乔为他的客户文森佐·朱斯蒂尼尼创作了这幅作品，由于这幅作品太过精美，他的另一位客户德尔蒙特也想要一幅一样的作品。因此卡拉瓦乔又创作了第二幅作品，但水果已被乐器取代，也就不存在什么哲学象征了。演奏者也不再像马里奥了，而是一位真正的阉伶。通过这幅画，冬宫开启了对意大利艺术品的收集。

政治家之间的友谊并不能阻挡侵略的到来，拿破仑发起了攻打俄国的号角，但很快便遭受了毁灭性打击。胜利让俄国把与欧洲的界线更加向前推进了一步，俄国的士兵站上了法国领土，亚

---

⑥ 帝政风格：又称“帝国风格”，是拿破仑帝国的官方艺术风格，其特点是强调帝权象征。

⑦ 圣安娜勋章：早期俄国沙皇用来奖励热爱真理、笃信宗教和忠诚的俄国臣民的勋章。于1735年设立，勋章共分为四个等级。

⑧ 特鲁琴：也称琉特琴，是中世纪到巴洛克时期欧洲流行的一类古乐器的总称。

历山大一世作为胜利者进入了巴黎。在哥萨克人[⑨]的影响下，法国人也开始使用“bistrot”（源自 bistro）一词，歌布兰制造厂生产的拿破仑与皇后的肖像挂毯也被换成了亚历山大一世和其妻子的肖像。胜利者并不只是喜欢法国这么简单，而是想与法国建立伙伴关系，并一直强调拿破仑绝非暴君。一个例子就是亚历山大一世宽大处理了拿破仑当年从欧洲各地征讨过来然后运往罗浮宫的艺术作品，亚历山大一世拒绝了英国提出的将藏品归还的要求，他相信把艺术珍宝重新收集到欧洲的中心是对文化更加有利的事情。与此同时，他认为激怒法国人是不合时宜的，相反，在道德上更应该支持法国的新国王。滑铁卢战役结束后，所有的争议都得到了解决，特别是一些艺术珍品，即便有巴黎人在抗议，依然被归还给了意大利和德国，当然还有不少留在了法国，被罗浮宫和一些地区或者私人博物馆收藏。

另一方面，亚历山大一世个人对收藏也有非常浓厚的兴趣。在巴黎他与拿破仑的第一任夫人即前皇后约瑟芬取得了联系，他们彼此间建立了深厚的友谊，犹如爱情一般。沙皇经常去马尔梅松城堡拜访她，那里珍藏了几幅非凡的艺术作品，都是当年拿破仑送给约瑟芬的礼物，这些绘画是从荷兰获得的战利品，部分藏品是法国士兵在占领卡塞尔之后缴获的。为了使这些艺术品免遭掠夺，卡塞尔市美术馆将部分绘画作品藏在树林里，但最后还是难逃厄运。拿破仑最终决定不将这批作品送往博物馆，而是送给了他的夫人。罗浮宫馆长德农曾表示希望购买这批作品，但未能成功，因此它们依然留在马尔梅松城堡。

亚历山大一世与约瑟芬之间的友谊在当时的巴黎社会引起了巨大轰动。她将贡扎加浅浮雕赠予了沙皇，这可能是迄今为止最古老的多彩宝石浮雕艺术品（也可以说是最漂亮的浮雕艺术品之一），同样地，这也是她的丈夫拿破仑送给她的。在马尔梅松城堡他们举办舞会接待凯旋的人，传说就是在其中一次舞会中约瑟芬生了病，身体逐渐变差，最终去世。亚历山大一世将他个人的皇家卫兵遣派到他挚友的葬礼上，这一举动也引起了广泛的指责。亚历山大一世接手了约瑟芬的孩子的看护问题，帮助霍滕斯成为圣列伊女公爵，后者决定将城堡内的绘画和雕塑悉数售卖，亚历山大一世承诺收购全部作品并每年都会给她一笔可观的费用。

与此同时，当年从卡塞尔缴获的部分艺术品以及罗浮宫的一些艺术品都被归还回去了，甚至连马尔梅松城堡里的作品也被要求归还。然而亚历山大一世则回应说，如果他们能悉数退回支票，他也愿意把购买的艺术品归还。但傲慢的选帝侯[⑩]则宣称他无意购买两次本属于他的财产，于是这件事就不了了之了。这样，冬宫便获得了一批卡诺瓦的精美雕塑作品，但这与卡塞尔没什么关系。鲁本斯的《基督被解下十字架》也许是冬宫里最重要的“圣经新约”题材作品了，同样它也并非来自卡塞尔。从马尔梅松城堡运往冬宫的艺术品中还有出自克洛德·洛兰之手的系列作品《一天的四时》。作品精美非凡难得一见，刻画了每一个真实的瞬间，约瑟芬的形象也一直烙印在后人的脑海中，特别是和亚历山大一世在巴黎逗留的时期。

从卡塞尔运到马尔梅松城堡的顶尖艺术作品有波特的《猎人的惩罚》。时至今日，这幅画仍备受孩子们的喜爱，作品超越了现实主题，展现了不同寻常的内涵。一位猎人杀害了很多动物，就如四周一系列小图所展现的那样，但是画面中央却出现了戏剧性的一幕：猎人被野兽所袭击，并且野兽还将他的狗咬死，现在正准备火烤猎人，由此推测大概是要吃掉他吧。这并非是一幅异想天开的作品，而是对残忍霸道的统治者的批判与警告。这样的主题直到今天也寓意深刻，无论是作为一个动物保护者的宣言还是警告，都告诉我们对于恶人和践踏自然的人来说，最终等待他们的是应有的惩罚。

像这种暗藏“玄机”的表现手法几乎在每幅名画上都有体现，特别是在荷兰画派中画家善于借助此种方式以达到吸引人眼球的目的。画中人物一生的片段被分散在作品四周的方块内，像圣徒传记那样。波特当然从未亲眼见过俄国的圣像作品，但这正是艺术作品收藏在博物馆的魅力所在。

直到 20 世纪中叶，波特的《系链条的狗》因作者个人的艺术魅力依然引起广泛轰动。整幅作品无不彰显着现实主义色彩，具有极强的包容力和感知力，这也是大师与普通画家之间的区别所在。与毕加索的《猫》相比，两幅作品在艺术语言方面并没有明显差异。艺术是最为传统的传播媒介，通过它，艺术家一次又一次地向世人喊出革命的口号，但这只不过（充其量）是他们的幻觉。一个时代是其上一个时代的延续，并且几个世纪以来所有时代都在持续的、可理解的对话中发展。卡塞尔的收集史值得一提，德国官方机构制定了一份清单目录要求战争国归还相关艺术品，这对于比利时来说就是一个非常令其痛苦的要求。1917 年当一部分德国军队占领里加以后，冬宫博物馆的工作人员将第一批艺术作品由马尔梅松送到莫斯科（还有一部分则来自卡塞尔）。然后是两次革命，随后签署布列斯特和约[⑪]。1918 年德军挺进俄国边境，此时已进入苏俄时期，德国提出了过高的赔偿要求，甚至不乏一些奇怪的要求，并且手段十分野蛮，其中包括归还“私藏”的卡塞尔油画。时任冬宫美术馆管理员的 J. 施密特则用无懈可击的言论进行回应，施密特指出，只有对欧洲所有艺术品的

⑨ 哥萨克人：生活在东欧大草原的游牧民族，在17世纪成为俄国向欧洲扩张时的主要兵力来源。

⑩ 选帝侯：指七个有选举罗马人民的国王和神圣罗马帝国皇帝的权力的诸侯。1356年，卢森堡家族的查理四世在纽伦堡制定了著名的“金玺诏书”，标志着该制度的正式确立；1806年，神圣罗马帝国被拿破仑勒令解散，选帝侯作为德意志帝国的荣誉爵位形式被保留下来，但已名存实亡。

⑪ 布列斯特和约：全称是《布列斯特·立陶夫斯克条约》，是第一次世界大战期间苏俄政府与同盟国（包括德意志帝国、奥匈帝国、保加利亚、奥斯曼土耳其帝国）在布列斯特签订的和约。

冬宫军事美术馆
建筑师：C. 罗西
1839年经V. P. 史达索娃重建

归属问题进行全面核查以后，才能归还这些艺术品。所以关于艺术品归还问题一直没有解决，就连1918年苏维埃代表团在关于冬宫问题上的回答也带有一丝丝的骄傲。亚历山大一世也购买过克斯维尔特的藏品，后者收藏了大量西班牙画家的作品，因此在冬宫，这座欧洲最大的博物馆开始了一段西班牙绘画收藏热，这些藏品也成为博物馆收藏的重要部分。

俄罗斯本土艺术在亚历山大一世执政时期也得到了一定的发展，冬宫就存放着俄国艺术家的雕塑，各种尺寸应有尽有，本国画家的作品如今也被收藏在俄罗斯博物馆。博物馆能够实现藏品的有序摆放离不开工作人员辛勤的付出，直到今天我们才认识到其重要性。冬宫已经做好成为一所公共博物馆的准备了。

尼古拉一世与新冬宫

尼古拉一世与亚历山大一世一样都受到历史的偏爱，他是俄国甚至整个西方世界“知识分子”的代表，他带领俄国成为一个专制国家。从历史层面上看，尼古拉一世是一位富有传奇色彩的人物，意外地继承了皇位，一方面建立了一个辉煌灿烂的王国，另一方面又残酷地镇压贵族叛乱。他的政治生涯是以克里米亚战争的失败而告终，最后黯然地消失在历史长河之中。有传言说，沙皇是在看到他将全部国力和人力都投入战争机器却依然于事无补之后，从而选择了自杀，但这并不完全可信。

尼古拉一世喜欢军队与秩序，统一的规格化、制式化和阅兵式表演，他知道亚历山大一世曾打算在冬宫建立一座军事美术馆，为此英国人乔治·道和他的俄国助手们为大多数曾参加沙皇与拿破仑战争的军官绘制了肖像画。冬宫激发了普希金的创造灵感，他写出了极具哲学性的作品《领导者》，其中诗歌的前几句被刻在一块大理石板上：

长长的房间是沙皇的宫殿，
黄金和绸缎无法美化它。
窗下也没有闪闪发光的皇冠，
只有各种精美的油画，才能布满房间上上下下里里外外。
这里没有顽皮的精灵，没有纯洁的圣母，
没有祭祀的农神，没有华丽的贵妇。
没有跳舞，没有狩猎，利剑与军装才是主角，闪烁着骄傲的光芒。
无数的画家在此留墨。
军队的将领，受爱戴的钦帝，不朽的荣耀终在1812年得到实现。

显然上面引用的诗歌带有深厚的爱国主义思想。不过传统的史学家认为库图佐夫才是战争真正的胜利者，而普希金却为另一位将军——巴克莱·德·托利写赞歌，后者策划并实施了著名的“诈降计”，即利用没有对抗的撤退却导致对手在思想意识和军事上的全面溃败。库图佐夫出色地发展了传统的俄国战略并获得胜利，而巴克莱的外来血统导致他的成绩和荣誉没有得到充分的认可。在这位伟大指挥官的身上，作者仿佛看到了自己的身影。这也是为什么冬宫和冬宫的绘画一直是其他艺术最深刻灵感来源的最好证明之一。

冬宫在俄国历史中的无数闪光点中最灿烂的一些时刻，是从尼古拉一世到1812年战争期间，是从冬宫修建了荣誉堂之后，是从亚历山大柱竖立之后，是从宫殿广场建立起凯旋门之后。

尼古拉一世热爱军事，更鼓励艺术家以英雄士兵作为描绘主题。在他统治期间，出现了才华横溢的战争题材画家彼得·冯·赫斯和彼得堡极负盛名的画家弗朗茨·克鲁格，后者曾为多位将军创作过肖像作品，其中就包括收藏在军事美术馆的《骑马的亚历山大》，还有另外为尼古拉一世创作的同题材作品也被存放在了尼古拉耶夫斯基大厅。在这期间冬宫也顺理成章地扮演起世界最大的军事美术馆的角色。

1837年一场可怕的大火席卷了所有的宫殿。军事美术馆里的绘画作品被英勇的士兵及时抢救出来，被一同抢救出来的还有其他艺术品。为杜绝火灾的再一次发生，美术馆里很多道路都被封死，同时对博物馆内主要的墙壁不断浸水，以保持墙壁的湿润。藏品被安全转移，并且在沙皇的命令下，宫殿仅用了18个月就完成重建工作，并更改了内部多处结构。

尼古拉一世非常喜欢绘画作品。在他身上严谨的军事风格与浪漫的艺术相融合，充满激情却不显突兀，诗人瓦西里·茹科夫斯基对他影响深远，他也欣赏卡斯帕·大卫·弗里德里希的作品，这是一位仅在德国被人熟知的浪漫主义风景画家。如今在冬宫，在这个距离德国千里之外的地方，依然保存了数以千计的德国画家的作品。

回顾叶卡捷琳娜二世的生活轨迹，依然保有着罗曼诺夫家族对当代艺术品收藏的喜好。在慕尼黑，尼古拉一世对这里的博物馆和建筑深深地着迷，并邀请巴伐利亚美术馆和雕塑馆的创建者利奥·冯·克伦泽为圣彼得堡建立一座皇家公共博物馆。最终，经过多年与瓦西里·斯塔斯托夫带队的俄国建筑师们的合作与争吵，一座世界博物馆建筑史上的奇迹诞生了。今天，新冬宫的建筑本身和周围环境成为博物馆的主角，克伦泽将其定义为“新希腊式”，博物馆的装潢与展厅内的陈列相得益彰。沙皇亲自举办收藏品的展览，美术馆内所有的俄国绘画被陈列在一个单独的房间内，另外还开辟了其他房间用于陈列古代艺术品以及从黑海地区出土的考古文物。得益于博斯普鲁斯王国⑫和库尔干文化以及斯基泰和希腊地区墓葬文物的出土与收藏，冬宫一跃成为全球知名博物馆。其中几个特殊的房间被用作图书馆和艺术书籍馆，绘画沙龙则采用了最优质的光源，内部装饰则用刻有欧洲和俄罗斯知名画家肖像的金属徽章做点缀。

⑫ 博斯普鲁斯王国：希腊化国家，约存在于公元前5世纪至公元后4世纪，其辖境大致在黑海东安一带。

在筹备新展览时，尼古拉一世决定将所有的绘画作品按照其预估的艺术价值进行分类，价值较低的作品将通过拍卖行转让，冬宫也因此减少了大量藏品，这也导致后来不得不重新购买。博物馆转让艺术品的恶习从这里开始了，并逐渐在20世纪演变成俄罗斯文化灾难。

公共博物馆于1852年正式成立。虽然参观条件受到宫廷限制，但也确实成为一座真正意义上面向广大人民开放的博物馆。这里设立了馆长机构，相关部门的工作也陆续展开，编排和出版博物馆手册，根据时间要求组织安排展览内容。尼古拉一世为自己的成就而感到自豪，他下令重新装饰冬宫。爱德华·郝和康斯坦丁·乌赫托姆斯基出色地完成了工作。

路易吉·普雷马奇成为博物馆平面艺术中举足轻重的一位艺术家，并在俄罗斯的建筑史和文化中大放异彩。从他的画中我们能领悟作品排列上的奥秘，掌握艺术品收藏的玄机。当时最典型的如挂毯的多层次排列，能使房间里所有的墙壁都被覆盖上。另一个内部装饰的关键元素则是利用大量乌拉尔宝石花瓶和极具设计感的家具，如被青铜点缀的精美窗户。

同时，冬宫疯狂的收购仍在进行，在这期间博物馆又从另一位意大利收藏家巴尔巴里戈手中收购了一批油画，其中包括几幅提香的作品，如《圣塞巴斯蒂安》作为提香艺术生涯的代表作之一，其价值可与伦勃朗的《浪子回头》相媲美。画家强有力的激情与智慧通过画笔呈现在世人眼前，鲜活、兴奋、富有张力，笔触的快速转换在主人翁的周围营造出悲剧式的氛围。宁静的表面下是暗涌的骚动，满腔的情感被掩藏在表面之下，《忏悔的抹大拉的玛利亚》——这幅提香的代表作也一直被世人所提及。尼古拉还收购了一批原属于荷兰国王威廉二世的藏品，在威廉二世逝世后，安娜作为威廉二世的遗孀同时也是尼古拉一世的姐姐，她建议通过艺术品转让来抵销债务，沙皇对此表示同意。但荷兰方面的发言人却更倾向于组织一场拍卖，最终冬宫得到了部分最有价值的作品，而另一部分则以较低的价格抵销了之前的债务。这批收购来的作品中有很大一部分出自荷兰19世纪画家之手，而在欧洲其他地区，直到20世纪下半叶人们才对同类型的作品产生兴趣。

回顾尼古拉一世在位期间的冬宫，艺术品起到了特殊的作用。随着十二月党人起义的爆发，革命者被押往冬宫的房间进行审问，雅库什金在他的回忆录中就提及了他在审讯期间看到的一些作品。博物馆本身的特殊气氛显然对那些手持武器对抗沙皇的人造成了强烈的心理压力。

当克里米亚战争的惨败将尼古拉一世毕生打造的军队的缺点展露无遗时，沙皇从冬宫的一间屋子走到另一间屋子，不慌不忙。正是由于这座博物馆，今天的我们才能对尼古拉一世的一生一探究竟。

亚历山大二世

亚历山大二世，尼古拉一世的儿子，他是改革的成功者，解放农奴的领导者和俄国政坛的胜利者，但他的生命也同时结束在了革命的爆炸中。当时身受重伤的沙皇被带回了冬宫，并在他自己的书房内与世长辞。如今这里摆放了一块纪念石板和一尊沙皇的半身塑像。宫殿内有华丽的白色大厅，金厅和红厅则是亚历山大二世与妻子的私人场所。

在此之前也发生过类似严重的事件：木匠斯捷潘·卡尔图在其个人商店内制造了一起爆炸；爆炸地点位于皇家住所的地下室，他企图杀死正在地下室上方餐厅享用午餐的沙皇及其家人。沙皇一家奇迹般地获救了，但也因此牺牲了众多士兵。亚历山大二世并不是一位循规蹈矩依照传统办事的沙皇，这不仅是从改革方面来说，更主要是他娶了一位贫民女子为皇后。冬宫有众多房间，但偏偏亚历山大二世与其妻子的房间被很好地保留了下来，这绝非偶然。冬宫内收藏了大量精美的布面油画，工作人员将其悬挂以重现其昔日的风彩，例如，在红厅内就能看到穆里罗绘制的《圣母无原罪》和达·芬奇的《圣母和圣子（利塔的圣母）》，两幅作品均是在19世纪60年代购买的。

亚历山大二世在位期间由于博物馆馆长的努力，成功地完成了几次大的收购工作。例如，从王室总管家族手中成功收购了拉斐尔早期的作品《圣母和圣子（科涅斯塔比勒圣母）》，但这次收购却引发了舆论抨击，意大利各界民众强烈要求禁止艺术名作离开故土，不过最终还是冬宫赢得了胜利，作品顺利来到了圣彼得堡。著名的俄国评论家瓦西里·斯塔斯托夫发表了一篇慷慨激昂的文章，详细地介绍了有关作品修复方面的内容，特别是作品从木板揭取到油画布上的技术。这些作品也见证了博物馆发展历史上极为重要的时刻，很大一部分的古代艺术作品是被保存在木质材料上的（比如俄罗斯的圣像），但随着时间的推移，这些木材不可避免地出现扭曲和龟裂的现象。因此对于此类以木板为主要材质的艺术品需要格外细心的保存。西多罗维是冬宫的艺术品修复专家，他找到一种方法能将作品的颜料层从木质底板上揭取下来，然后再粘贴到画布上。如今，学者们并不认为这是一个切实有效的解决方法，因此无论是冬宫还是其他博物馆都不再采取这种揭取手段了。总而言之，19世纪的众多修复技术与我们现在使用的有很大不同。如今在X射线仪的帮助下我们可以清楚地窥探到作品中许多不为人知的秘密：比如圣子的手里最初拿着的是一颗石榴，但后来却变成了一本书。是石榴也好是书也罢，这两个物品都具有特定的符号意义，而我们也只能尝试去寻找导致这种变化的原因。

斯塔斯托夫在评论文章中把自己对冬宫的爱表现得淋漓尽致，但他也和许多其他评论家一样，是国家和现实艺术的坚定支持者，公开指责尽管冬宫博物馆是世界艺术的宝库之一，但它并没有成为俄国画家的汲养地。斯塔斯托夫善于雄辩且措辞犀利，但在我看来他的评论却有失公允：实际上俄国画家也深受冬宫的影响，没有它，俄国或许就不会出现欧洲风格的画作。借鉴欧洲的绘画经验，俄国艺术家成功地找到了一条属于自己的道路。因此，俄国也涌现出一大批与欧洲派画家旗鼓相当的大师及其作品，如布鲁诺的《末日庞贝》，布吕尼的《铜蛇》，艾瓦佐夫斯基的《第九波涛》。

亚历山大二世在位期间还收购了意大利坎帕纳男爵的艺术品。这次收购让整个世界的博物馆都为之颤抖，也引发了来自各界的争议。因为之前的几次成功收购让冬宫在古董交易圈里受到青睐，尽管如此也还存在着许多不足，特别是在经济方面还不能达到博物馆所有的收购要求，以至于相当一部分藏品如今要到罗浮宫的古代藏品馆才能看到。

无论如何，如今的冬宫已然成为了一座大型博物馆，拥有一定规模的工作人员，同时也开展了大量研究与保护活动，出版过各种馆藏的名录册并与学者合作发表了许多学术论文，还成功地将自身的宫廷职能与学术性、教育性功能融为一体。

亚历山大三世

亚历山大三世一生钟情于艺术作品并时刻强调巴黎的沙龙风格。观其一生，他在冬宫居住的时间并不长，对博物馆的兴趣也不浓厚。亚历山大三世在位期间，因其个人对传统文化和民族文化的喜爱也从侧面促进了这两种文化的发展，特别是到了他的儿子尼古拉二世在位期间，成立了致力推动俄国本土艺术发展的博物馆。

与此同时冬宫成为一座完全独立的艺术与文化机构，也是全球最受欢迎和重视的博物馆之一。后来，位于郊区行宫的艺术品也搬进了冬宫，其中就包括提埃坡罗的作品《米西奈斯向奥古斯都展示七艺》（之前收藏在加西纳）、《大卫和乔纳森的拥抱》（之前收藏于彼得宫城）。1882 年，冬宫又一次在意大利购得了一块贝亚托·安杰利科的壁画残片，从而引起巨大轰动。就在此前不久，一位来自圣彼得堡的古董商人又重新购得卢卡斯·凡·莱登的三联屏风画《治愈杰里科的盲人》，这件作品曾在尼古拉一世在位期间被卖出。最后冬宫还购买了罗吉尔·凡·德尔·维登的双联屏风画《圣路加绘圣母肖像》的下半联。

这一时期应用艺术的收藏也得到了长足发展，冬宫因其自身特点已跻身世界一流装饰艺术收藏前列。沙皇村的军火库是尼古拉一世时期收藏武器的地方，现在也改建成为一座博物馆了。从叶卡捷琳娜二世在位以来俄罗斯就一直在世界古董交易品的舞台上活跃着，通过捐赠或者购买，然后又一点一点地将这些作品搬到了冬宫。1884 年俄国又从亚历山大·巴基列夫斯基手中成功收购了一批艺术作品，这位久居巴黎的古董商人收藏了一系列包括中世纪、拜占庭、伊斯兰地区和欧洲派在内的经典艺术品，如来自利摩日的瓦莱里娅圣物盒，来自弗莱堡的精美十字架，象征着丰收的“丰裕之角”以及其他艺术品。早些时候冬宫还从彼得·萨布罗夫手中购买了几尊陶俑。此后，冬宫摇身一变成为一座百科全书式的博物馆，容纳了世界各地的精美艺术作品。

尼古拉二世

作为一名温柔的皇室成员，艰难的生活背景让他在与家人的亲情和时代的独裁者之间挣扎。自他即位之初，悲剧就笼罩在他和他的家族周围。沙皇和他的未婚妻亚历山德拉在冬宫举行婚礼，而当时婚礼的场景也被画家图森记录了下来，至今此作品依然被保存在冬宫，这幅作品也是皇室成员题材画作中尺寸最大的一幅。婚后，这对新人便将红厅作为私人卧房，皇后还用日记记录下他们生活的点点滴滴。冬宫有一块写有英文的玻璃（这是他们夫妻间交流时用的语言[13]）是亚历山德拉用戒指刻上去的：“尼基观看骑兵”（Nicky looking at the hussars）。在冬宫她还留下了许多类似的记号，但这块是仅存的了。尼古拉二世与亚历山德拉并不热衷于奢华的沙龙，反而更喜欢现代化氛围，他们认为布置得舒适就好，他们的生活简单、平常，与其他的资本家别无二致。

冬宫的生活氛围让沙皇感到不太舒适，特别是在 1905 年 1 月 9 日发生血腥事件以后，即使这里也曾举行过最庄严的仪式，比如沙皇就曾在圣乔治大厅发表召开第一届国会即杜马的演说，当时帝国的摄影师拍摄了一系列现场照片。在俯瞰广场的阳台上，尼古拉二世还宣布俄罗斯进入第一次世界大战。

如前所述，尼古拉二世同样继承了其父亲发起的赞助本土艺术的传统。在其执政期间，俄罗斯博物馆隆重开幕，并以亚历山大三世的名字命名，在那里人们可以欣赏到最全面的本土艺术杰作。

1910 年一批彼得·彼得洛维奇·谢苗诺夫-天山斯基收藏的作品入驻冬宫博物馆，这批荷兰派艺术家的作品是他花费多年时间几经波折才收集得来，包括一些从未在博物馆展出过的画家的作品。此时荷兰派画家也受到更多人的推崇。几年后，俄罗斯最富有的收藏家格里高里什·斯特罗加诺夫在其遗嘱中宣布，将西莫内·马蒂尼的《圣母领报》和贝亚托·安杰利科的《圣物箱》捐赠给博物馆。同样，1912 年帕维尔·斯特罗加诺夫又加赠了一部分菲利普·利皮的作品和一部分西玛·达·科内利亚诺以及多美尼基诺的作品。阿列克谢耶·奇特洛夫也捐赠了一批英国画家的肖像画给博物馆，每幅作品都无比精美。1914 年，博物馆从贝努瓦家族手中收购了其最杰出的一幅作品——达·芬奇的《持花圣母（柏诺瓦的圣母）》。当年时任冬宫博物馆管理员的厄恩斯特·立法特提出了购买这件作品的提议，同时他也是一位非常优秀的西方艺术专家。作品的归属问题

⑬ 亚历山德拉是黑森和莱茵河畔大公国的郡主，同时还是英国女王维多利亚的孙女，对她来说英语才是母语。

依然引来了舆论争议，但其真实性却得到了国际学者的认可。这件传世之作其实早在 19 世纪就已经从意大利流转到了俄国，据说当时是归一名流浪音乐人所有。

《持花圣母（柏诺瓦的圣母）》作为达·芬奇最为平静的作品之一，是一个时代的标志，因为宁静之后便是残酷的战争。收购被迫中断，但更严重的是几年之后，战争给博物馆藏品带来了严重的威胁。

后沙皇时代的冬宫

1917年2月尼古拉二世宣布退位。俄罗斯帝国与沙皇不复存在。临时政府上台，并入驻冬宫。律师亚历山大·科伦斯基被提名为临时政府总理，他的办公室和私人卧室被安排在沙皇曾居住的房间内，这是一个荒谬却带有象征性的决定。博物馆的馆长依旧由德米特里·托尔斯泰担任，虽然博物馆依旧存在，但许多房间已停止向公众开放。奢华的王冠和其他藏品陆续运往莫斯科，实际上是因为德军正向里加推进。两个满载艺术品的车队从冬宫出发驶向莫斯科，第三组车队也整装待发却被迫停止，因为另一场发生在圣彼得堡的革命开始了，即布尔什维克发动的革命。

其实，之前临时政府就冬宫博物馆内艺术品的归属问题进行了商讨。皇室家族与临时政府各执一词，在此之前一直没找到有效的解决办法，如今这个问题又再次成为争论的焦点。他们对这个问题争论不休，相互交换意见，还参考了以前的法律判决，但依然存在许多不确定性和无法判决性。起初这不是一个重要的问题，但却慢慢变得棘手起来，临时政府认为它完全有权利转让国家财产（即冬宫藏品），而西方列强也默许它这一做法。

与此同时在圣彼得堡，布尔什维克与临时政府的冲突越发激烈。为应对可能发生的武装冲突，科伦斯基在广场集结了大批部队，包括他的追随者以及军校的学生，他们的行为非常随意且不正规。此时的冬宫博物馆已陷入困境。博物馆所有的修复师和保护人员夜以继日地对藏品进行修复，所有的工作者都不得不向这些人屈服，因为只有这样才能保证博物馆在接下来的冲突中免遭毁坏。10 月 25 日，早在冬宫遭受夜袭前很多天，冬宫员工已经将这座建筑物委托给革命军事委员会的代表。因此当时博物馆实际是由一帮卫士守护。在 1917 年那场革命期间，冬宫被一堵墙分割成两部分，正如 1837 年发生火灾时一样。

万幸的是建筑物内没有发现无法修补的损害，所有攻击都是象征性的，也没有任何实质性的武装抵抗。所有驻军在放弃支持无能的领袖后，于 10 月 25 日中午陆续撤离，聚集在红厅开会的几位临时政府的首长也不再反抗，科伦斯基潜逃。在以绝对优势取得斗争胜利后，革命军事委员会逮捕了仍滞留在冬宫的临时政府委员。第一枪打响后，临时政府委员从红厅转移到了小餐厅，最后他们在那里被逮捕。

博物馆也设立了特派专员，但矛盾主要是文化方面而非政治问题，先是亚特曼诺夫，然后是普宁，他们是新艺术的坚定拥护者，同时他们还认为冬宫的藏品虽属珍品，但缺少吸引力，可以说是新艺术发展之路的“绊脚石”。尽管如此，他们依然在革命最艰难时刻为博物馆做出了巨大贡献。苏维埃冬宫应运而生，这是俄罗斯社会“晴天霹雳”的大事，正因如此，俄罗斯文化才得以很好地保存下来。

随后博物馆购买了几个小型艺术品。苏联会议记录中曾大篇幅地记录了关于购买卡拉瓦乔的《巴克斯》的相关讨论。二月革命结束后，圣彼得堡大批收藏家特别是准备离开这个国家的收藏家打算将个人的收藏留在冬宫博物馆，博物馆欣然接受，但不是每个人都有这样的机会。这些宝藏留在了冬宫，但它们的主人则去了海外。更糟糕的是，所有暂时回收过来的藏品都被运往莫斯科。莫斯科缺少一个大型的能够与冬宫竞争的博物馆。为了满足莫斯科人的文化需求，政府将鲁缅采夫的藏品从圣彼得堡运往莫斯科，并在当地建立了一座同等规格的博物馆，随后更名为普希金博物馆。

1918 年苏联将首都从圣彼得堡迁往莫斯科，莫斯科许多文化官员主张修建一座与首都地位相匹配的博物馆，因为这个时候冬宫的许多藏品都被存放在克里姆林宫。一场明争暗斗就此展开。为了将这些藏品留在莫斯科，有人提议组织一次冬宫作品展览，但苏维埃提出了反对意见。学者贾·斯米尔诺夫被派往莫斯科检查藏品状况，并重申了艺术品的不可侵犯性。讨论持续了很多年，直到高尔基从中调解，人民委员会才在 1921 年决定将这些艺术品运回圣彼得堡，这些艺术品终于重回冬宫。

为庆祝藏品回归，冬宫博物馆决定在红厅举办一场特殊的展览，普宁不惜一切代价将藏品带回了圣彼得堡，然而他却发表了一场关于博物馆艺术品死亡的激励演讲，艺术品不再是年轻画家学习的对象，与新艺术革命相比显得毫无用处。普宁的观点绝非少数，反而是当时多数前卫派的共同观点，也恰恰是他们占据了早期新政府文化部门的最高职位。与此同时，自革命爆发以来，许多知识分子都竭尽全力保护艺术品免受战争的影响。“古迹保卫战”伴随着革命发展，已成功拯救了大量文化遗产。值得注意的是，尽管革命来势汹汹，但对国家文化遗产造成的伤害要远小于当年法国革命带来的损害。当时，该国正在进行包括艺术品收藏在内的私有财产国有化，特别是防止从俄罗斯出口文化遗产，从文化保护的意义上来讲国有化起到了一定作用。事实上，对于那些成功将艺术品带去海外的收藏家而言，艺术品流失海外不仅让俄罗斯受损，更主要是让收藏家本身受损，因为最终这些艺术品大多落入了欧洲和美国的私人手中。

博物馆基金会整合了从教会没收以及国有化的文化遗产以后，再将其分发给了各地博物馆以及文化机构。冬宫也收到了一小部分，其中不乏一些高质量的文物，如土耳其君士坦丁堡的俄罗斯考古研究所归还的部分藏品。

所有的艺术品都或多或少地遭受到了破坏或掠夺，为此冬宫

冬宫约旦楼梯

建筑师：F. B. 拉斯特列利

后经V. P. 斯塔斯托夫重建

的时任馆长打算将博物馆内比较贵重的藏品搬到当年沙皇位于郊区的行宫，以保护他们的丰富藏品不受损害。同样在俄罗斯古玩市场上，许多私人收藏家开始抛售手中的藏品，而冬宫则试图通过各种方式购买到最具价值的古玩商品。另一方面，因为博物馆的巨大潜力吸引各地争相效仿。俄罗斯各个地区开始开放本地区的文化宝藏，莫斯科重回国家首都的地位后，当地博物馆的地位也跟着水涨船高。每个省以本省收藏和国有化后的艺术品为基础纷纷建立美术馆，同时希望通过国库资金来丰富自己的藏品内容。联邦体内的各成员国认定他们过去曾遭到文化掠夺，因此要求归还其领土内的考古发掘遗物。因此乌克兰派代表到冬宫，要求归还当年从乌克兰境内发现的文物，即1921年向共和国运送的一万多件珍贵文物，包括金银器、书籍、绘画和著名的扎波罗热人的“旗帜”。同样，其他苏联博物馆也接受了相对次要的藏品，但也往往高于一般水平。总之，冬宫为全球新文化中心的诞生和艺术品位的形成做出了不可磨灭的贡献。

冬宫与莫斯科的关系本身就是一个精彩的故事，政府决定将一批数量可观的藏品运到普希金博物馆，不幸的是，他们决定将某些作品对半分开或分成几份，如果说卡纳莱托的两个相似风景画作被分割是一种还能忍受的悲痛，那么穆里罗的《男孩》和《女孩》的双胞胎绘画被分离就真的让人心痛万分了。最终总共大约有四百件古典大师的艺术品被转移到普希金博物馆，这也使该博物馆一跃成为欧洲最为重要的收藏地之一。

几个世纪以来对艺术品莽撞的收集态度也滋生出了另一种掠夺形式，大量的艺术品和古玩充斥在俄罗斯市场，催生了买卖双方的贪得无厌，并逐渐形成了以售卖国家艺术品的方式作为资金来源的风气。于是在欧洲拍卖行随处可见曾经属于贵族和商人的俄罗斯藏品。

因此博物馆成立相关专家小组以确定所销售的艺术品不会威胁到博物馆藏品的完整性。另外，买卖双方均要求提供相应价值的范本。冬宫的专家竭尽全力向政府证明苏联的“文化商品”在西方市场上缺乏利益可图，这样的证明多数情况下是奏效的。大量的艺术品流转到古董店，这些都是从拍卖中被退回的艺术品，由古董店负责销售，但这种流转方式很快停止了，这也表明冬宫博物馆一直在努力捍卫着自己的宝藏。

这种商业活动在20世纪30年代初消失了。一种说法是当时席卷全球的经济危机导致商人停止了对艺术品的投资。即使这种说法可靠，但也仅是其中一部分原因，主要原因要归功于在冬宫内外长期战斗的勇士。根据当时的情况，冬宫东方艺术部负责人奥贝利给斯大林写了一封信，透漏安提克瓦尔古董店正在大量出售博物馆收藏的东方文物。斯大林在回信中写道：“亲爱的奥贝利伙计，我于10月25日收到你的来信。根据调查表明，古董店的主张是毫无根据的。因此，当局已禁止外贸部及相关出口部门接触博物馆的东方藏品区。这个问题到此为止。你真诚的斯大林。”

所有没收和销售的现象慢慢停止下来。与此同时，有一个现象可以被视为在弥补博物馆所遭受的损失，那就是部分国有化藏品最终流向了冬宫，其中包括戈拉科夫、加加林、米亚特列维的藏品，还不乏属于尤苏波夫、苏万洛夫和塞雷曼托夫的藏品，并在最初就将它们整合在一间独立博物馆内。斯特罗加夫宫也被划分到冬宫博物馆群中成为一个分支，但后来又被废除了，现在可以在冬宫和俄罗斯博物馆看到它的部分藏品。冬宫另一个宫殿成为施蒂格利茨博物馆，后来被迫关闭，在第二次世界大战后重新开放。

一些曾属于沙皇的宫殿变成冬宫存放名画的场所，虽然这些名画经常被搬来搬去，但它们都曾是沙皇私人收藏的一部分。一支从中亚回国的俄罗斯考古探险队带来了大批的东方文物，加上属于考古委员会收藏的考古文物及其他藏品的到来，让冬宫离成为世界艺术博物馆的目标更近一步。与此同时，博物馆转让了库赛勒夫画廊的藏品，又从法尔赛蒂手中收购了一批陶俑。

战争爆发之前，莫斯科新西方美术国家博物馆被关闭，那里曾集中展示了舒金和莫洛佐夫的藏品。这两位都是莫斯科出色的收藏家和企业家，他们以惊人的能力收集了几乎所有印象派画家和后印象派画家的代表作，其中的一部分作品卖给了冬宫，冬宫也成为战后“新艺术”作品最主要的买家。

现在冬宫的藏品已经非常丰富且种类繁多，但仍有不足，因此必须保证所有展品均为最高水平，并且对接收的所有展品都要进行严格标准的检查。新的检测手段不断加强，一些新部门也随之组建。1920年组建的东方艺术研究部不仅成为国际东方艺术研究最权威的中心之一，而且还开展了多次重要的发掘活动。1931年，史前史部门成立，冬宫也成为世界首批考古中心。在1941年，又创建了俄罗斯文化部，大量在各大博物馆之间转辗漂泊的冬宫艺术品，最后都被集中于此并被合理安排。

战争前夕博物馆准备撤离，两个满载艺术品的车队已经开往斯维尔德洛夫斯克，即使在冲突期间艺术品也一直安然无恙。第三辆卡车已准备完毕，但没来得及撤离城市就已经被围困住了。藏品不得不和其他来自郊区博物馆的艺术品一起被藏匿起来，有的被藏在地窖里，有的则在一楼的房间里。博物馆工作人员组成的消防队正忙着扑灭爆炸引起的火灾，他们不仅要保护博物馆免受大炮、雨雪、大风的破坏，还要时常防止小偷的光顾。圣彼得堡被包围了，但文化活动却在继续，冬宫依然为文学家纳沃伊和尼扎米举行了盛大的纪念活动。他们组织从前线回来的士兵到宫殿参观，向他们介绍这些空荡画框的背后故事。一旦战争结束，画框里将被重新装上画布。到了晚上，值班的工作人员互相讨论学习，这样积累的知识就不会忘记了。圣彼得堡拒绝投降，博物馆得救了。但每当下雨的时候，最先落下的却是德军数不尽的炮弹。

战争结束后，冬宫继续组织考古发掘，继续提供轰动性的新闻发现。早在20世纪20年代苏联就曾在巴泽雷克发现轰动一时的库尔干墓冢[14]，终年不化的冰雪使得斯基泰人的棺椁与皮质或木质的随葬品保存完好。这一重大考古发现也逐渐推动苏联在黑海地区和新方向上的考古探索。苏联开始在高加索地区进行考古发掘，向世界展示乌拉尔图王国[15]文化，它曾经是亚述帝国[16]在小亚细亚地区强有力的竞争者。同样地，苏联考古学家发掘了撒马尔罕[17]附近的彭吉肯特[18]古城遗址，这里保存了大量精美的中世纪早期壁画，即中亚的粟特艺术，但直至今日人们对这种艺术也知之甚少。

于普斯科夫[19]的发掘工作丰富了俄罗斯本土文物的收藏和整理，同时也推动了文物修复实验室的发展。一大批新技术的应用提升了博物馆的水平。在这种情况下冬宫却保留了传统的部分，修复师从不试图让一幅绘画的成果"从艺术家的画室中跳脱出"。作品仅清洗到颜料层上"第一层釉"，并尽量避免破坏画家笔触间的细微差异。很长一段时间，这种谨慎的修复并没有在欧洲受到太大青睐，时至今日俄罗斯仍然使用这样保守的修复方式，却重新得到认可。

时间来到20世纪40年代，西方的新艺术依然在影响着冬宫，一部分新艺术作品被留在了博物馆，另一部分则给了普希金博物馆。经过一系列艰难谈判后，两所博物馆机构都获得了相当数量的艺术作品。塞尚、高更、马蒂斯、毕加索等艺术家的代表作转移到冬宫，可以在某种程度上被看作对二十年前将古典名画转移到莫斯科的一种补偿。如今，冬宫也成为一座名副其实的当代艺术博物馆，其藏品横跨年代之久令人震撼。新艺术在苏联并不流行，但具备艺术史常识的背景却有助于理解印象派和后印象派的内容，这也让冬宫成为现代艺术经典知识的来源之一。博物馆的"二楼"已经成为青少年朝圣的目的地，如果你没在这里看过大师们绘画风格的发展和演变，你将无法真正融入西方的艺术世界。华丽的画布正逐渐揭开它神秘的面纱，这是博物馆长期斗争换来的结果，现在这些艺术品已成为博物馆不可分割的一部分。在这些作品中不乏旷世之作，有些甚至代表了20世纪绘画艺术的精髓。

马蒂斯的双联代表作《舞蹈》与《音乐》被舒金收藏，这件作品可以说是装饰艺术的最高典范，表现出一种更深刻的内涵，欢乐不仅是对人类，而是普遍的、天堂般的蕴藏在《舞蹈》的旋转里和《音乐》的无声寂寞中。

康定斯基的《构图六号》。这幅作品亦被称为《洪水》，是表现主义和纯粹抽象主义混合的产物。无数的直线，让人瞬间联想到暴雨般的雨滴，但在混沌的背景之下，在这个犹如现实般的可怕氛围之中，即便是到今天为止它依然存在，人们试图摆脱它，朝哪我们不知道，也许是朝着马蒂斯的《舞蹈》和《音乐》吧……

第二次世界大战结束后，德国将其博物馆内的珍品交付给冬宫，作为冬宫在战争期间被损毁或被掠夺的艺术品的"赔偿"。之后一段时间这些艺术品一直留在俄罗斯，直到20世纪50年代，大部分的作品包括佩加蒙的《祭坛》和一些古埃及时期的藏品才又回到了德国，比如著名的《娜芙蒂蒂胸像》。另一方面，博物馆将一些印象派和后印象派的作品都收藏在一个特殊（或秘密）的地方，一直到20世纪90年代才开始对外展出，包括德加的《协和广场》在内。

20世纪下半叶冬宫没有进行过大规模的收购，在这期间博物馆将主要精力投入藏品陈列方面，最大限度地发掘陈列品的价值，特别是应用新的归类方式，详细分析，编制相关目录。渐渐地，临时展览成为主要活动之一，因为一方面，像冬宫这样的综合性的大型博物馆虽然一直常设陈列，但并不是所有的藏品都能被展示出来；另一方面，博物馆经常展出来自国外博物馆的藏品。毕竟几十年以来，冬宫一直是俄罗斯与其他国家文化交流领域的重要一环。

与此同时，博物馆通过新的收购和捐赠，继续扩大其资金基础。从瓦尔萨夫斯基手中，博物馆收购了一批珍贵的日本艺术品，瓦尔萨夫斯基不仅是一位著名的收藏家，同时还出版过多部关于冬宫的书籍。博物馆与德莱克托－斯卡亚建立了深厚的友谊，后者不仅是马蒂斯的秘书还是其挚友。德莱克托－斯卡亚向博物馆赠送了一批大师级的绘画、雕塑和设计图。还有新增的《亨丽埃特》雕塑，由美国的莎莉公司于2000年赠送给冬宫。

苏维埃时期，冬宫博物馆收到的捐赠一部分来自美国收藏家哈默，其中戈雅的《女演员安东尼娅·扎拉特的肖像》引人注目。即便是到现在，冬宫依然缺乏西班牙大师级画家的作品。为了纪念博物馆举办的展览，博特罗将一批意大利现代雕塑大师的作品捐赠给冬宫，其中包括曼祖、科罗切蒂、梅西纳的作品，内容丰富，令人叹为观止。

20世纪90年代以后，博物馆藏品扩张的进程一度被中断，许多收藏家更倾向将艺术品卖给私人买家，以追求利润最大化。不幸中的万幸是这样的情况没有持续很久，如今卖家和捐赠者视冬宫为最高荣耀，特别是对于捐赠者而言博物馆给予了他们最高规格的礼遇和尊重。1996年，俄罗斯总统签署了一项法令，其中表明冬宫不仅在文化层面甚至对整个国家而言都具有极其特殊的纪念价值，因此博物馆将直接由总统本人管控，并享有国家单独的财政预算，从而保障博物馆能整合其所需的资源。博物馆开始收购其所需要的艺术品，先后从国外收回了历史悠久的

---

⑭ 库尔干墓冢：历史可追溯至公元前4世纪左右，广泛分布于东欧、中亚、西伯利亚和蒙古西部。墓冢主人为部落首领或贵族，且因地处高山，积雪终年不化，大多随葬品得以保存完好。该文化的发现为研究当地民俗文化提供了珍贵资料。

⑮ 乌拉尔图王国：一个古代王国，位于黑海东南部和里海西南部的山区，历史可追溯至公元前860年，公元前6世纪被灭。

⑯ 亚述帝国：兴起于美索不达米亚，公元前8世纪末逐步强大，约公元前600年灭亡。

⑰ 撒马尔罕：中亚历史名称，曾是乌兹别克斯坦的首都。

⑱ 彭吉肯特：塔吉克斯坦的城市，距离撒马尔罕约60公里。

⑲ 普斯科夫：俄罗斯西北部的一个古城。

从涅瓦河畔眺望冬宫博物馆

俄罗斯文物，购买了中国古代极具代表性的青铜器物，这也弥补了之前一直缺乏中国藏品的遗憾。

冬宫延续了司库金和莫洛佐夫的传统，收购了大量现代艺术作品，如布丹、弗拉曼克、尤特里罗、鲁奥以及雕塑大师马约尔的作品。并且冬宫也是首座展览苏蒂纳的油画的俄罗斯博物馆。

2000 年博物馆迎来了卡西米尔·马列维奇的代表作《黑色正方形》，感谢企业家弗拉基米尔·波塔宁的慷慨捐赠。这幅作品与康定斯基的《构图六号》陈列在一起，共同成为连接毕加索和马蒂斯以及博物馆即将打造的当代艺术收藏馆之间的桥梁。《黑色正方形》（为四个版本之一）被视为 20 世纪艺术的奠基之作，其意义已经超越了作品本身，因为它属于一个伟大画家的伟大作品。即使是在过去，这个伟大的画家也改变了世人对绘画的理解。《黑色正方形》犹如一个无尽的黑洞，抵消了《构图六号》带给我们的混沌。作品透露着一种平静，是一种能够激发恐惧的平静，因此，黑暗的深处是更黑暗的混沌。康定斯基与马列维奇为观众讲述了一件同样的事情，不安的世界和永恒的爆炸。冬宫不仅担负着保护文化记忆的职责，它所发挥的守护国家历史的作用也越来越重要。倘若缺少了它，圣彼得堡与俄罗斯将变得无法想象。

冬宫的收藏史已经超出了单纯的历史范畴，已经变成文化的闪光点和代表。自 18 世纪以来，因为这座博物馆和其不断增加的藏品，圣彼得堡一直是国际文化的中心之一。每一位沙皇都在宫殿旁修建属于自己的建筑，一齐组成了博物馆群，即新冬宫。皇家住所逐渐与博物馆合并，直到成为不可分割的整体；因此保护冬宫不仅是保护国家文化，更是保护国家历史记忆。我们无法想象一个失去冬宫的圣彼得堡，甚至是俄罗斯。

现在博物馆正在考虑它的未来。“大冬宫”计划扩大展览辐射范围，同时融入圣彼得堡城市规划基本方向之中。它的首要任务是确保过去收集来的艺术品能继续发挥文化展览的功能，但这并不意味着要将所有的当代艺术作品都陈列出来。免费参观新的陈列，新画廊和陈列交替使用，并最终进入互联网时代，逐步电子化藏品信息是我们目前设定的目标。

这座著名的博物馆吸引了全世界的目光，但这座博物馆本身也值得大家如此的关注。每年博物馆将根据不同的主题制订相应的展览计划，博物馆将在伦敦和拉斯维加斯设立永久性展览中心。计划中还将在阿姆斯特丹、喀山和广岛增设类似的展览中心。

自叶卡捷琳娜二世以来，冬宫一直是世界上最具活力的博物馆之一，而这种活力也将一直延续下去，因为这正是这所博物馆所拥有的特殊本质。

镜花水月
——隐藏在冬宫的世界名画

法尤姆肖像、拜占庭圣像、东方世界、西莫内·马蒂尼

米哈伊尔・彼得罗夫斯基

每一种文化都有其特定的艺术语言，识读起来颇费心血，而博物馆的基本任务之一就是对艺术语言的翻译和转换。冬宫收藏的名家名画正是各种文化、各种语言、各个民族风格的代表之作。

故事有必要从法尤姆肖像开始，这是迄今为止人们发现的早期绘画代表作之一。它们的名字均以发现地命名，位于埃及的法尤姆绿洲。

在基督教时代开启之初，代表逝者生前样貌的木板肖像画被放在缠裹木乃伊的绷带之间。后来，古埃及深受罗马文化的影响，开始用石膏或者莎草纸制作的葬礼面具逐渐替代了过去的木板肖像画，成为后来我们常见的古代木乃伊。这些木板画也不全是用在葬礼仪式中的，有时那些表现逝者生前生活场景的木板画也会被挂在私人房间的墙壁上。起初，人们用混合着蜡的颜料也就是我们通常所谓的“蜡画法”进行木板肖像制作，这种颜料画出来的肖像画表面色彩异常绚烂。但遗憾的是，这样绚烂的色彩很快便会发生变质，蜡画法也逐渐被蛋彩油画所代替，因此便出现了采用蛋彩油画绘制作品的背景，而人物面部则依旧采用蜡画法绘制。我们所熟知的法尤姆肖像则是这种技术的集大成者，作品将现实与幻想巧妙地融合在一起，并直击观众内心。画面中人物睁大的双眼是进入其内心世界的通道，事实上观者所想的并不一定是作品想表达的，这双睁大的双眼实际上是为了灵魂能够找到自己的主人。这种类型的作品清晰地向后人展示了古埃及时期的丧葬习俗，同时这些作品还具有极高的真实性，埃及不同种族群体的特征被精确地描绘出来，其中也包括服饰和珠宝的细节。这些肖像毫无疑问是属于逝者的，但肖像中的面容往往是他们青春期或年轻时的模样，这样是为了在来世的世界里，逝者能为重拾他们年轻时的样貌而感到欢喜。

由于法尤姆肖像在基督教世界和与之相关的艺术圈内被广泛传播，所以它所带来的心理影响力和象征意义也就不足为奇了，其实我们对这件集众多“第一”于一身的作品还知之甚少，以至于我们不得不向观众展示更多的细节，让作品自己和观众交流。后来，在神像作品的世界中，虽然人物变得更具有符号性、抽象性和风格化，但仍然保留着神秘感。古希腊罗马的传统艺术旨在模仿自然、描绘现实，与那些在文艺复兴时期产生的艺术资源一同成为所有欧洲绘画发展的基础。而在法尤姆肖像中，我们却发现了整个基督教世界绘画领域起源的基础。

冬宫拥有数量庞大的东方绘画作品，其中以中亚的壁画作品为代表，它们是伴随着一次又一次的重大考古发现而重见天日的。自1947年起，冬宫联合其他科学机构开始对位于撒马尔罕附近的彭吉肯特中世纪早期遗址进行科学调查，作为粟特文化典型遗址，它给世界文明带来了无数惊奇的发现，特别是以精美壁画为代表的文化遗产，是人们研究中亚艺术文化的基础。7—8世纪的彭吉肯特人会在住所里准备一个大型房间用来接待客人和举行宴会，房间的墙壁上往往绘有明亮和精致的图案，题材多来自史诗和具有教化用途的寓言。房间的天花板和地板上则描绘了佛教世界的神灵和恶魔。这种佛教艺术风格在当时的中亚地区普遍存在，并对象形语言产生了极其深远的影响。彭吉肯特的艺术作品内容丰富同时具有极强的装饰性，在大厅里通常用一种颜色作为主色调，比如“蓝房”，蓝色背景上勾勒着红色轮廓，许多世纪后这一古老图形将在马蒂斯的《舞蹈》与《音乐》中被赋予新的定义。通常这些人物图案看起来不是很大，人物的姿势往往受构图的影响，平静或浮躁、庄严或快乐，然而这些人物的穿戴在细节上与现实却惊人地吻合，甚至包括画面背景中的建筑，这使得这些壁画为历史研究带来了不可估量的价值。

另一件作为中世纪代表的中亚壁画作品，发现于瓦剌克沙宫殿的“红屋”遗址，壁画向我们展现了无与伦比的画面风格，画面中是勇士正在捕捉猎豹和大象的场景。中亚犹如一个聚宝盆，几个世纪以来将印度、中国、伊朗和地中海地区的贸易串联在一起。商人的大篷车从这个绿洲到那个绿洲，从这座城市再到另一座城市，商品与商人的品位和思想紧密地连接在一起。沿着这些路线，佛教在亚洲和远东地区传播开来，并形成了富有地方特色的佛教艺术。修建在岩石上的修道院，内部装饰随着太阳光线的变化而产生不同景象，从而呈现出丰富多彩的内容。贩卖货品的商人为艺术家提供资金，他们希望借助精神的力量保佑自己在旅途中逢凶化吉。

中亚地区的绿洲上零散分布的壁画从19世纪末至20世纪初一直是各国考古学家重点研究的对象之一。一些废弃的绿洲如今变成了旅游胜地，博物馆如雨后春笋般在各地涌现，但不幸的是，战争和宗教冲突从未在这里停止过，还有数不尽的文化遗产正遭到毁灭性破坏。冬宫收购了多幅罕见的珍贵作品，其历史可追溯到8—9世纪，而在欧洲其他地区这一时期的作品却保存甚少。

来自中国的贸易路线始于敦煌，这是一个沙漠延伸的城市，它也因“千佛洞”而闻名于世。千佛洞是一座洞穴寺庙，装饰着珍贵的壁画和留存着丰富的藏书，也正因它的存在才使得中亚的佛教文化遗产如今也成为世界文化遗产的重要组成部分。在冬宫我们能看到来自敦煌的石刻作品，作品主题为传统样式，信徒希望自己能从佛陀和菩萨那获得启发，但经过无数次的轮回转世，却依然没有达到佛陀拯救世人的条件。壁画上描绘了各式各样的佛陀与菩萨的造型、姿态与信物，还涉及传记传说甚至是捐赠者的形象，以及日常生活的细节。

以敦煌为中心的文化开始向附近绿洲蔓延，我们已经发现了8—10世纪的壁画作品。在这其中西克辛寺庙壁画脱颖而出。人们不难想象，在穿过一片茫茫无际的沙漠之后，旅行者终于到达了一座宏伟的避难所，为精神找到了片刻宁静的地方。在这里，圣人的形象环绕四周，仿佛在保护着他们。

在吐鲁番，柏孜克里克千佛洞隐藏在绿洲之中，在11—12世纪，千佛洞中的许多壁画被倒卖到欧洲，其中最重要的当数《誓言佛陀》。至于风格，则与敦煌的壁画非常相似：“静态”的人物被飘动的丝带、面纱和欢乐的奏乐场景而打破（或被连接成一体）。同时，佛教文化中的一些典型元素，如灵气、光芒万丈的光环，也被其他文化所吸收。

佛教艺术对经典遵循着一套非常严格的要求即符号性，艺术程序甚至是细节已经被预先设立。艺术家可以在其中表达个人的才华和个性，然而在大多数情况下，模型的重复使用占据了上风。但无论如何，这些作品绝不是简单的重复复制，每件作品中都保留了即兴创作的余地。

中亚地区最具价值的建筑群之一位于黑水城古城，是1908—1909年以及1926年由俄罗斯探险队发现的“死城”。这座于13世纪消失的西夏帝国首都被掩埋在一片废墟之中，古城对当地艺术和藏文化艺术而言都具有极高的历史文化价值。艺术品被沙砾掩埋，在一个避免与空气接触的干燥环境中，绘画被保存在了木头、纸张、丝绸和麻布上。其中许多神圣的佛教图像可追溯到11世纪，鲜艳的色彩与传统藏族特色融合，在当地的艺术实践中被重新诠释。

在冬宫，你可以同时欣赏到东方宗教绘画与基督教圣像艺术。拜占庭的圣徒形象是遥不可及的，像佛教圣像一样。拜占庭在经典主题和象征元素的选择上带有一定的局限性，然而在众多规则和要求下，艺术家依然能为自己的原创作品找到突破口，通常这样的作品总是隐藏在一间教堂或一所学校的众多圣像作品或系列圣像作品之中。

时间来到12世纪，拜占庭的圣像艺术成为宗教宣传和布道的主要手段，也是人类和上帝之间最重要的媒介，为需要他们的信徒带来帮助。信徒真诚地祷告希望上帝知晓，通常是在信徒屈膝下跪的时候，圣像符号将一些不可言传的内容传递了出去。

《圣格里高利》是冬宫收藏的极具代表意义的一幅圣像作品：画面中圣徒用严肃而细腻的表情面对观众，作品虽不能取代神，但它拥有上帝所赋予的力量。在这里，铭文也扮演了特殊的角色，它是肖像画的一部分，同时也是艺术作品中不可缺失的元素，它是特殊的装饰，是书法作品，也是保证作品几何排列的要素。法尤姆肖像的眼睛属于古代，而闪闪发光的金色和白色则让人联想到拜占庭帝国的威严。

同样我们在佛教圣像作品中也发现了类似情况：那些深刻又晦涩的哲学即宗教教义通过图画让信徒知晓，细节精致、构图和谐。黑水城向我们传达了所有可以被理解的阿弥陀佛、净土（相当于天堂）以及观世音菩萨的形象。在黑水城中我们还发现了中国较为古老的纸质绘画，如中国官员的肖像，这也是博物馆的代表作之一。呈现在我们眼前的是一位老人，潇洒且富有智慧，整幅作品所蕴含的哲理与画面背景融为一体，人物仿佛从画面飘到了我们眼前。

整个13世纪，人们在拜占庭和黑水城之间回忆着过去，先前所有的特征元素都被保留了下来，但还有一种难以察觉的运动在流淌：这是一种更为强大的符号力量，这是隐藏在法尤姆肖像眼睛深处的力量。

现在让我们来到14世纪。当然，对于艺术史而言，是不能用一个百年去衡量另一个百年，但在找到更好的替代方法前，我们也只能按照这种约定俗成的方法来进行。因此，在大量素材存在的情况下，很容易将几个世纪以来的艺术的特性和特征进行分类与归纳。圣像则显得更具有强烈的色彩感和戏剧冲突感，《基督普世君王》可以说是冬宫众多艺术作品中最具穿透力以及最能触动观众心理防线的作品之一。站在作品面前的我们能感受到画面中紧张的氛围，但却被画家用大气磅礴的艺术手法轻松化解。

拜占庭的传统绘画手法很快便传播到了整个基督教世界。拜占庭学派也出现了许多分支，其中一个分支来到了俄罗斯，当多样的手法与大师熟练的技巧相互碰撞时，属于俄罗斯特有的圣像艺术由此诞生。在俄罗斯经典被一再修改，当然这并不是一个新艺术的诞生，毕竟这种情况在欧洲已经发生了，不过将俄罗斯的新艺术手法与西方的进行比较后，结果就显得比较有趣了（请注意，安德烈·卢布列夫要比西莫内·马蒂尼年轻许多）。

文艺复兴期间，西班牙大师的《圣母》是意大利艺术中不可忽略的一部分。精美的绘画、真实的圣像以及对精神世界的渲染体现了意大利人对生活的热爱，而这也越来越与拜占庭的传统背道而驰。图像仍然带有风格化倾向，人物略显僵硬，象征符号清晰明了，但这些圣像作品却呈现出了更多的优雅与活力。在艺术作品中重现现实的愿望以期达到重生的目的，作品开始无限接近观众，作者则从中获得满足。

彼得拉克十分欣赏西莫内・马蒂尼的《圣母》，这幅作品也当之无愧地成为那一时期的艺术发展历程中的代表作。这件木板油画是《双联报喜图》中的其中一联（另一半被收藏在华盛顿美术馆），传统的细节描绘和庄严的金色背景伴随着流动的线条，有一种远离拜占庭刻板风格的特殊韵味。人性和神性的温柔在画面中相得益彰。

1

少女肖像

2世纪上半叶

木板蜡画法，石膏底漆

32.2cm × 17.5cm × 0.2cm

该类肖像画以其发现地埃及法尤姆命名，其不仅体现了当时肖像画艺术的繁荣发展以及罗马文化对当地艺术作品的影响，更反映了当地传统丧葬习俗。这些画与逝者遗体一同被放置在坟墓中。尽管有许多破损及裂缝，甚至颜色剥落，但画中少女的面庞依然深深地吸引着我们。平静的面庞上，一双清澈的眼睛直击观众的内心，而轻快的明暗对比则更加突出了画面细节，同时也让少女显得更加温柔动人。该作品1921年被冬宫收藏。

2
狩猎图
7—8世纪
胶彩壁画，残片

位于乌兹别克斯坦布哈拉地区的瓦剌克沙宫殿遗址装饰着绵延数米的精美壁画。其中一个房间内的壁画再现了狩猎时紧张的场景：一位骑着大象的英雄或传奇国王在与凶猛的野兽做搏斗。野兽身上的斑纹在红色的墙面背景下显得尤为突出，特别是以棕色勾勒出的动物线条，使得整件作品具有极强的视觉张力。

这种兼具优雅线条与细节刻画的绘画风格，是粟特画家的代表手法。该作品于1954年由乌兹别克斯坦共和国科学美术馆迁入冬宫。

3

佛像

8世纪

胶彩壁画，残片

83cm × 35cm

这件壁画残片向我们展示了一幅佛陀造型的艺术作品。莫高窟位于敦煌（中国甘肃省境内），敦煌是丝绸之路西向的交通要道。壁画残片表现的是佛陀涅槃时的场景。这件作品突出强调了明暗对比关系，而这样的艺术手法在古代中国是非常罕见的。这幅作品的创作时间可以追溯到处于中国佛教艺术黄金时期的唐朝。1931年该作品由俄罗斯博物馆迁入冬宫。

4
佛陀像
11—12世纪初
胶彩壁画
310cm × 240cm

这件无与伦比的精美作品来自中国吐鲁番的柏孜克里克千佛洞，这是丝绸之路沿线最大的佛像洞穴。公历纪元最初的几个世纪，佛教士就是沿着这条路线一路向东移动，并在沿途城市修建寺庙和洞窟。一般情况下，佛教作品都以展现佛教经典为主题，偶有个别场景是由信徒委托绘制的。画面中，一位虔诚的信徒遵循着佛陀的教导，希望能从中获得感悟。画面的四周是一众大小佛陀，而且被委托者把自己也画入了其中。整幅作品显示了画家惊人的构图能力，鲜艳的色彩和一系列人物表情的刻画无一不体现中国画的深刻影响。1931—1933年该作品由俄罗斯博物馆迁入冬宫。

5
少女
8—9世纪
胶彩壁画，残片
97cm × 74cm

丝绸之路曾在这里穿过，而一系列的巧合促成了焉耆佛教寺院内彩绘壁画的妥善保存。大火摧毁了寺院上部的建筑，而下部墙体被覆盖，因此只受到轻微损毁。其中一个残片展现的是佛陀一生中的某个片段。在画面的左边，我们能看到一只脚、衣饰和一点佛光。而令我们感兴趣的则是画面右边一名身穿华丽服饰的女性，她可能是一位皇后或者是女神，她的右手以非常逼真的姿态抵着自己的太阳穴，表情则十分痛苦。1931年该作品由俄罗斯博物馆迁入冬宫。

6
阿弥陀佛像
12世纪
矿物颜料，帛画
125cm × 64cm

这件作品无论在构图还是色彩上都具有非凡的技艺手法与表现力。作者向我们描绘了这样一个场景：“西方净土”的掌管者出现在云端。一名男性手持调香，一名女性双手紧握，好像在祷告着什么。流动的线条，绿色和红色的相互调和，特别是白色、柔和的奶油色以及淡粉色的搭配，展现了画家的高超技艺。作品中人物细节表达自然且精确，用金色描绘龙，服装边缘不同颜色的牡丹或许暗含了祈祷与其他意味。该作品被收藏于俄罗斯博物馆，并于1933年迁入冬宫。

7
人物肖像
12世纪
中国画
45cm × 31.8cm

这件12世纪的肖像画作品在中国艺术史上实属罕见，它与一批印刷品、书籍和一件雕塑一同来自中国黑水城。当时这座西夏的城市正遭受蒙古人的袭击。画中老人身穿官服，长外套用腰带紧紧束住，整幅作品采用了朴实的深褐色。通常情况下，肖像画在当时的宋朝有着严格的官方要求，是不能随便更改的。这幅作品的重点在于面部，体现了中国传统相貌学的要求，即将面部特征与男人的命运相结合。尽管艺术手段具有简洁性，但这幅肖像作品依然给观众带来极大的审美感受，透露着人物的内心。该作品被收藏于俄罗斯博物馆，并于1933年迁入冬宫。

8

星宿

11世纪

矿物颜料，帛画

102cm × 66cm

画面中央是一尊如火焰般灿烂的佛像，周围则是星宿神灵，这样的主题即使在西夏也深受欢迎。太阳和月亮被描绘成皇帝和皇后的样子；水星则是手持画笔和卷轴的女神；金星持乐器；红色的火星则持三叉戟。有关星宿的神话，多半与日食和月食有关。值得注意的是，作品上半部分的圆圈同样出现了黄道十二宫的标志。该作品1933年从俄罗斯博物馆迁入冬宫。

观音（局部）

9

观音

12世纪

矿物颜料，帛画，残片

101.5cm × 59.5cm

此件作品以中国传统艺术手法绘制，充满神性光辉的观音画像从黑水城来到冬宫博物馆。这是一件非同寻常的作品，观音是西夏地区唯一会出现在丧葬题材作品中的佛教形象。观音安详地坐着，向逝者（可能是西夏的某位皇帝）指着通往佛教净土的方向。整幅画面向我们展示了一套丧葬仪式场景——音乐与舞蹈，准备就绪的墓穴，华丽的马匹，这些正是西夏与中亚草原游牧民族文化连接的象征。画面中最具表现力的是长笛演奏者。该作品被收藏于俄罗斯博物馆，并于1933年迁入冬宫。

观音（局部）

10
净土宗指路
12世纪
矿物颜料，帛画
142.5cm × 94cm

欧洲中世纪时期，随着中国佛教与中亚的交流，对佛教的崇拜礼仪有了更加严格的规定。佛陀与“西方净土”的观念也随之向周围地区扩散。画面中，阿弥陀佛和随行的菩萨在净土迎接着重生的信徒，因此信徒被理所应当地描绘成新生婴儿的模样，和画面下方穿着僧服的是同一个人。这幅作品体现了当时社会中两种主流绘画风格的融合，即藏传佛教绘画与中国传统绘画。借助色彩和具有强烈对比度的色调轮廓，让对角线不对称的图案变得均衡，同时在背景中大胆地使用了非常深的蓝色。该作品被收藏于俄罗斯博物馆，并于1933年迁入冬宫。

11
俱毗罗
13—14世纪
亚麻矿物颜料画
95.5cm × 54cm

在这幅充斥着各式人物的画面中央，是象征着财富的神——俱毗罗，其造型风格结合了传统的多闻天王的形象，后者是佛教教义的守护者和北方守护神。画中，俱毗罗骑在狮子上，一只手拿着旗帜，另一只手拿着黄鼬。围绕在他身边的八名侍从分别代表了世界的八个部分，分别是四个主要部分和四个中间部分。作品色调搭配和谐，人物线条流畅，突出了作品结构，让我们在图像与作品风格中领略了中国传统艺术之美。该作品被收藏于俄罗斯博物馆，并于1933年迁入冬宫。

12

八手十一面观音

12世纪

矿物颜料，帛画

132cm × 94cm

观音是慈悲与仁慈的化身，是东亚乃至整个亚洲地区最受尊敬的佛教万神之一。作品中观音被描绘成坐在莲花宝座上的形象，该作品被收藏于俄罗斯博物馆，并于1933年迁入冬宫。

13
金刚亥母
约1159年
亚麻矿物颜料画
111.5cm × 69cm

这件作品的难得之处在于它采用的是传统藏式绘制风格，以精准的轮廓和规则的图案为特色。女性神灵象征着智慧，她们愤怒的外表使她们成为信仰的严格守护者，这种性格也在画面中通过众多特征属性和火红色的佛光所强调。该作品1933年由俄罗斯博物馆迁入冬宫。

14
使徒腓利与圣泰奥多罗和圣德米特里基（局部）
11世纪末—12世纪初
蛋彩油画
41cm × 50cm × 3.5cm

该作品于1860年抵达俄罗斯，原属于《祈祷图》（祈祷图是基督教拜占庭艺术常见题材，玛丽和圣洗者约翰面对着基督，举起双手代表人类的恳求）的一部分，可能之前是阿索斯山某个修道院教堂的侧门楣。最初，在圣人图像的旁边会用金字标注其名字，然后通过带有浅浮雕装饰的拱柱将人物一个个地分开。

这是拜占庭艺术中罕见的遗产，作品体现了这位来自君士坦丁堡的大师的高质量绘画技巧。起初，这幅作品被俄罗斯美院博物馆所收藏，后又被俄罗斯博物馆收藏，1935年迁入冬宫。

15

圣乔万尼肖像

13世纪下半叶—14世纪初

木板蛋彩油画，椴木

87.5cm × 66cm × 2.8cm

该作品可以说是冬宫收藏中极为漂亮的一幅圣像作品，它也是《祈祷图》的一部分，原画中有几个不同的人物。传教士幸福的脸上又同时充满了谦卑、奉献和痛苦的表情，突出了施洗者的形象。这位不知名的画家大胆地将乔万尼服饰的鲜艳色彩与白色背景形成强烈对比，从而突出了肖像的风格。该作品于1898年被收藏于俄罗斯博物馆，1935年迁入冬宫。

16
显灵迹者圣格里高利肖像
12世纪上半叶
木板蛋彩油画，橄榄木
81cm × 53cm × 3.3cm

圣格里高利即尼奥切萨莱主教（约221—270年），是神学家同时也是哲学家奥利金的学生，是基督教中十分重要的一位人物。圣人充满灵性的面庞是智慧、严谨与善良朴素的象征，作品精美的设计、巧妙的构图、柔和的色调和淡金色的运用，无不彰显出这位君士坦丁堡大师的高超技艺，这也是拜占庭科穆宁时期的杰出代表作。该作品于1860年由彼得·谢瓦斯季诺夫（他是旅行家、考古学家同时也是基督教艺术品收藏家）经阿索斯山运送到俄罗斯。该作品于1898年被收藏于俄罗斯博物馆，1935年迁入冬宫。

17
圣尼古拉斯肖像
13世纪末—14世纪初
木板蛋彩油画，椴木
105.5cm × 60.4cm × 3cm

圣尼古拉斯在俄罗斯一直备受尊崇，据基督教经典所描述，一位不知名的诺夫哥罗德人身穿主教外衣，身披带有黑色十字架的披肩。他左手放在《圣经》封面上，右手则以祝福的姿态呈现。画面中圣人的面庞是基督徒强大精神与纯洁信仰的最有力的证明，圣人捧着《圣经》，而《圣经》代表着上帝。该作品于1960年从诺夫哥罗德省的佩雷德奇村中的教堂被运往冬宫。

18
天使向圣母报喜
13世纪末—14世纪初
蛋彩油画
105cm × 61.5cm

该作品是一幅匿名的威尼斯画派大师的作品，绘画手法倾向于传统拜占庭风格。这是双联画的右边一联，至于左联已无证可考了。圣母采取了传统的姿势，在天使报喜的那一刻揭示了她内心的不安，圣母的左手持一纺锤，在西方艺术中这是命运的象征。平面阴影与线条和鲜艳色彩的结合使整件作品极具张力。该作品于1923年从俄罗斯博物馆迁入冬宫，之前它一直被利沙柴夫所收藏。

19
乌戈利诺·迪·泰斯
十字架受难
约1260—1270年
木板蛋彩油画
90cm × 62cm

时至今日这仍然是乌戈利诺·迪·泰斯唯一一幅署名的作品，他是皮萨尼家族的画家。

“仪仗十字”在13世纪下半叶广泛出现在意大利半岛，特别是体现在比萨地区的宗教艺术品上。十字架艺术在刻板的拜占庭传统经典艺术中有着强烈的存在感，被看作精神世界最直观的代表。与此同时，这位来自比萨的画家在预先制定的规则中又加入了个人情感，使基督的形象变得鲜活起来。该作品于1926年从斯特罗加诺夫宫迁入冬宫。

20
乌戈利诺·洛伦泽蒂
各各他
约1320年
木板蛋彩油画
91.5cm × 55.5cm

乌戈利诺·洛伦泽蒂是一个约定俗成的名字，由艺术史学家伯纳德·贝鲁森于1918年提出，特指一群生活在14世纪上半叶，绘画风格与锡耶纳画家乌戈利诺·德·锡耶纳和彼得·洛伦泽蒂相似的艺术家。其作品削弱了拜占庭时期对绘画风格的影响。该画采用金色背景和倒透视效果,将所有见证耶稣被钉在十字架上的人画成一个整体并垂直排列。同时，人物形象纤细，注重人物比例关系，这也透露出哥特艺术风格的影响。该作品于1919年被冬宫博物馆收藏，起初它一直被一名叫加加林的圣彼得堡私人收藏家收藏。

21
西莫内·马蒂尼
圣母领报
1340—1344年
木板蛋彩油画
30.5cm×21.5cm

西莫内·马蒂尼是锡耶纳画派最主要的画家之一，深受哥特式艺术风格的影响。他的作品强调色彩和线性结构关系所带来的美感，以丰富的装饰和优雅对称的人物形象而著称。这幅圣母作品是一件双联屏风的右联，其左联所绘内容为“大天使长加百利”，现存华盛顿国家美术馆。图中圣母坐在枕头上象征着谦逊，圣母一直是精致且富有气质的女性形象，所以画家着重强调她的精神而非肉体方面。流畅的线条、柔和的图形与温暖的红色和金色背景相互映照，形成独一无二的风格，圣母微倾的头颈和柔软的双手也体现了女性独特的温柔与敏感。该作品于1911年被斯特罗加诺夫宫收藏，后迁入于冬宫。

22
羊毛艺术宫艺术师
圣母圣子与四圣人及四天使
14世纪末—15世纪初
木板蛋彩油画
62.5cm × 37cm

这件作品是艺术家尼克罗·迪·彼得罗·吉里尼的追随者伯纳德·贝鲁森在羊毛艺术宫内的一个小屋里收集的一系列和《圣母加冕》相关的艺术作品中的一幅。该作品既具有传统艺术表现手法，又富有色彩表现力，同时作品中的圣母还依稀带有乔托笔下的沉重感。该作品1902年由前冬宫博物馆馆长弗谢沃洛日斯基捐赠。

15 世纪：贝亚托·安杰利科、达·芬奇、罗吉尔·凡·德尔·维登

米歇尔・皮尔特洛夫斯基

文艺复兴，一个重生与全新繁荣的时代，在冬宫中被体现得淋漓尽致：古老的教诲复潮，渴望着再现真理；第二次的"法尤姆"文艺思想开始了数世纪的征程。君主的品位和倾向，以及整个朝臣的生活方式，越来越影响画家的风格。

佛罗伦萨画家贝亚托・安杰利科的同时代人称他为弗拉・乔瓦尼・达・菲埃索累，他知道如何在自己的作品中以惯常的福音派主题为灵感，营造一种异常优雅和纯粹的氛围。毋庸置疑，他笔下的《圣子和六个天使》为冬宫博物馆提供了一件前无古人后无来者的作品。圣多明尼哥修道院关闭后，壁画碎片从墙壁上脱落。意大利文艺复兴时期的绘画有相当一部分是在教堂、修道院和宫殿的墙壁上画的壁画，其中一幅壁画非常罕见地出现在冬宫大厅里。作品《圣母子与天使、圣徒及捐助者》充满了忧郁、灵性和人文主义色彩。

文艺复兴早期绘画中精致的意象美似乎逐渐获得一种生命力，在菲利普・利皮的《朝拜圣婴》中，超越与真理以一种令人惊讶的方式融合在一起，其中写实与神秘的风景占据了画面的大部分。但是，有时可以采取不寻常的形式体现感情的纯洁，因此圣塞巴斯蒂安在我们看来是一个优雅的年轻人，他的脸上没有痛苦或创伤的阴影。我们将看到一件完全不同的作品，那就是提香笔下的圣塞巴斯蒂安。在冬宫博物馆，观众可以看到文艺复兴时期的许多著名的画家的作品，其中包括波提切利，他是15世纪直至现代公众最喜爱的画家之一，冬宫博物馆展出了他的两幅小型作品：《圣多米尼克》和《圣吉罗拉莫》。可惜的是，《东方三博士的崇拜》于20世纪20年代被苏联政府出售。在现存的作品中，两位圣人的形象极富表现力，同时又异常脆弱，以至于观者会担心风会把他们吹走。画面中体现的不仅仅是人的形象，更是非常高尚的精神形象。

伟大的达・芬奇的作品达到了文艺复兴阶段的顶峰，其中冬宫博物馆拥有的两件作品在一定程度上弥补了马萨乔和皮耶罗・德拉・弗朗西斯卡的缺席。这两幅画表现的是同一主题，年轻的达・芬奇在《持花圣母（柏诺瓦的圣母）》中描绘了一位年轻的母亲，她幸福快乐地和孩子在一起。《圣母和圣子（利塔的圣母）》则是达・芬奇更成熟的作品，母亲充满喜悦，怀着崇敬之情凝视儿子，尽管在她的凝视中，等待着她的是命运预感的悲伤。在这两幅油画中，我们都能察觉到达・芬奇那著名的微笑，在《持花圣母（柏诺瓦的圣母）》中我们能看到自然的喜悦；而在《圣母和圣子（利塔的圣母）》中已经是神秘的微笑，笼罩着悲伤。

在同一时期，西班牙大师们以一种稍微不同的方式发展了过去的课程：色彩的表达是清晰和严肃的，画面设计成戏剧性的效果，一切都是传统的一部分，只有细心的学者才能看到未来伟大的西班牙绘画的萌芽。

荷兰的艺术有一种非常特殊的魅力，即使冬宫博物馆在这方面的收藏有限且不完整，但从有限的杰作中我们仍然可以欣赏到荷兰画家的高超技艺和其独特魅力。

罗伯特・康宾的《圣母和圣子双联画》描绘了一组神秘的圣父、圣子、圣灵三位一体的肖像：在这两幅画中，特别注重服装和家具的复制，而这些在日常生活中具有高度象征意义。圣路加的故事是基督教绘画的思想基础，圣路加想要确定圣母的形象，哪怕她只出现过一次，也要真实地描绘她。罗吉尔・凡・德尔・维登的画作《圣路加绘圣母肖像》，许多细节以及在窗户之外仍可辨别出的风景，都凸显出这位传说中的神的无与伦比的性格。

在东方，中国画以精致的设计和动人的精确度著称，波斯画以其非凡的美而引人注目。伊斯兰教不允许描绘人的形象，因此，一种空前的艺术出现了，即用符号和书法来表达神圣无限的理想、伟大和仁慈。在世俗艺术中，符号的哲学结合了装饰性的精致，使得在史诗、抒情和神秘诗歌边缘的波斯手稿最终形成了自己独特的艺术语言。绘画历史的发展就像一个由人物、装饰物组成的优雅游戏，在极端环境下的装饰艺术形成了一种新的品质，变为了一种优美的伴奏，成为了伟大诗人的诗句。最初的作品或多或少地被重复，一切都受规则的制约，但做出一些改变的可能性仍然很大。

23
贝亚托·安杰利科
圣母圣子和圣多米尼克以及圣托马索
1424—1430年
壁画
196cm × 187cm
背景经过重新上色（最初为红底衬金色星辰）

贝亚托·安杰利科将乔托圈子内大师们的现实主义成就同西莫内·马蒂尼那充满人性的柔和画面在其杰出的作品中相结合。冬宫里这幅壁画曾经用来装点菲耶索莱的圣多米尼克修道院，它是画家在成熟阶段完成的作品之一。圣母和圣子的形象带有惊人的抒情性，画面左侧的圣多米尼克手持一朵百合花，而右侧的圣托马索则拿着福音书的一册。19世纪60年代修道院关闭之后，该作品被两位佛罗伦萨画家A. 马赞蒂和C. 孔蒂购得，1883年迁入冬宫。

24
贝亚托·安杰利科
圣母圣子和四天使
约1430年
木板蛋彩油画
81cm×51cm
顶部为尖弧状

中世纪绘画的特点汇集于文艺复兴时期的此幅作品中：一方面是背景中耀眼的金色、三维空间的缺失以及圣母形象与其四周天使间的比例的悬殊；另一方面，作者尝试着准确描绘圣婴的裸体，并试图以一个真实女人的轮廓表现圣母形象。正襟危坐的玛利亚身后是带有繁复设计的背景布料，这一设计不免让人想起中世纪微缩画中那些精致的装饰物。生动且清浅的色调营造出一种明亮、活跃的氛围，是属于文艺复兴早期艺术的典型特征。1922年该作品由位于圣彼得堡的斯特罗加诺夫宫迁入冬宫。

25
菲利普・利皮
圣阿戈斯蒂诺显圣
约1460年
木板蛋彩油画
28cm × 51.5cm

这幅画的灵感来自生活于4世纪阿戈斯蒂诺・奥雷里亚诺大主教的传说：当他思考着圣三位一体的教理时，视野中出现了一位化形成小孩的天使，而这个小孩正试图用一个小勺子排干海洋里的水。由此圣人顿悟：人类的思想是无法领会上帝的概念的。在佛罗伦萨学派里，菲利普・利皮的作品形成了一种特殊的理性主义形象表现模式，而这幅画可能是他为一个祭坛所作。尽管风景画手法仍显稚拙，实际上作者在画中特别着重于三维空间的呈现，画面中树木排列一致，越远便越小的效果营造出画面的进深感。该作品原属玛利亚・尼古拉耶芙娜女大公，1917年被E. M. 奥登伯格斯卡娅公主在圣彼得堡收藏，后迁入冬宫。

26
桑德罗·波提切利
圣多米尼克
约1495年
布面蛋彩油画，转印自木板油画
44.5cm×26cm

作者描绘圣人圣多米尼克和杰拉姆的两幅画以及三联画中左右两面的画和《圣母领报图》（现藏于莫斯科的普希金博物馆）能够组合拼成一幅作品。波提切利以简练有力的线条勾勒出人物羸弱形象的轮廓，向天空伸出手的圣多米尼克是其作品的典型画面。在画中人物做出祝福式举起的那只手的上方，作者画下了基督那布满滴血伤口的身体，以及包围着他的小天使。或许我们可以将此处解读为这位大师在听到萨沃纳罗拉被判处死刑后的反应。许多学者认为，很少出现的圣多米尼克肖像集中在这一基督显圣的画面，可能指的是圣人发出的警告，警示着末日审判即将来临。该作品原属G. 斯特罗加诺夫伯爵，1922年由圣彼得堡的斯特罗加诺夫宫迁入冬宫。

27
菲利皮诺·利皮
朝拜圣婴
约1485年
布面蛋彩油画，转印自木板油画
直径53cm

菲利皮诺·利皮是桑德罗·波提切利最出名的门生，而他踏入绘画领域的第一步是在其父的引导下进行的。在14世纪下半叶，意大利画家用圣婴的崇拜来诠释耶稣诞生。菲利皮诺将此画的场景设于天堂而非山洞，由天使们庇护着圣母与耶稣，同时背景中的风景晕染着一层淡淡的微妙诗意。作为他青年时期的作品，这一小幅圆形画以其精致的构图、巧妙的用色、画面中丰富的情感与新鲜感，展现出画家极为惊人的天赋。此画早期于阿雷佐被V. S. 特鲁别茨柯伊亲王购得，之后辗转多人之手，从D. M. 莫德维诺夫参议员到P. S. 斯特罗加诺夫伯爵，最后为A. V. 穆拉夫所有。依后者遗嘱，此画于1911年被送至冬宫。

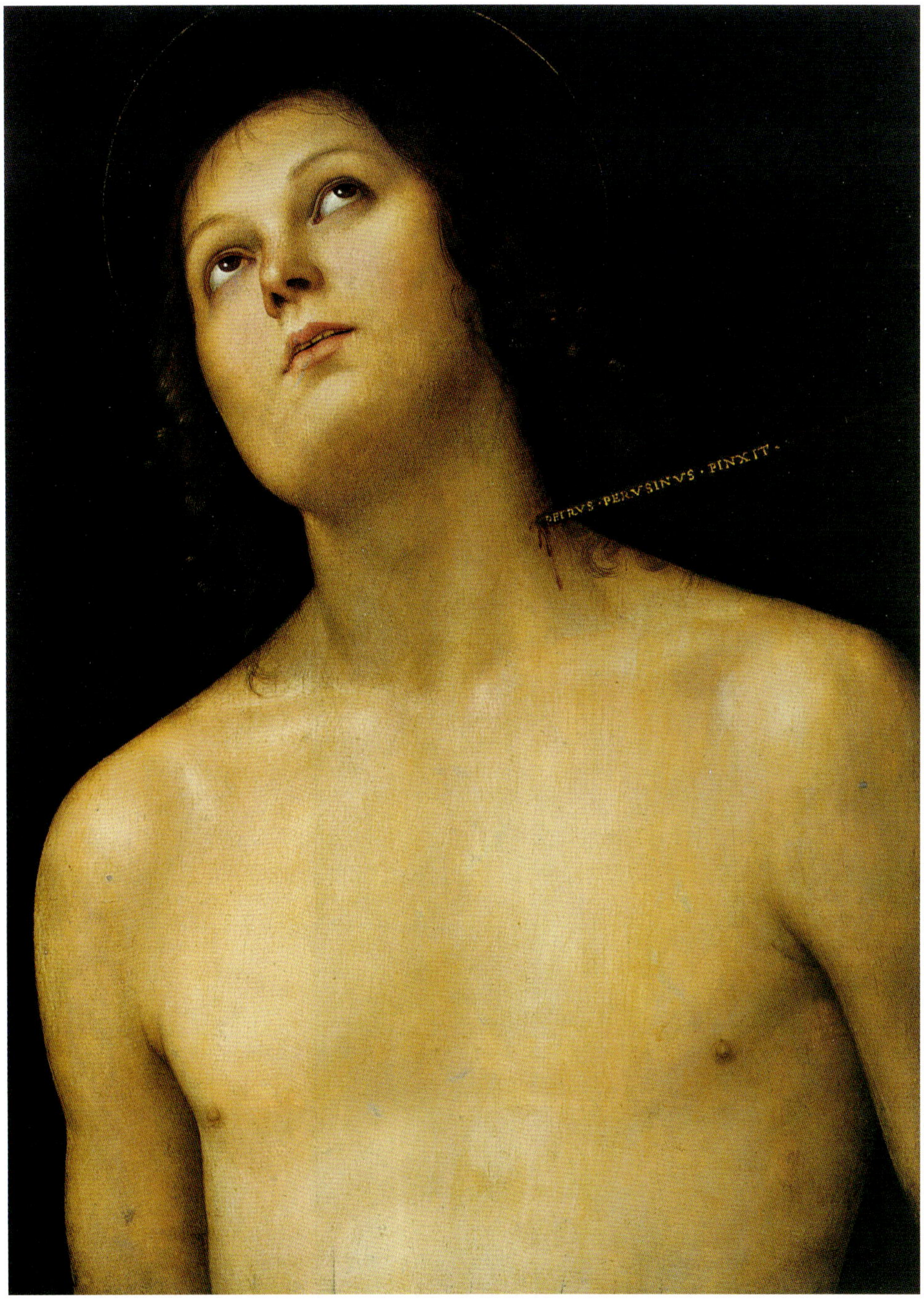

28
佩鲁吉诺
圣塞巴斯蒂安
1493—1494年
木板蛋彩油画
53.8cm × 39.5cm

圣塞巴斯蒂安的故事曾时常激发着文艺复兴大师们的灵感，他是一名罗马士兵，戴克里先皇帝特别警卫队的一员，后因信仰基督教被处死。身中数箭的塞巴斯蒂安被捆绑在柱子上，这一殉道的场景使得画家们得以在画面中展现人体的美感。在翁布里亚画派的杰出代表和拉斐尔的老师——佩鲁吉诺的笔下，这位圣人的半身像专注于表现其完美的躯体与从容的面孔——看向天空的双眼及微微张开的嘴唇。唯一与殉道相关的是刺入脖颈的那支箭，作者于其上以珍贵的金色字符签上了自己的名字。该作品原属于沃尔孔斯基亲王，1910年从坎帕纳里女侯爵位于罗马的收藏地迁至冬宫。

29
甘多菲诺·达·罗雷托
耶稣诞生
布面蛋彩油画，转印自木板油画
213cm × 102cm

将耶稣诞生描绘于有众多天使在场的古代废墟场景是皮埃蒙特学派的特点，寓意为异教信仰的失败。圣约瑟夫的手杖之上刻着一只蝾螈，那是基督的象征之一，代表贞操，而近景处的刺蓟则暗示了耶稣为赎偿人类罪行将遭受的苦难。

精致地绣在圣母长袍上的字符引用了《新约》中的语句，领口边缘写的是“这孩子是受祝福的”，而袖口上的句子以“你腹中的耶稣”结尾。玛利亚光环上的铭文吟诵着“自从那正义的太阳从你身上升起，基督啊”，还有天使们托着的卷轴上书写着“最高天堂的无上荣耀归于上帝”。该作品1926年由位于圣彼得堡的斯特罗加诺夫宫送至冬宫。

30
洛伦佐·科斯塔
女人肖像
1500—1506年
布面油画，转印自木板油画
57cm × 44cm

这幅意大利文艺复兴早期的作品是冬宫藏品中最美丽的女性肖像之一。

画者以几近正面的角度描绘了这位不知名的年轻姑娘，这种角度于16世纪初并不常见。苍白瘦削的面孔，深色双眼中闪烁着智慧的目光，略微突出的颧骨，紧闭的嘴唇和坚毅的下颌，这些面部特征呈现出一个自尊自信的女性形象。画家的手法因清晰的设计、对人物特点精确的刻画和柔和的用色而独树一帜。曾有人猜想，画中的女性是艾米莉亚·皮娅·达·蒙特菲尔特罗（1471—1528年），一位以博学而闻名的人道主义者，乌尔比诺公爵圈子的代表人物。该作品最初是玛利亚·尼古拉耶芙娜女大公在佛罗伦萨的藏品，后由科库贝基亲王购于圣彼得堡，1921年由国家博物馆基金会送至冬宫。

31
阿尔维斯·维瓦里尼
圣母和圣子，抹大拉的玛利亚，圣卡特里娜与两位圣人
布面油画，转印自木板油画
89cm × 129cm

阿尔维斯·维瓦里尼是文艺复兴初期的威尼斯巨匠，西玛·达·科内利亚诺、洛伦佐·洛托和巴托洛米奥·蒙塔尼亚都出自其门下。维瓦里尼在成年时期深受乔凡尼·贝利尼的画风影响，在这幅充满明澈与肃然宁静之感的画面中可见一斑。圣母和圣子居中，位于经作者细细斟酌过的平衡构图中，其右为抹大拉的玛利亚，而左侧是手持棕榈枝的圣卡特里娜，象征着即将来临的殉道；图中另外两位圣徒的名字则尚未确认。该作品原属于路易吉·德·阿雷吉，1926年由加特契那行宫送至冬宫。

32
弗朗西斯科・弗朗西亚
圣母圣子和圣多米尼克、圣托马索以及两个音乐天使
1500年
布面蛋彩油画，转印自木板油画
193cm × 151cm

被圣徒环绕着的圣母是当时在法国最受欢迎的绘画主题。画家深受洛伦佐・科斯塔影响，是15世纪末博洛尼亚画派最突出的代表人物。这幅大型祭坛画的特别之处在于壮观的真实性，这得益于其构图严谨、色彩柔和以及摒弃了繁复细节。

此画是在圣白托略大殿牧师洛多维科・卡尔希纳的要求下，为博洛尼亚的圣洛伦佐岩洞教堂所作。如画中宝座上的铭文所示，委托人对画家的作品很满意。该作品随主教卢多维西从博洛尼亚转至罗马，之后成了诶尔克拉尼亲王的收藏。

33
西玛·达·科内利亚诺
圣母领报
1495年
布面油画，转印自木板油画
136cm × 107cm

威尼斯文艺复兴初期的著名画家西玛，把此福音传道的场面置于一个意大利富庶宅邸中，并以15世纪末的典型风格加以装饰：寝台上方巨大的雕花华盖、带有百叶护板的窗户，以及一个用于诵读《圣经》的跪凳。此画原为一幅三联画的中间部分，由当地丝绸同业会成员委托为克罗齐耶里圣母教堂所作，作者将五位委托人的名字写在画面下半部的那张纸上，并在旁边画了一只蚕。该作品1886年由位于莫斯科的戈利辛博物馆送至冬宫。

34
列奥纳多·达·芬奇
圣母和圣子(利塔的圣母)
约1490年
布面蛋彩油画，转印自木板油画
42cm × 33cm

这幅画被认为是达·芬奇于1490年在米兰创作的，当时他正效力于鲁道维科·摩尔伯爵。大师在此画中加入一丝特别高贵且灵动的静谧感，一层薄影掠过圣母那无瑕的面孔，尽显她的柔美。

达·芬奇以此处圣母的形象表现出那个年代的一种新的理想美，他在这幅优美且精致的画面里，将尘世与肉欲的元素同崇高与神圣的元素融合后达到一种和谐的状态。该作品1865年从利塔伯爵在米兰的收藏地迁至冬宫。

35
列奥纳多·达·芬奇
持花圣母（柏诺瓦的圣母）
约1478年
布面油画，转印自木板油画
49.5cm × 33cm

毋庸置疑，此画一直以来都是达·芬奇的名作。画中的主题曾在意大利文艺复兴期间广泛出现，而作者对其进行的创新性诠释则让这幅作品脱颖而出。大师画笔下的圣母的穿着、梳头都参照了佛罗伦萨贵妇人的形象，由侧面洒下的光束凸显了极尽巧妙的塑造艺术与清透的色彩晕染，营造出人物形象的立体感和空间的深远感。构图的中心是玛利亚手中的花朵，孩子带着强烈的好奇心向着花朵伸出手。该作品原为A. P. 萨波茨尼科夫收藏，1914年从柏诺瓦于圣彼得堡的藏品地迁至冬宫。

列奥纳多·达·芬奇
持花圣母（柏诺瓦的圣母）（局部）

37
埋葬基督
约1490—1500年
木板蛋彩油画
94cm × 182cm

这幅西班牙画家的作品中仍汇集着一些中世纪时期特征，如清晰的构图、线性透视和人物形象的三维展现，画者立足于这些特点进行着对文艺复兴风格的尝试。卡斯蒂利亚画派在对细节的精准复制与丰富的面部表现力上与荷兰画派相近。也许此画本要嵌入先前便有的一幅祭坛画中，只是其上原有的画被去掉了。该作品1933年由俄罗斯文物协会送至冬宫。

36
圣塞巴斯蒂安与圣法比亚诺
1475—1500年
木板蛋彩油画
141.4cm × 89.5cm

如图上的皇冠所示，传说中的圣法比亚诺是一位教皇，3世纪时被德乔皇帝所杀，而圣塞巴斯蒂安在画中被作者以西班牙手法描绘为一名中世纪的弓箭手。西班牙东部的阿拉贡大区曾深受意大利艺术影响，其人物形象显得雄伟壮观，色彩明丽且欢乐，对石榴花这一典型威尼斯图案的效仿广泛出现。与此同时，画面下方的阿拉伯图案参考自东方装饰，同穆斯林文化长达数百年的接触给西班牙艺术留下了长远的影响。该作品1925年由位于圣彼得堡的舒瓦洛夫宫送至冬宫。

38
罗伯特·康宾
圣母和圣子双联画（左半部）
木板油画
34cm × 24.5cm

罗伯特·康宾作为法兰德斯大师为人熟知，他被认为是佛兰芒艺术的创始者，这幅微缩双联画居其最佳作品之列。作者于此画中遵循中世纪标准，描绘出了基督教教义的基础——圣三位一体，天父是神圣而不可动摇的，基督的身体则被一条粗犷的虚线所包围，加之圣灵告知母鸽，完整了三位一体的概念。画面中小型雕像源自著名的中世纪基督教象征学的启发，在宝座扶手之上有一只鹈鹕正饮食幼鸟的鲜血，一头母狮咆哮着从其夭折的幼子中复生。顶端上两座高浮雕则暗示着基督教堂和失落的犹太教堂的寓言。画中人物形象雕塑般的造型主义显示出图尔耐学派对康宾的影响。该作品1845年被送至冬宫，原为圣彼得堡的D. P. 塔季舍夫的遗产。

39
罗伯特·康宾
圣母和圣子双联画(右半部)
木板油画
34cm × 24.5cm

该作品展示了曾启发康宾诸多作品的世界新概念。画面中，圣母和圣子置身于一个小资产阶级家庭的舒适环境中，托盘上的水壶与上方的白色毛巾构建出了代表圣母贞洁的非传统象征，尽显其“佛兰芒”艺术的特点。康宾设计了从毛巾到百叶窗之间的双重阴影，以呈现复杂的光影效果，同时他对细节的精致渲染明显借鉴了法兰克·佛兰芒的微缩画手稿的特点。

颠倒的透视与干净明亮的色彩将此双联画的左右相连，虽然仍受到中世纪传统的影响，但也反映出了同一个世界的新视野。在法兰德斯，这类物品曾为私人礼拜所使用。该作品1845年被送至冬宫，原为圣彼得堡的D. P. 塔季舍夫的遗产。

40
罗吉尔·凡·德尔·维登
圣路加绘圣母肖像
布面油画，转印自木板油画
102.5cm × 108.5cm

罗吉尔·凡·德尔·维登是佛兰芒绘画黄金时代中最伟大的艺术家之一，这幅作品体现的是6世纪的一个希腊传说，据说神的母亲将奇迹般地出现在福音书作者圣路加所绘制的第一幅画中，由此他被尊崇为守护艺术的圣人。同其师康宾一样，罗吉尔也塑造了一个“佛兰芒”圣母，不过他画中的圣路加的面部特征则不免让人想起作者的一幅自画像。

整个宇宙都被囊括于画中，一切都充满着神圣的恩典。作者描绘了远处恬静的河流，中世纪小镇的日常生活，悄无声息的花园。作者对这一系列的注视及思考与现代奉献思想有关，即佛兰芒精神生活的基础，他们通过描绘周围世界的作品表达着思考和劝诫。据说此画是这位大师为布鲁塞尔的画家小教堂所作。该作品于1850年被收藏至冬宫。

罗吉尔·凡·德尔·维登
圣路加绘圣母肖像（局部）

41

玛利亚与施洗者圣乔万尼在基督审判面前

15世纪初

木板蛋彩油画

46.5cm × 70cm

这幅作品是冬宫藏品中年代最久远的德国美术作品。画面中，基督以一个公正法官的形象出现，而身旁的玛利亚与施洗者正为人类的罪过请求宽恕。此类作品曾常被用于装饰市政府的司法大厅，以提醒法官们判罚公正。

这幅画的创作遵循了中世纪传统，其基本作用便是诠释画中物件的象征意义：百合象征着圣母无染受胎，剑象征着正义的力量，而基督受难的耻辱柱与工具被天使托起，代表着他赎罪的使命。该作品1712年由埃尔宾市政厅送至冬宫，原是其地方议会献予彼得一世的礼物。

玛利亚与施洗者圣乔万尼在基督审判面前（局部）

42
图伊森祭坛大师
进入耶路撒冷
15世纪后半叶
木板油画
116.5cm × 51.5cm

这幅画来自法国皮卡迪的图伊森小村庄里的圣欧诺里奥修道院。它是15世纪从佛兰德斯传入法国的一种艺术类型，即支架画的最早代表之一，与之组成祭坛装饰屏风的其他七幅画如今收藏在芝加哥艺术学院。图伊森祭坛大师之称则是指作者来自阿布维利或亚眠，他从佛兰芒艺术家身上学习了油画的绘画技巧和艺术构思，带着其个人满溢的好奇心与热情以及对美的尊重，创作了其所有的作品。作者在绘画中对耶稣和信徒们的面孔、植物花卉、中世纪城市的塔楼以及河流与山丘的描绘表现出同等的关注，体现了典型的法式优雅。该作品1919年被送至冬宫，原为圣彼得堡的加加林收藏。

图伊森祭坛大师
进入耶路撒冷（局部）

43
官员夫妇肖像
15—16世纪初
中国水墨，矿物颜料丝绸画
143cm × 106cm

这幅画的完成年代可追溯至中国明朝（1368—1644年）。作品里所描绘的这对夫妇穿戴着官服和其他代表官员等级的象征物。红色衣服凸显了他们庄重的姿态。这幅作品可以说是中国肖像画历史中的一个小缩影。这种肖像画既与祖先崇拜的仪式表现画相关联，又是颂扬人物功德的官方肖像画，还有后期捐赠者和佛教僧侣的形象画的影子。同这种艺术相交织的是一种将面部特征与个人命运相连的学说，即面相学，这一学说不仅影响了肖像的描绘，还在制作面具和戏剧装扮中发挥了作用。该作品1971年被收藏于冬宫。

44
玛吉努在沙漠中被野兽包围
1431年
树胶水彩画，纸金画
23.7cm × 13.7cm

在15世纪的伊朗，微缩画达到了其成就的最高点。在尼扎米叙事诗《五部曲》手稿中，“莱拉与玛吉努”是最频繁被画家们当作主题进行描绘的一个片段，其中男主人公在被野兽围困之时抚摸着一只瞪羚，只因其双眼使他想起了自己的心爱之人。画中形单影只的那棵树和成双成对的野兽凸显了人物之孤独。

绘画与文字间存在着的微妙联系是源自画家同书法家的联合创作，明亮的色彩氛围，加之金色和玫瑰色的主色调为这幅微缩画添上了秀美的光线，同时设计中的一丝稚拙则赋予了它引人入胜的魅力。该作品早期被施蒂格利茨博物馆收藏。

45

圣徒狄奥多·斯特拉蒂奥特与狄奥多·迪·提洛像

15世纪

木板蛋彩油画，椴木

53.5cm × 38cm × 2.5cm

描绘这两位备受崇拜的圣人之圣像曾在15—16世纪的诺夫哥罗德学派中广为流行。尚武的狄奥多·斯特拉蒂奥特（身着鲜红斗篷和绿褐色盔甲）与狄奥多·迪·提洛以正面全身像出现在画中，即便如此，他们精致的形象并没有传达出不朽或宏伟的感觉。相反地，作者通过描绘人物躯体的修长比例，较小头部上细致的面部特征，以及飘扬的披风下微微弯曲的躯干，制造出一种微妙的动态效果。圣像的上半部画有赐福基督的半身像。该作品由O. I. 雷巴科娃于1957年赠送给冬宫。

16 世纪：拉斐尔、乔尔乔内、提香、克拉纳赫

米歇尔·皮尔特洛夫斯基

在国际绘画领域，意大利艺术再一次主导了16世纪的欧洲。在冬宫博物馆的收藏中，16世纪是以拉斐尔壮观的《圣母和圣子（科涅斯塔比勒）》为开端，这幅作品达到了抒情主义鼎盛时期的巅峰。画面中，慈祥的圣母立于明媚的春日风景中，圣子开心地将手伸向书本，这个姿势极具特殊的现实主义意义。这幅画的画框非常巨大，做工精细，应该也是由拉斐尔制作的。画框上装饰着狮身鹰头的有翼兽格里芬、卷轴、面具和花环，雕刻的风格十分怪异，与位于拉斐尔大厅旁边的拉斐尔长廊的装饰风格相呼应。这个画框体现了文艺复兴时期的欧洲绘画与应用艺术是相辅相成的。它们创造了一个精神生活和世俗生活相融合的独特的整体艺术环境，这就是为什么在冬宫博物馆收藏的绘画旁总能发现一些结合了应用艺术的物品。同样，在拉斐尔的名作旁，我们还可以欣赏到精美的挂毯、花饰陶器和雕塑。

在冬宫博物馆展出的拉斐尔的另一件作品是《圣家族》，画面中圣约瑟夫占据了非常重要的位置，这对于以此为主题的画作来说当然是不同寻常的。拉斐尔长廊中的仿制品重现了拉斐尔在壁画艺术中的巅峰之作，朱里奥·罗马诺为梵蒂冈绘制的草图帮助我们理解了这些壁画的创作途径。拉斐尔最喜欢的学生是朱里奥·罗马诺，后者也是《深情一幕》的作者。这幅画在无数圣母和圣人系列画中显得独树一帜，通过日常生活中清晰的情感创造出一种新事物，它与以宗教虔诚和圣像美学为典型的前一时代截然不同。在这幅作品中，画家使一个古典欢乐的传统得以重生，摆脱了过于死板的规则。

这些伟大的画家们也时常被他们的学生模仿。冬宫博物馆中的一些藏品最初被认为是达·芬奇创作的，后来证明它们的作者是达·芬奇的助手和追随者们。由切萨雷·达·塞斯托署名的《圣家族和圣凯瑟琳》就是其中之一，甚至连司汤达都曾说这可能是达·芬奇最好的作品。正如后来所证实的那样，这幅画的作者并非达·芬奇，尽管画中的一切，包括人物、手势、衣服的褶皱都是精确按照这位著名画家喜爱的美学标准比例所构造的。最明显的是达·芬奇作品中非常神秘的微笑也出现在了他的学生们的画布上，其中包括切萨雷·达·塞斯托的作品。

达·芬奇最喜欢的弟子弗朗西斯科·梅尔齐在其作品《女人肖像》中也绘制了同样的微笑，而且更加精致。画中的这位女士既迷人又神秘，有人甚至认为她可能是蒙娜丽莎，也许这个假设是正确的，但无论如何，我们所看到的是一个具有花神芙罗拉特征的迷人的佛罗伦萨女人。虽然这是一幅世俗肖像，但画中仍谨小慎微地流露出对生活乐趣的颂扬。冬宫博物馆的藏品让我们能够感受到一系列的变革，从欧洲绘画的日常画像过渡到提香、鲁本斯和其他大师的作品，.之后再到马蒂斯的作品。冬宫博物馆中虽然没有收藏米开朗琪罗的油画，但馆藏着米开朗琪罗壮观的《蹲着的男孩》雕像，以及他的学生、追随者塞巴斯蒂亚诺·德·皮翁博创作的油画，足以令我们自豪。塞巴斯蒂亚诺的油画以黑色和冰冷的特征引起了人们的兴趣。塞巴斯蒂亚诺的创作重心回到了文艺复兴时期关于耶稣受难的悲剧主题，在这些作品中，画家们似乎都只被他们的艺术对象所吸引。

佛罗伦萨和威尼斯是文艺复兴时期的主要文化中心。对于佛罗伦萨画家来说，形态的设计和精确性是必不可少的；对于威尼斯画家来说，色彩的亮度和浓度则更为重要。在冬宫博物馆中有一幅乔尔乔内的杰作。乔尔乔内是威尼斯最伟大的画家之一，他的画在馆中少有。木板油画《朱迪斯》的画板最初是一个大衣柜的柜门，这个细节再次印证了画架上的绘画作品和周围环境、载体之间的紧密联系。不仅画中人物，甚至整部作品都显得异常美丽，充满了优雅和神秘的暗示。难怪亚历山大·贝努瓦写道："真的是朱迪斯吗？人们想知道这个朴素而悲伤的女孩的事情。"此外，人们还认为乔尔乔内赋予了《荷洛芬尼斯》同样的面部特征。

另一位著名的威尼斯画家提香，他歌颂了生活的喜悦，博物馆中收藏的提香的作品丰富多彩，几乎全部都是在画家的家里找到的画作。《逃往埃及》是他早期的神秘画作，画中人物处在一个极美的风景之中。画家画了多种版本的《达娜厄》，画中表现的是人体的美。而《忏悔的抹大拉的玛利亚》这一题材也被提香反复绘制了多遍，现存于冬宫博物馆的这幅画直到画家去世之前都一直存放在他的宅邸里，据说提香直到临死前都把这幅画放在自己身边。沉浸在祈祷中的女人散发出的绚丽的美给整个主题带来了特别的张力，同时也有各种各样的诠释。《背负十字架的耶稣》的中心人物是非常现实的，他的苦难是非常人性的，我们似乎也能感觉到他肩上的十字架的重量。在《圣塞巴斯蒂安》中，这位伟大的威尼斯画家用富有表现力的笔触描绘了殉道者圣塞巴斯蒂安的身体，这也创造了一场与感受的强烈程度相当的色彩风暴。这幅画和佩鲁吉诺的画是如此的不同。对同一主题的两种截然不同的诠释是难得一见的，然而正是在类似的比较之中，收藏品广博众多的优势才能得以体现。

典型的威尼斯式的狂喜和华美，在冬宫博物馆的大师级作品中体现得淋漓尽致：保罗·维罗内塞创造了非凡的绘画作品，画面中充满了光和色彩，十分壮观。如今这幅画的画面已经不是很明亮，博物馆工作人员对画面中的颜色进行了小心谨慎的修复。没有任何画家在描绘丝绸、织锦甚至金属的绚丽方面能达到维罗内塞的水平。正是这些华丽的服装赋予了《死去的基督、圣母和天使》一种特别的威严，加强了圣保罗在《扫罗的皈依》过程中历经重生的感染力。

丁托列托是另一位伟大的威尼斯绘画大师，他有很多令人印象深刻、引人注目的油画作品，《施洗者圣约翰的诞生》为其代表作。乍一看画中人物都是静态的、装饰性的，尽管如此，画家还是能够利用人物的姿势呈现出一个“旋涡”，在粗糙的楼梯轮廓线上，沉醉在幸福中的撒卡利亚的形象高大起来，而大量的红色服装更是让观赏者心醉神迷。

洛伦佐·洛托的作品《一对夫妇和一只松鼠、一只狗》达到了神秘和悲伤的顶峰，在许多之前的假设中更正确的理解应该是一个坐在亡妻身边的丈夫的形象，在幻觉的帮助下以这样一种方式将记忆留存下来。即使在这部忧郁的作品中这位威尼斯画家对细节的热情仍然被展示出来，例如在洛托的作品中，他喜欢描绘波斯地毯，后来甚至被称为“洛托地毯”。这些昂贵的东方艺术品成了有钱乡绅日常生活的标志，起初是奢侈的象征，从现实到绘画，画家有机地融入了欧洲的审美情趣。在16世纪下半叶，文艺复兴时期艺术的宏伟理想和美丽与一些画家作品的新流行趋势相冲突。虽然他们不是在进行真正的革命，而是继续跟随大师的传统，但他们还是青睐那些让他们觉得神秘、神经紧张、外形扭曲的绘画特点。一种潮流艺术的矫饰主义因此而诞生，其中文艺复兴时期的和谐宁静被兴奋紧张所代替，追求悲剧和破裂，寻求内心的冲突，不再隐藏，强调了突兀和不自然的动作。从人物的扭曲形态一直到矫揉造作的特征，所有的形象都是尖锐的，拉伸的鲜艳的点状色彩刺激并扰乱着神经。在这种变形的背后，我们能看到它在试图传递内在悲剧性的联系，一种脱俗的力量，一种神秘的象征意义，它提醒我们，这个世界是复杂的缺乏和谐的，正和它看上去的相反。蓬托尔莫、罗素和普利马蒂乔的作品创造了一种令观赏者着迷的强烈的内部混乱。

紧张的断裂和苦涩的表现力也是西班牙艺术的特点：路易斯·德·莫拉莱斯，又名迪维诺，他的画普遍弥漫着自然光线，但在氛围上却有所不同。《拿着十字形纺锤的圣母玛利亚》使人想到达·芬奇著名的作品，虽然莫拉莱斯的画似乎更脆弱、精致甚至病态，灵魂胜过肉体。《圣母玛利亚的悲伤》是一种痛苦的呐喊，与20世纪的表现主义非常相似。扭曲的形态激发了情感和精神实质，画中女人的痛苦是超乎常人的，就像图画上展示的一样。

伟大的埃尔·格列柯将拜占庭传统式绘画带到西班牙的地中海后，其画中不自然延长的破碎的线条，充满了人类深层次的情感和冲击力。他的作品在欧洲当代绘画总体背景下构成单独的一章，并预示了20世纪的敏感性，然而这一反常现象被严重高估了，尽管这并不是艺术家表现在他的作品中的天赋和疯狂的精力。在《圣彼得和圣保罗》中，一个完整的场景展现在我们眼前：圣保罗一心要把基督教变成一种普世的宗教，当他得知圣彼得在安提阿传道时曾和异教徒共进午餐，后来又因为害怕被犹太人责备而中断，圣保罗指责这位同伴虚伪，并再次重申对于基督的门徒来说所有人都是平等的。这个争执被重现在画布上，圣保罗在埃尔·格列柯所描绘的形象中显得严厉而固执，而圣彼得则相反，他顺从而羞愧。画中典型的圣像构图充满了庄重感，情感的张力体现在线条和颜色之间。

这种有感染力的、充满紧张感的绘画手法也传到了宁静的法国，以收藏在冬宫博物馆的雅克·贝兰吉的《哀悼死去的基督》为代表。光线的明暗变化和浓重的阴影如同两种对立的法则，已经预示了17世纪的艺术特点。

在这种潮流的背景之下，我们可以在冬宫博物馆欣赏到卢卡斯·凡·莱登的《治愈杰里科的盲人》三联画，描绘了充满活力的许多不同姿势的人物，虽然非常接近风俗画，但也越来越广泛地与肖像画结合在一起。那个时代的德国艺术体现在克拉纳赫的精彩作品中，他画了众多版本的《维纳斯》。在冬宫博物馆中这一版本的创作时间是最早的，似乎感觉作者是首次发现古典（维纳斯在黑暗的背景下看起来像罗马雕像）和赤裸的本质，女性的形象虽然还没有被完全地真实反映，但已经充满了欲望。《与圣子在苹果树下的圣母玛利亚》反而以色彩和世俗生活的快乐引人入胜，苹果在这里并不是原罪的邪恶象征，圣母则更像美好世界中的一位贵妇。在《女人肖像》中半闭着眼睛的美丽的年轻女子则是另一个迷人的维纳斯，这次她穿着衣服。

与此同时在东方世界，圣像画沿着完全个人化的路线继续发展。例如在俄罗斯，它有了新的特征，尽管有规范准则的限制但仍然展现出了多样性的存在。冬宫博物馆中收藏的圣像画很大程度上来自博物馆在俄罗斯北部地区组织的特别考察活动。那里是艺术创作的中心，地理上远离拜占庭帝国的发源地。考察掠夺了相当广泛的画作，所有的圣像都是基于特定的模型，但每一个都有变化，成为一个环链中不可分割的一部分。作品主体是由圣母构成的，又存在不同的圣像模型，在此基础上，受人尊敬的圣像被描绘得如同奇迹一般，这反过来又产生了新的复制品。其中一类是赫得戈利亚（Odigitria）圣母——左臂上抱着圣子庄严的圣母像；另一种类型是季赫温（Tichvan）圣母，根据宗教传说，季赫温圣母的原型从拉多加湖畔的君士坦丁堡转移到了季赫温附近，在那里她创造了许多奇迹，使当地的修道院免遭瑞典人的袭击。而“神迹圣母”是另一种庄严的圣像类型，“慈悲圣母”则是抒情感人的类型，在发展过程中诞生了许多令人惊叹的圣像，一些名人购买了弗拉基米尔和唐的版画。

各个区域和国家的圣像因圣人的肖像和形象特点而各有不同。例如，在当时的北方和现今都非常受人尊敬的殉道者圣尼古拉斯，是位于利西亚的米拉大主教。从拜占庭圣像中发展出了古代俄罗斯圣像原型，其中最著名的圣像是扎拉斯克画的尼古拉斯和莫扎耶斯克创作的尼古拉斯。二者经常出现在描绘圣徒生活情节的场景中，圣像在此扮演了神圣的角色，帮助传播宗教主题的知识。在俄罗斯，另一个受人喜爱的人物形象是凯旋的圣乔治，与龙搏斗的优雅形象逐渐形成了一个模式，这种模式也成了国家统一的象征。许多圣像也开始描绘耶稣和圣母的生活，在此基础上创作的“标准”是合乎教规的圣像。此类作品中最美丽、最具有感染力的是收藏于冬宫博物馆中的《变容圣像》，它与安德烈·卢布列夫的作品极其相似，尽管它是按照一个明确的模型绘制的，但被赋予了巨大的情感性和说服力。另一个经常被提及的主题是《最后的审判》，它将世界分为两部分，上方是正义和上帝的审判，下方是罪人，中间地带则是人们为拥有灵魂而进行斗争的地方。画家的主要才华体现在对地狱的描绘，地狱带来的恐惧感说服了信徒。

充满象征意义的东方艺术世界和虚幻地重现现实的西方艺术世界，两个世界平行发展。它们之间有许多不同之处，但却不乏密切联系，在俄罗斯的壁画和圣像上，《最后的审判》在很多方面都与米开朗琪罗的杰作遥相呼应。

46
伯纳迪诺·卢伊尼
圣塞巴斯蒂安
约1526年
布面油画，转印自木板油画，再次转印布面油画
196cm × 106cm

伯纳迪诺·卢伊尼多次描绘了米兰的保护者圣塞巴斯蒂安。在这幅画中，殉道者的形象被用在了一幅暗喻式的肖像中。事实上，画中人物的面孔与从1520年开始担任米兰公爵的弗朗西斯科·斯福尔扎（1492—1535年）的面孔非常相似。圣塞巴斯蒂安用左手指着插在他心口的一支箭，右手是拉丁文的碑文，意思是“记住为你的爱人所受的甜蜜之箭的快乐”，从树上垂下来的柠檬象征着甜蜜又苦涩的爱情，而楼斗菜花则象征着生育能力。该作品1860年被送至冬宫，原为古董收藏者沃尔西·莫罗在巴黎的收藏。

47
弗朗西斯科·梅尔齐
女人肖像
约1520年
布面油画，转印自木板油画
75cm × 63cm

梅尔齐是达·芬奇最喜欢的学生，他从达·芬奇那里学到了很多艺术技巧，以至于他的作品常常被认为是达·芬奇的作品。他还继承了达·芬奇所有的手稿，完成了他的“绘画专著”。这幅肖像是梅尔齐留下的为数不多的作品之一，起初被认为是达·芬奇的作品。作者的灵感很有可能来自花神、生育和保护之神，她具有自然植物的力量。手持耧斗菜花的女人是爱情和生育能力的象征，而她肩膀处的一棵蕨菜，则象征着孤独和爱好幻想。该作品有许多复制品，但保存在冬宫博物馆的是其中最优秀的一幅。该作品1850年由荷兰国王威廉二世在海牙收藏。

48
安德烈·德尔·萨托
圣母圣子和圣凯瑟琳，圣以利沙伯以及幼年施洗者约翰
1519年
布面油画，转印自木板油画
102cm × 80cm

安德里亚·德尔·萨托深受达·芬奇的影响。在意大利文艺复兴时期艺术的传统——神圣对话的主题中，艺术家看到了这样一种可能性，不仅可以呈现圣母和圣人之间的宗教对话，还可以呈现三个女人的生动、直接的关系。她们在和孩子们一起散步时坐下来休息，在演讲中圣以利沙伯的目光始终没有离开玛利亚那张聪慧甜美的脸；旁边是圣凯瑟琳，在她的脸庞上我们看到了画家的妻子卢克莱希娅·德·费得的影子。画家的名字刻在右边的一个轮子上，轮子象征着圣凯瑟琳的殉难。该作品1815年被送至冬宫。

49
切萨雷·达·塞斯托
圣家族与圣凯瑟琳
1515—1520年
布面油画，转印自木板油画
89cm×71cm

米兰画派的著名代表画家切萨雷·达·塞斯托深受达·芬奇的影响。正如我们所知，这幅画很可能是借鉴了达·芬奇类似主题的作品，从明暗对比的微妙处理中可以感觉到他的影响，特别是在对人体的塑造中，在圣母玛利亚和圣凯瑟琳的甜美优雅的形象中都有所体现，不过达·芬奇的作品没有留存下来。这幅画刚到达冬宫博物馆时，被认为是达·芬奇的作品，受人尊敬的司汤达在他的《意大利绘画史》中也肯定了这一点。直至19世纪下半叶，人们才确定这幅画的原作者是切萨雷·达·塞斯托。该作品约1763—1774年被收藏于冬宫。

50
索多玛
风景中的丘比特
约1505年
布面油画，转印自木板油画
68cm × 129cm

索多玛最初活跃在靠近达·芬奇画室的锡耶纳，那里是他的第二故乡。尽管他自己的作品并不十分突出，但他对16世纪的锡耶纳画派还是产生了非常大的影响。画家的灵感来自文艺复兴时期最杰出的大师们，特别是达·芬奇和拉斐尔。柔软而蜿蜒的线条勾勒出爱神的裸体形象，巧妙地融入风景中，背景中可以看到高耸的山峰、河流、城堡和远处的古代遗迹。该作品1926年被送至冬宫，曾被圣彼得堡的杜尔诺沃收藏。

51
柯雷乔
女性肖像
约1519年
布面油画
103cm × 87.5cm

这幅伟大的画作在柯雷乔的作品中拥有很突出的地位，这位艾米利亚画家在拉斐尔和米开朗琪罗的影响下绘制了这幅画。这幅肖像画的风格在他的作品中并不常见，画中身穿白色和棕色衣服的神秘而美丽的女人形象引发了人们对这位画中人身份的诸多猜测，她也许是柯雷乔的妻子吉尼娃·兰戈内。女人手里拿着一个容器，上面写着希腊文，很可能是从荷马的《奥德赛》中摘录的一段话，内容是有关一种能使人忘却痛苦的饮料。该作品1925年被送至冬宫，原为圣彼得堡的尤苏波夫宫的收藏。

52
拉斐尔
圣母和圣子（科涅斯塔比勒圣母）
约1504年
蛋彩油画，转印自木板油画
17.5cm × 18cm

也许再没有其他任何画家能像拉斐尔这样，享有如此长久而绝对的名气。他把文艺复兴时期前人和同时代人的成就诠释成一种清晰、和谐的形态，在当时达到了完美的巅峰。这幅画是大师的首批作品之一，在佩鲁贾为阿尔法尼·迪·戴曼特而作。这是使画家成名的早期的圣母形象之一，那浮现在年轻的玛利亚脸上的迷人的甜美微笑体现了典型的抒情主义。在她专注的脸上——尤其是在明媚风景的氛围中——充满了淡淡的忧郁。画面中所采用的柔和线条使人想起翁布里亚的荒野，此外，点缀于画面的元素使它更接近于早期文艺复兴的风景画。在拉斐尔的画中，形态上的平衡为画面带来了立体感与和谐清晰的观感，这是其作品趋于成熟完美的前奏。该作品1880年来到冬宫，曾被佩鲁贾的科涅斯塔比勒收藏。

拉斐尔

圣母和圣子（科涅斯塔比勒圣母）（局部）

53
拉斐尔
圣家族
1504—1508年
蛋彩油画，转印自木板油画
72.5cm × 56.5cm

这幅画的历史可以追溯到佛罗伦萨画派时期，画中体现了达·芬奇的学识以及文艺复兴成熟时期流行的准则。每一个细节都被精心完成，描绘了理想美的整体形象。精心研究的构图，清晰的轮廓，色彩关系的柔和性让画中人物沉浸在和谐的日常生活氛围中，看上去华丽而完美。该作品1772年被送至冬宫，原为巴黎的克洛扎的收藏。

54
拉斐尔
系凉鞋的维纳斯
1523—1524年
壁画，后转至帆布
266cm × 154cm

这幅画是拉斐尔为坐落在罗马帕拉廷山上的别墅而创作的五幅大型湿壁画组画的其中一幅，这些壁画挂满了整个冬宫博物馆的大厅。据说帕拉廷山上的别墅属于拉斐尔本人，壁画上点缀着来自古代世界和诗歌世界的图像，特别是描绘了维纳斯和爱神的神话故事。画家还将这些画复制成了更大尺寸的画，并在1516年协助绘制了梵蒂冈主教比比恩纳的“密室”壁画。《系凉鞋的维纳斯》是希腊绘画中反复出现的主题，这位文艺复兴时期的艺术家也发现了将日常活动的画面转化为对美好的颂扬的可能性。这些壁画被用来装饰一个开放的长廊，是第一批文艺复兴成熟时期的典型壁画，也是建筑和装饰整体中不可分割的一部分。该作品1861年被送至冬宫，原为罗马的坎帕纳侯爵的收藏。

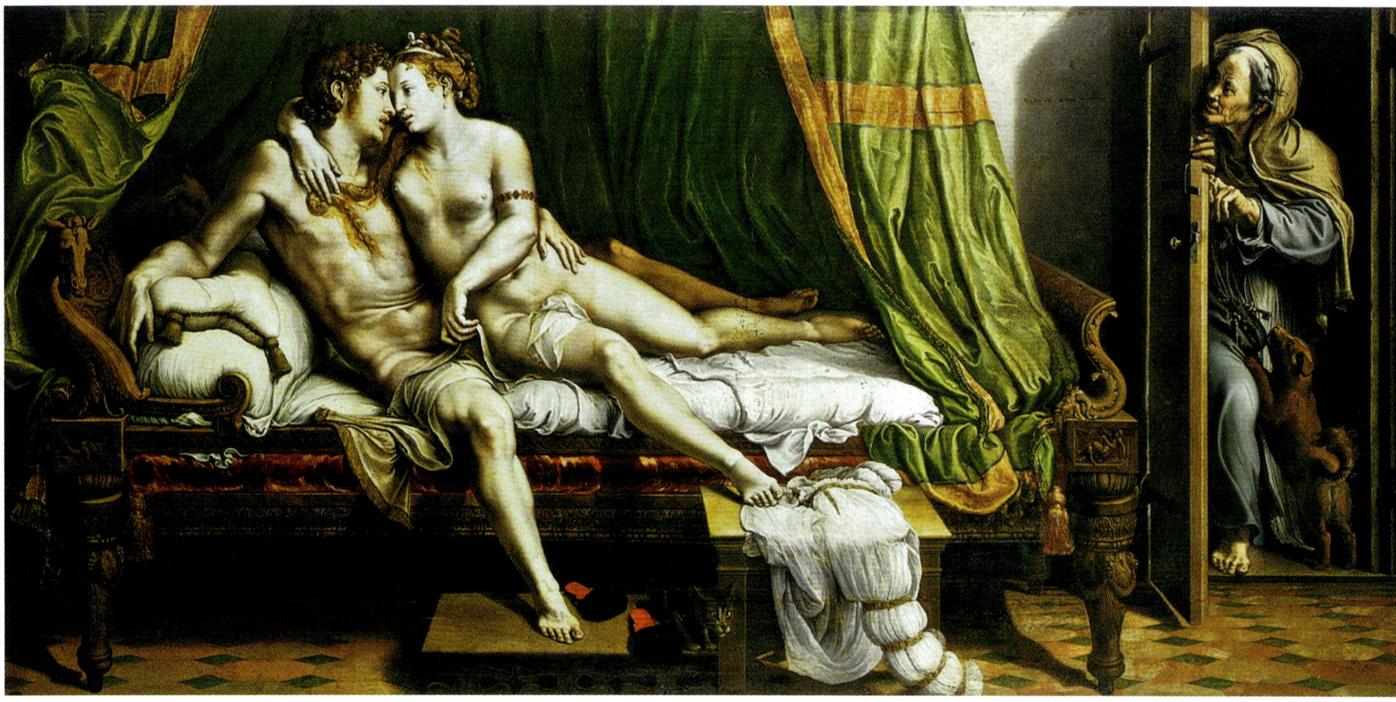

55
朱里奥·罗马诺
深情一幕
1524—1526年
布面油画
163cm × 337cm

在意大利的矫饰主义中，情色主题并不罕见，拉斐尔的得意门生朱里奥·罗马诺在他的晚年时期就是这一题材绘画的杰出代表。艺术家不止一次地描绘了房间中一对赤身裸体的夫妇和一个偷窥的老妇人，但这个主题的秘密至今仍未被破解。它很有可能源于小说或者是罗马诺同时代诗人的爱情诗。像釉质一样的绘画，紧凑的设计，对每一个细节的精确复制，最后用优雅的手法加深色彩范围，这些都是典型的矫饰画法，精湛且冷酷的表现力符合订购人的雅趣。根据乔治·瓦萨里的研究，这幅画的订购人是曼多瓦公爵费德里科·贡扎加。该作品于18世纪80年代被冬宫收藏。

56
老雅克布·帕尔马
男人肖像
1520—1530年
布面油画
93cm × 72cm

人们对这位威尼斯文艺复兴时期的杰出人物的生活知之甚少，他很小的时候就去了威尼斯，在那里乔凡尼·贝利尼、阿尔维斯·维瓦里尼、乔尔乔内和提香对他的艺术风格产生了决定性的影响。《男人肖像》是文艺复兴时期肖像画中最好的作品之一，画中英俊的年轻人的骄傲和高贵的外表，被画家以柔和的色彩和宽广流畅的特殊笔触刻画出来。

亚历山大·贝努瓦称其为“灰黑色交响曲”。该作品1886年自莫斯科的戈利岑博物馆送至冬宫。

57
乔尔乔内
圣母与圣子
约1504年
布面油画，转印自木板油画
44cm × 36.5cm

乔尔乔内是文艺复兴鼎盛时期的大师，是威尼斯画派的创始人。作为画家和音乐家，他与威尼斯的科学家、诗人和画家以及人文主义环境密切相关。由于感染瘟疫，他的生命很短暂，在32岁时就结束了。他留给我们的遗产并不多，在收藏于冬宫博物馆的两幅作品中，这幅是最不为人所知的。然而这幅小画以温暖和柔和的色调长久地抓住了观者的目光，将自然世界和圣母圣子的形象置于抒情的氛围中，充满了神秘的魅力。触及生命的精神奥秘是这位伟大的威尼斯大师的作品的主要特征之一。该作品1817年被送至冬宫，原为圣彼得堡的宫廷医生克莱顿的收藏。

58
乔尔乔内
朱迪斯
约1508年
布面油画，转印自木板油画
144cm×66.5cm

该作品是这位大师最著名、最浪漫、最神秘的作品之一。为了寻找理想的英雄，身体和精神美的和谐化身，乔尔乔内对这位为了拯救自己的人民，引诱并杀死敌人荷洛芬尼斯的《圣经》中女英雄的形象着迷。然而，乔尔乔内不仅描绘了朱迪斯的大胆行径，还描绘了这个女人独自与战败敌人的头颅在一起的那个特殊时刻。那一瞬间充满了黎明前的沉默和宁静，第一缕阳光给地平线染上了金色光芒，点亮了女英雄的衣服，她一动不动地站着，专心地看着男人的头颅，脸上凝固着紧张和神秘的微笑。该作品1772年被送至冬宫，原为巴黎的克洛扎的收藏。

60
提香
达娜厄
约1554年
布面油画
120cm × 187cm

这幅画的内容起源于古老神话——关于宙斯的爱情，达娜厄是阿尔戈斯国王阿克里西俄斯的女儿，神预言达娜厄的儿子将会谋杀阿克里西俄斯，于是国王便将女儿达娜厄囚禁。画面中，宙斯为与达娜厄交欢变成了金色的雨。这个主题为描绘女性的身体提供了条件，提香能够像意大利文艺复兴时期的其他画家一样展现她的美丽。

老仆人的存在突出了女孩的年轻和可爱，画中温暖的粉金色色调的达娜厄与冷灰蓝色色调的风景形成了优雅的对比。这部作品是对女性美、幸福和爱情的真正赞美，在提香还活着的时候就获得了巨大的成功，因此它被复制了几次，并提供给了不同的订购人。该作品1772年被送至冬宫，原为巴黎的克洛扎的收藏。

59
提香
少女肖像
约1536年
布面油画
96cm × 75cm

提香是16世纪威尼斯画派最杰出的艺术家之一，他的作品涉及《圣经》、神话和寓言题材，他还创作了一批杰出的肖像画作品。他不仅在威尼斯工作，也在意大利的其他城市绘画，在许多王子、封建领主和外国统治者的要求下进行创作。在几幅可以追溯到16世纪30年代的大师作品中可以发现这幅画的原型，画中女人的美丽体现了提香那个时代的理想，他描绘了半裸的女主人公，赋予她一种明媚的美，似乎画家想把她比作维纳斯。

建立在微妙的金色、绿色和珍珠色色调的一致性上的和谐统一，以及对不同的材料的准确复制，使这幅画脱颖而出。该作品1772年被送至冬宫，原为巴黎的克洛扎的收藏。

61
提香
背负十字架的耶稣
约1560—1570年
布面油画
89cm × 77cm

这幅油画体现了提香后期的绘画风格，他放弃了之前的明亮色调，取而代之的是浓重的明暗对比，从而获得了画面结构的特殊表现力、线条的敏捷性和笔触的情感丰满。通过放射线扫描，我们发现画中运输十字架的场景覆盖了之前的基督赐福的图像，很明显这幅作品是后来相同主题的油画的原型。C. 里多菲提到，提香死时留在他房子里的画被他的儿子将房子和画一起卖给了克里斯托弗·巴巴里科。该作品1850年被送至冬宫，原为威尼斯的巴巴里科的收藏。

62
提香
圣塞巴斯蒂安
约1570年
布面油画
210cm×115.5cm

这幅杰作可以追溯到画家生命的最后时期，被认为是其19世纪的一幅作品的预备草图，因此直到1892年才被公开展出。画中描绘了意大利文艺复兴时期最受人们喜爱的圣徒塞巴斯蒂安，他因为信仰被判处死刑，他完成了自我救赎，因此不仅被尊为瘟疫的保护者，同时也成为一个英雄。他用自己的精神力量和外在美宣告了他的理想，宣告了他能够克服任何考验，甚至死亡。

在尊重传统的基础上，提香塑造了这位半裸的殉道者的力与美，悲剧性地与周围世界的混乱对立起来，而建立在冷暖对比上浓重有力的笔触和几乎单一的色调强化了这种感觉。显然，开始创作这幅画时，作者没有料到会有如此伟大的结果，因此原作被添加了一些内容。该作品1850年被送至冬宫，原为威尼斯的巴巴里科的收藏。

63
提香
忏悔的抹大拉的玛利亚
1560—1570年
布面油画，转印自木板油画
119cm × 97cm

画家反复地描绘这个题材，人们在各种各样的收藏地保存了它的许多版本。提香并没有像其他大师那样，以瘦弱的面貌描绘抹大拉，她并不缺乏魅力和优雅，相反这幅画体现了画家成熟时期的艺术理想。画家以罕见的流畅和光彩描绘了一张五官有力而和谐的面孔，赤裸的双肩，浓密的赤褐色鬈发，因哭泣而肿胀的双唇，满是泪水的大眼睛。这幅画体现了女性以强大的精神力克服了身体的限制。阴影部分和被照亮部分间的鲜明对比加强了戏剧性的感觉，头骨是尘世事物转瞬即逝的象征，甚至连风景也感受到了主人公的情绪状态。提香死后，这幅画就放在他的房子里，他的儿子把它卖给了克里斯托弗·巴巴里科。该作品1850年被送至冬宫，原为威尼斯的巴巴里科的收藏。

64
塞巴斯蒂亚诺·德·皮翁博
哀悼死去的基督
1516年
布面油画，转印自木板油画
260cm × 193cm

乔凡尼·贝利尼的学生——威尼斯画家塞巴斯蒂亚诺·德·皮翁博曾与乔尔乔内一同工作，在罗马时和拉斐尔和米开朗琪罗一起工作。他赋予了这个主题新的诠释，放弃了文艺复兴时期艺术中心的统一结构，而是构建了对角线的布局，以米开朗琪罗的手法赋予人物充满活力的姿态。富有表现力的景观加强了这一场景的感染力，简洁的十字架和建筑外形轮廓，映衬着高出地平线的红色夕阳。该作品1850年由荷兰国王威廉二世在海牙收藏。

65
多梅尼科·卡普里奥洛
男人肖像
1512年
布面油画
117cm × 85cm

这幅画在18世纪被认为是乔尔乔内的自画像，后来根据纪念章上狍子的形象，又被认为是卡普里奥洛的作品。然而肖像中的纪念章通常与画中模特有关，而与作者无关，莫斯托伯爵的家徽上也有一只狍子，年轻人的衣服上也使用了这个家族的颜色。在16世纪初，这个家族的一个叫多梅尼科的人（在纪念章上的狍子旁边写着）先后在奇维达莱和特雷维索担任要职。该作品1772年被巴黎的克洛扎收藏，之后陆续被维罗纳的克里斯托弗和弗朗西斯科·穆塞里以及法国国王路易十四收藏。

66
洛伦佐·洛托
一对夫妇和一只松鼠、一只狗
1523—1525年
布面油画
96cm×116cm

洛伦佐·洛托是威尼斯最重要的画家之一，他的作品在很多方面都超脱了惯例的限制。这位艺术家在不同的主题上进行创作，也包括双重肖像，这在意大利艺术中并不常见。这幅油画创作于贝加莫，其中一个说法是画家受朋友尼可罗·迪·波吉之托绘制；另一种假说则认为，从这位女士的宫廷头饰来看，画中人物是吉安·玛利亚和他于1523年去世的妻子劳拉。劳拉在画中的位置比她的丈夫高，在她肩上是一个落下的帷幕，所以这是一个哀伤的形象。狗是忠诚的象征，丈夫伸出的手指指向松鼠，左手拿着的写有铭文的纸，这些都是无法逃脱生命风暴的象征，与远处狂风暴雨的风景相对应。该作品1773年到1785年被安特卫普的凡·布伦收藏，19世纪早期至20世纪20年代的这段时间里它一直被收藏在加特契纳。

67
蓬托尔莫
圣家族和幼年施洗者约翰
1521—1527年
布面油画
120cm × 98.5cm

高度的紧张情感和深刻的精神升华是蓬托尔莫的作品的主要特征，他是佛罗伦萨第一个矫饰主义大师。这幅画可以追溯到这位画家最辉煌的时期，构图完全建立在对立的基础上：金字塔的结构和较低的视角让构图更加壮观，而拉长比例的人物和孩子身体的蛇形形态为画面赋予了动势。在耶稣的身体的粉红色色调衬托下，圣母玛利亚的披风和衣服的颜色极端鲜艳，而头巾不同寻常的色调变化显得非常强烈。圣子手中拿着象征着受难的金翅雀，玛利亚冷漠的表情与圣子的微笑形成了鲜明对比。1923年，国家博物馆基金会从圣彼得堡的莫尔德维诺娃伯爵夫人的手中得到了这幅画。

68
弗朗西斯科・普里马蒂乔
圣家族和圣以利沙伯以及幼年施洗者约翰
石板油画
43.5cm × 31cm

作为一名画家、雕塑家和建筑家，在矫饰主义艺术家中普里马蒂乔十分活跃。他深受朱里奥・罗马诺和帕米贾尼诺的影响，从1532年开始在法国宫廷工作。这张小画与这位艺术家为枫丹白露宫所作的浮夸华丽的世俗题材的油画形成了鲜明对比。据推测，作为建筑背景，画家使用了经过改造的尼姆的罗马圆形剧场遗址造型。拉长的人物，怪异的姿势，尖锐的色调对比，仿佛是从内部照亮的色块，这些都有助于传达极端精神紧张的感觉。该作品1772年被冬宫收藏，原为巴黎克洛扎的收藏。

69
阿利桑得欧·阿楼瑞
圣母和圣子
约1590—1600年
布面油画
131cm × 115cm

阿利桑得欧·阿楼瑞是佛罗伦萨后期矫饰主义的倡导者，他的老师阿尼奥洛·布伦齐诺喜欢在自己的作品中加入很多象征元素。当时的大师们经常描绘与这幅画类似的主题：以一位年轻女子的形象来代表基督所托付的教会，圣子用一只手将象征着纯洁的白色花冠放在她的头上，花冠里面有一朵玫瑰，象征着牺牲，就像圣子另一只手上拿着的荆棘之冠暗示的那样。在背景的右边是一棵棕榈树，它的枝叶呈放射状，象征着个人的美德，而植物则象征着整个教会。另一方面，橡树的枝干是力量的代表，互相缠绕的常春藤则象征着永恒。在前景的篮子里，洁白的织物中出现了一把梳子，代表着当时社会开化和功勋的良好统治。该作品1834年由西班牙大使佩斯·德·拉卡戴纳在圣彼得堡购买，于1931年被收藏在冬宫。

70
阿尼奥洛·布伦齐诺
科西莫一世·德·美第奇的肖像
1537年
布面油画，转印自木板油画
117.5cm × 87.5cm

布伦齐诺是佛罗伦萨矫饰主义的主要代表人物之一，他引入了一种新型的官方肖像的绘制方式，以外在的冷淡和复杂的暗喻元素为特色。这幅肖像是在画中这位出身于贵族世家的18岁少年成为托斯卡纳大公之后迅速完成的。图中年轻人右手拿着一个金牌，金牌上画着一个长着翅膀的人物和两个球形，可能预示着宇宙论（“科西莫”和“宇宙论”的发音相似）。此外这些球体指向美第奇家徽上的球，实际上两个球形是指美第奇家族的两个柯西莫——一个是老柯西莫，又叫“国父”，另一个则是这幅画的主角。画中人物背后的岩石象征着坚定的力量，而在地平线上闪烁的火焰暗示神圣的天意，甚至是对荣耀的渴望。该作品1850年由荷兰国王威廉二世在海牙收藏。

71
小雅克布·帕尔马
塔克文和卢克蕾提亚
约1570年
布面油画
130cm × 175cm

作为画家和雕刻家，威尼斯文艺复兴后期的大师小雅克布·帕尔马以宗教和神话为主题进行创作，并受到提香和丁托列托的影响。这幅油画可以追溯到他绘画的最初几年，从首都回来不久，帕尔马就开始采用威尼斯风格绘画。在古罗马的历史上，卢克蕾提亚是一个贞洁的女人，因受到暴君塔克文·苏佩布的儿子塞斯提奥的公然凌辱而死。1767年冬宫在威尼斯与马鲁齐侯爵的撮合下购买了该作品，1854年在一次拍卖中将其售出，1912年才重新购回。

72
斯齐亚沃尼
罗得和女儿们
板面油画
直径27.5cm

安德烈·梅尔多拉，又名斯齐亚沃尼，是扎拉当地人，深受帕尔米·吉安尼诺和提香的作品影响，主要在威尼斯进行创作。这幅画中描绘了喝醉的罗得正要和他的一个女儿同寝，而另一个女儿则坐在临时放置的桌子旁边。画面中大面积的暗色调和炫目的光亮加强了《圣经》故事的戏剧性，和人物所在的森林一同起着决定性的作用。在右边的是燃烧的索多玛城的景象，城中熊熊火焰从天而降。该作品1933年被安提克瓦尔古董店收藏。

73
保罗·维罗内塞
戴安娜
约1560年
布面油画
28cm × 16cm

这位维罗纳大师是文艺复兴后期的典型代表，他把自己的创作与威尼斯联系在一起，威尼斯比意大利其他城市更早地提出反对文艺复兴构想的危机。在绘画的类型上，《戴安娜》接近那些充满幻觉效果的壮观壁画，这些壁画是为特雷维吉亚诺的马塞尔别墅绘制的。这是维罗内塞的装饰画中最优秀的一幅，这幅油画可能是初步草图之一。形态的塑造利用了一种光学效应，画家把戴安娜和狗置于优雅的壁龛中。冷橄榄色和覆盆子色的色调包裹在如银的色泽中，深受大师喜爱的精致的色彩组合之美给这幅小画带来了一种喜悦的气氛。该作品于1778年被巴黎的克洛扎收藏。

74
保罗·维罗内塞
扫罗的皈依
约1570年
布面油画
191cm×329cm

维罗内塞是个爱从生活中寻找乐趣和美好的画家，但在他后期的作品中我们却开始感到某种不安的出现，《扫罗的皈依》体现了一切都在混乱中。在这幅画中，大师描绘了扫罗——一个顽固迫害基督教徒的人（后来皈依并成为使徒保罗），听到一个从天而降的声音，在他的周围一切都在运动着，警卫们吓得跑开了，马也变得疯狂。人物被画框分割，这个过程创造了空间的延续感觉，超出了绘画的物理界线。在大胆的透视中，在密集闪烁的颜色中已经宣布了巴洛克风格的到来。该作品19世纪初被收藏在加特契纳，1920年回到冬宫。

75
保罗·维罗内塞
死去的基督、圣母和天使
1576—1582年
布面油画
147cm×111.5cm

这幅画是维罗内塞在其绘画生涯的最后几年里为威尼斯圣约翰和圣保罗修道院所作。生存与死亡的主题不仅在这里达成了一种特别庄严的共存，而且得到了一种前所未有的解读：天使和圣母都转向了死去的基督，仿佛他们是在对一个活人说话。因其感觉的深度、构图的严密和暗淡的色调（尽管充满了深浅变化），这幅画在画家的作品中占据了突出的位置。该作品1772年被巴黎的克洛扎收藏。

76
乔瓦尼·巴蒂斯塔·莫罗尼
男人肖像
布面油画
57.5cm × 50cm

莫罗尼主要是肖像画家，尽管他的画作中也有祭坛装饰画。他属于“大陆”派画家群体，该群体分布于意大利北部的领土上，那里的生活比威尼斯共和国平静得多，画家们更倾向于观察日常生活，而不是泛泛而论。他的肖像画缺乏浮华感和英雄主义，但其价值体现在对新风格的尝试上。在这幅黑棕色色调的油画中，颜色的微妙感觉体现出了提香对画家的影响，画家对人物的精确描绘赋予了画面具体性。该作品1770年被日内瓦的特龙金收藏。

77
巴丽斯·博尔多内
芙罗拉、维纳斯、玛尔斯和丘比特
约1550—1560年
布面油画
108cm × 129cm

博尔多内是威尼斯文艺复兴时期的大师，他在提香的画室里度过了学徒生涯，除在意大利之外，他还在枫丹白露和哈布斯堡工作过。这幅画是他的一个典型作品，可以追溯到16世纪50年代末期，在那个时代，他创作了大量关于神话和寓言题材的装饰画，在这些作品中，同类型的女性形象总是重复出现。他画中的女人庄重美丽、皮肤白皙、眼睛明亮，头上缠绕着鬈发和辫子，梳着古怪的发型，华丽的礼服落下无数的小褶，露出半掩着的乳房。作品构图对称，呈对角线交叉，画家以非凡的表现力描绘出了柔软的皮肤和柔顺的发髻、柔软的皮毛和闪亮的丝绸，以及珍珠和黄金的光芒。该作品约1773—1785年被冬宫收藏。

78
朗贝宁·絮斯特利
维纳斯
约1550年
布面油画
101.5cm × 170.5cm

絮斯特利来自荷兰，曾在提香的工作室学习，活跃于威尼斯。在这幅画中，他借用了大师提香的构图概念，但以一种更直率的方式表现出来。作品中女神的姿势似乎有点做作，即使身姿被塑造成某种优雅的样子。这种类型的女性美在威尼斯艺术中极具特色，如同对乔尔乔内的风景背景下裸女形象的模仿。维纳斯的右手放在一只白鸽身上，这是一种传统象征，在远处的风景里可以看到战神玛尔斯和爱神。该作品1859年和提香的作品一同到达冬宫。

79
雅各布·丁托列托
施洗者圣约翰的诞生
约1550—1560年
布面油画
181cm×266cm

作为威尼斯文艺复兴时期最后一位伟大的画家，丁托列托在他的作品中保留了不朽的力量，同时还具有强烈的戏剧性。这幅油画可以追溯到其绘画生涯早期，画的是施洗约翰的生活片断，他的父亲老牧师撒迦利亚因不相信自己还能生育而被变成了哑巴，在他写下约翰这个名字后，上帝才让他能重新开口讲话。忙碌于孩子身边的妇女们，她们的动作、鲜艳的服装、优雅的配饰，都被风俗画的线条刻画出来，而强烈的节奏使画面充满了一种神秘的感觉。该作品1772年被克洛扎收藏，早期曾是巴黎的主教马扎里诺的收藏。

80
胡安·潘多哈·德·拉·克鲁斯
比利亚马约尔的蒂亚戈肖像
1605年
布面油画
88.5cm × 70.5cm

胡安·潘多哈·德·拉·克鲁斯是阿隆索·桑切斯·科埃略的学生和追随者，他在菲利普三世登基后画了这幅肖像。当时是一个具有高雅风尚和奢华庆典的时代，在这个时代的背后，国家危机迫在眉睫。

对壮丽的追求使形态变得越来越庞大：巨大的领子、珍贵的盔甲、阿尔坎塔拉的上等徽章，这些都是证明17岁的唐·蒂亚戈崇高地位的要素（年龄在画面上方的铭文中写着）。然而在面部特征的刻画中，画家一如既往地忠于事实，从不妥协。该作品1814年被阿姆斯特丹的克斯维尔特收藏。

81
阿隆索·桑切斯·科埃略
卡特琳娜·米卡埃拉公主的肖像
1582—1585年
布面油画
70cm × 50cm

画中这位菲利普二世的小女儿，未来的萨沃伊公爵夫人，高傲沉着，颇有宫廷礼节。上了浆的花边领子和用金线织成的厚重的衣服妨碍了她的行动，但是在谨慎外表之外，画家知道如何发掘女性的清秀和优雅的特征。逼真和精致的图案一直是画家的作品的杰出特征，他是西班牙官方肖像画的学派领袖。该作品曾陆续被塔夫利宫和加特契纳收藏，1926年迁入冬宫。

82
路易斯·德·莫拉莱斯
圣母玛利亚的悲伤
1570—1580年
82cm × 57cm

这部作品有几个版本，其中冬宫博物馆收藏的是最新的版本，作品充满了悲剧性的伤感：圣母玛利亚一动不动，在不可估量的巨大痛苦中失去知觉。粗糙的轮廓线，冰冷而暗淡的颜色，光滑紧凑的类似于金属的表面，为作品赋予了表现力和情感张力。该作品1814年被阿姆斯特丹的克斯维尔特收藏。

83
埃尔·格列柯
圣彼得和圣保罗
1587—1592年
布面油画
121.5cm × 105cm

这幅画是画家对当时困扰着同时代人关于基督教使命问题的一种悲痛而非东正教的表达。埃尔·格列柯的人文主义倾向使其更接近圣保罗的立场，他反对宗教限制，支持基督教的普遍性（天主教会一直重申圣彼得的优先性）。在预先设定好的画面上，保罗的面孔看起来精力充沛，与画家本人有明显的相似之处。画中人物比例拉长、色彩浓重，彩色色块强劲地闪烁着，表现出这位大师特有的崇高而丰富的情感。该作品1911年来自P. 杜尔诺沃神父的捐赠。

84
路易斯·德·莫拉莱斯
拿着十字形纺锤的圣母玛利亚
约1570—1580年
蛋彩油画，转印自木板油画
71.5cm × 52cm

莫拉莱斯描绘的圣母玛利亚和圣子的画很受欢迎。用来暗喻耶稣受难的象征——纺锤和上面的卷线，是西班牙普通农民家庭中常见的物品。莫拉莱斯几乎一生都生活在其家乡巴达霍斯，远离菲利普二世宫廷的冰冷氛围。在他的作品中，他只专注于宗教主题，同时代的人能看到画家对那个时代精神焦虑的表达。画家深知意大利文艺复兴的艺术进程，这幅画的色调造型和它的主题本身就使人想到意大利画家的作品。然而，紧张的节奏和精致而冰冷的色彩氛围给圣母像注入了一种内在的张力，唤起了一种焦虑苦恼的感觉。该作品1846年来自D. 塔特杰夫的遗产。

85
弗朗西斯科・里瓦尔塔
耶稣受难图
1582年
布面油画
144.5cm × 103cm

这位西班牙画家可以被看作是17世纪写实绘画的领袖。保存在冬宫博物馆的这幅作品是他的作品中的第一个成果，并且带有签名和日期，这在他的其他作品中很少见到。在对画中人物姿势的设计中可以发现他仍然受到意大利矫饰主义的影响，这种矫饰主义风格备受西班牙官方艺术的喜爱。在人们了解卡拉瓦乔的作品之前，作为最早的欧洲画家之一的里瓦尔塔就已经通过这种尖锐的明暗对比加强了主题的感染力。该作品1814年被阿姆斯特丹的克斯维尔特收藏。

86
杰勒德·大卫
圣殇
布面油画
36cm×44.5cm
16cm×11.5cm（中央画布）

这幅作品是收藏于伦敦国家美术馆的作者的大型祭坛装饰画中央部分的一个版本，即使是微小绘画，在画中也体现了一种不同寻常的悲剧力量。这种表现力是由圣母玛利亚那张温柔的面庞所表现出来的，相比之下，圣子的脸则因所遭受的痛苦而变形。对作品扫描表明，在寻求更深刻的表现力的过程中，大卫修改了基督和圣母的手臂图样。这幅画的支架由一张保存完好的17世纪橡木桌子制成，这张桌子被做成了一体的浮雕画框。17世纪下半叶，这幅画遵循了一种新的式样，被嵌在一幅很可能是费迪南德·范·凯塞尔创作的板面花叶静物画中，1797年被收藏于冬宫。

87
彼得·埃特森
野味商人
布面油画
137cm×95cm

活跃于安特卫普的彼得·埃特森与具有意大利风格倾向的“罗马画家”们有过接触。埃特森的《野味商人》是佛兰德画中最早出现的人物之一，画中魁梧威严的人身着颜色鲜艳的服装，在身后那扇敞开的大门的衬托下，其行为举止更加引人注目；小木桶、盛满鸡蛋的篮子、盛满牛奶的桶、有着色彩斑斓羽毛的鹅都是静物画的元素，这位画家也是这个类型画的创始人之一。在这部作品中，画家让一个普通人物活灵活现，在他身上画家表达了自己对人物性格的某种抽象理想。该作品1915年被塞曼诺夫·让-圣斯克基收藏。

奇维达

逃往埃及路上的风景（局部）

88
奇维达
逃往埃及路上的风景
布面油画
33cm × 59.5cm

这类风景画作为一个流派的诞生与约阿希姆·帕提尼尔和亨利·梅特·德·布莱斯有关。亨利·梅特·德·布莱斯又名奇维达。这幅灿烂的佛兰德风景画显示了神的重要性在逐渐丧失，人们更加倾向于自然的全景画面。当时宗教画的背景都是相对简朴的。画面中，牵着驴的圣家族似乎陷入了一个没有边界的彩色世界，而神圣的天父从高处向他们展示了圣家族是他无限创造的其中的一部分。画家希望描绘出作品的多样性和广度，积累自然的感觉，成为“宇宙”景观的必要基础。该作品1899年被慕尼黑的舒伯特收藏。

89
卢卡斯·凡·瓦克布奇
乡下节日
布面油画，转印自木板油画
48.5cm × 73.4cm

以自然为背景的公众消遣主题是这位画家的作品的典型特征，他是彼得·勃鲁盖尔的追随者。无限延伸的奇妙风景在这里与真实的乡村生活的画面相结合。几个乡村场景被聚集在一起传达出一种无拘无束的快乐，令人无法抗拒的"kermesse"圆圈舞（佛兰德人最喜欢的舞蹈），在酒馆里狂欢的农民，大胆求爱的情侣们，所有这些都因前来度假的资产阶级的出现而变得高贵。瓦克布奇的作品要早于17世纪有相似场景的佛兰德画。该作品1772年被巴黎的乔索瑟伯爵收藏。

90
弗雷德曼・德・弗里斯
建筑风景画
布面油画
82cm × 100cm

德・弗里斯是著名的建筑绘画大师并且写过很多关于建筑艺术的文章。从萨巴女王访问所罗门王圣殿的主题画面出发，艺术家创造了一个空前宏伟的建筑幻想。利用空间和视角为他提供的各种条件，他画出了一扇接一扇的拱门，在这些拱门里女王几乎迷失了自己，随从们带着珍贵的礼物，乞丐和小狗站在楼梯入口旁。黎巴嫩雪松建造的圣殿被画家画成一个巨大的如童话一般的宫殿，在那里占主导地位更多的是雕像般的人物而不是真实人物。该作品1920年来自国家博物馆基金会。

91
兰伯特·伦巴第
自画像
1566年
木板油画
76.5cm × 64.5cm

伦巴第是“罗马学家”约翰·戈塞特的学生。伦巴第广博的学识使他能够在货币学和建筑学中表达自己的思想，同时专注于绘画和教学理论。这幅自画像以多种版本展现了这一流派的演变：在光线背景下勾勒出意大利绘画的典型特征，巨大的人物形象和面部展现出了男子气概，伦巴第手中拿着的眼镜可能象征着真理，真理无须歪曲。据他同时代的人说，这位大师建议他的学生们模仿他的自画像作为学习的模板。该作品1859年之前就曾被冬宫收藏，1925年从加特契纳回到冬宫。

92
朱斯·凡·克利夫
圣家族
布面油画，转印自木板油画
42.5cm × 31.5cm

由作者本人或他的助手创作的这一类型画作复制品保存在许多博物馆中。这位安特卫普的大师的绘画风格很接近15世纪的传统，但他并不回避意大利艺术对其的影响。画中圣母玛利亚的面孔使人想起拉斐尔的作品，而圣子则像达·芬奇画中的婴儿形象。圣约瑟夫被描绘得出乎意料的大胆，他的目光充满了微妙的讽刺，揭示了与宗教改革思想相关的新的宗教氛围。这位画家并非偶然地进行了一次暗中的“修正”，将伟大的改革派人文主义者鹿特丹的伊拉斯谟的特征赋予了圣约瑟夫。画中的耧斗菜花象征着圣母未来将遭受的苦难，而有着异域风情的橙子及精致小刀等物品则象征着新时代，这幅画在最大程度上遵循了佛兰芒画派的传统。该作品约1763年—1774年被收藏在冬宫。

93
老弗朗斯·帕布斯
男人肖像
布面油画
87cm × 87cm

老弗朗斯·帕布斯是荷兰肖像画流派的著名代表画家，他创作了一系列伟大的肖像画，其构图和色彩明显受到了意大利大师们的影响，特别是画家使用了提香式的红色底层，加强了色调的温暖感觉。画中的男人已不再年轻，他的脸上流露出平静和仁爱，而做工精良的毛皮衬里西服和他手指上珍贵的戒指则显示出他较高的社会地位。在这幅画中有一个不是很明显的细节，但对于宗教改革时期的肖像画来说却是非常重要的，即书后的沙漏是对时光转瞬即逝的警戒，对世俗的生活和个人在上帝面前活着的每一天所担负的责任的警示。该作品1763年抵达冬宫，之前由 I. 戈茨科沃斯基购买于柏林。

94
科斯蒂恩·德·科伊宁
托比亚斯和天使风景画
布面油画
40cm × 63cm

作为“宇宙景观”类型的典型代表画作，这幅画的构图被划分成几层，并包含一个巨大的空间结构。奇异的悬崖、童话般的城堡、远处的瀑布、虚幻的树木和若隐若现的云朵，构成了一幅奇妙的风景画。在平静的平原上有两道强光照耀着，在这巨大的天地之间似乎可以听到圣经人物所描述的上帝那令人敬畏的声音。这幅作品中轻快、灵活的笔触正是这位画家的典型风格。该作品1921年被圣彼得堡的N. 雷瑞彻收藏。

95
卢卡斯・凡・莱登
治愈杰里科的盲人（三联画，中央画布）
1531年
布面油画，转印自木板油画
115.5cm × 150.5cm

卢卡斯・凡・莱登是一位才华横溢的雕刻家和画家，他是荷兰画派的创始人之一。这是一幅三联画，大师的最后一幅作品不是为教堂创作，而是为莱顿医院的小礼拜堂所画。盲人请求耶稣医治他，这个福音的主题在16世纪佛兰德绘画中很不寻常。画家用各种各样的人、多种多样的手势、丰富多彩的人群，以及每个人对奇迹的不同反应来吸引观赏者，除了耶稣和使徒外所有的人物都穿着16世纪的服装。耶稣左边戴着红帽子的人很可能就是卢卡斯本人的形象。该作品1772年被巴黎的克洛扎收藏。

96
卢卡斯・凡・莱登
治愈杰里科的盲人（三联画，两侧画布）
1531年
布面油画，转印自木板油画
89cm × 33.5cm

通过观察画中这两个使者所拿着的家徽，就可以辨认出这幅三联画的主人：荷兰莱顿市民雅各布・弗洛里斯松・范・蒙福特和他的妻子——阿姆斯特丹商人迪克・伯伦斯的女儿。向前迈进一步的士兵和女孩吸引了人们的注意，这要归功于服装复杂、丰富的特点以及好战的力量和女性优雅之间的对比。这些画面的世俗性并不是偶然的，事实上这些都是经常向君王表示敬意，参加庄严欢庆活动的典型人物。这两个人物肖像曾经是三联画两侧画布的外部部分，中央的画板与内部部分重新统一后，形成一个单独的治愈盲人的场景，两个分离的图像被放置在中央面板的画框中。该作品1772年被巴黎的克洛扎收藏。

97
扬·普罗沃斯特
光荣圣母
1524年
布面油画，转印自木板油画
203cm × 151cm

该作品是这位布鲁日画家最优秀的作品之一，当时的布鲁日是一个中世纪传统仍很盛行的城市。在反传统的斗争中，这幅画被嵌在圣多纳齐亚诺教堂的墙壁里，直到19世纪初再次被发现。画面中，圣灵以鸽子的形式为天国的圣母玛利亚加冕，精致的风景代表着尘世的准则。在较低的一层，西比尔、国王和先知被区分开来，华丽的金色锦缎服饰突出了闪亮的光辉（在这样的背景下，研究卷轴的年迈僧人的眼镜显得平淡无奇）。在这幅祭坛装饰画中，希腊神话中的人物西比尔代表了新的佛兰德的人文主义。该作品1850年被荷兰国王威廉二世在海牙收藏。

98
扬·桑德斯·凡·汉梅森
忏悔的圣杰罗姆
1543年
布面油画
102cm × 83.5cm

通过在冬宫博物馆保存的唯一一件凡·汉梅森作品不难看出他是一位以描绘气势磅礴的人物为特色的大师。画中的圣杰罗姆是一位4世纪的罗马神学家，是教会的创始人之一，他是《圣经》的第一个拉丁译本的作者，这个版本被称为“Vulgata”（拉丁文圣经）。传统中，圣杰罗姆不是在牢房里就是在沙漠中忏悔。与圣人形象相伴而来的是粗糙岩石的雄伟壮观，明暗对比强调了赤裸身体的力量和姿势的张力。画中的头骨和书的图像提醒观者，圣杰罗姆是学者、哲学家和诗人的保护者。该作品1895年被圣彼得堡的D. 普雷德特岑斯基收藏。

99
弗朗斯·弗洛里斯
女人头像研究
布面油画
102cm × 175cm

弗洛里斯的作品与“浪漫主义”思潮的最后一个时期有关，这位画家在意大利研究了文艺复兴时期的古代画家和大师的作品之后，在他的家乡以创作宗教和神话题材的作品而闻名。他不朽的风格反映在他给学生作为范例的头像研究中，这项研究被认为是一个不为人知的大作品的一部分。画家对这张引人注目而又令人不安的面孔的有力塑造让人想起他最初对雕塑的兴趣，不同寻常的透视充满了表现力，古色古香的粉色、绿色和金色色调的组合给这幅画增添了一种特别精致的色彩。该作品1924年来自国家博物馆基金会。

100
马里纳斯·凡·雷梅尔思维勒
两个税务官
布面油画，转印自木板油画
84.5cm × 60cm

再现日常生活成为16世纪上半叶的荷兰艺术的强项。新教画家肆无忌惮且特立独行，他们反对圣像崇拜。凡·雷梅尔思维勒故意夸大了人物怪诞的一面，暗指七宗罪之一的贪婪。投机者咬紧他的牙齿准备掠夺，手指抓紧成堆的硬币，会计鼻子上的眼镜，所有的元素都体现了一种明确的道德潜台词。烛台上滴滴答答的蜡烛是人类罪恶的象征。这幅画有30多个版本。该作品在1770年左右抵达冬宫。

101
迪尔克·雅各布斯
一组阿姆斯特丹射击手的肖像
布面油画，转印自木板油画
115cm × 160cm

这是欧洲最早的群像画之一，诞生在荷兰的土地上并非偶然，在西班牙统治下对独立的渴望导致了武装公民自愿结社的诞生。射击协会的成员订制群像画来装饰宴会厅。画面中，一排紧凑的队伍里，整个人群的表情和僵硬的姿势都很相似。披风与扁平的头盔一起强调了人物的精神层面。画面中一个市民的披风上绣着一只鹰爪，这是阿姆斯特丹射击手的标志。该作品1769年被德累斯顿的布鲁尔收藏馆收藏。

I.N.R.I.

102
迈尔顿·范·希姆斯柯克
耶稣受难图三联画
布面油画，转印自木板油画
101cm × 58.5cm（中央画面）
10cm × 28cm（两侧画面）

在这幅三联画中，荷兰大师汇集了意大利艺术元素和荷兰民族元素。佛兰德的绘画传统使观众能感受到基督的苦难，为观众展现大量的细节和熟悉的环境，如士兵正在掷骰子争抢十字架旁边耶稣的衣服。与此同时，两名窃贼被钉在树干上的画面在荷兰绘画中并不常见，这使得画家能够展示弯曲的身体在极度紧张时的肌肉线条。

这幅三联画的整体活力揭示了作者对米开朗琪罗作品的仔细研究，在意大利逗留期间，米开朗琪罗的作品对希姆斯柯克产生了深远的影响。在三联画左右两边的画中有两名不知名的捐助者代表该事件的目击者。画中的两位守护神中，有一位是通过花瓶被辨认出来的，花瓶是抹大拉的玛利亚的传统象征。该作品1811年被巴黎的德农收藏。

103
老卢卡斯·克拉纳赫
维纳斯和爱神
1509年
布面油画，转印自木板油画
213cm × 102cm

该作品是这位伟大的德国画家年轻时的杰作之一，是北欧画家首次尝试描绘爱神和裸体美女的作品之一。维纳斯是克拉纳赫的作品中一个反复出现的女性的理想形象，他画中的女性角色总是显得有点神秘和遥远，以清晰柔和的椭圆形脸、细长的眼睛、赤褐色的头发、神秘的目光而著称。尽管细节逼真，但从哥特式艺术中衍生出来的元素，即泛化的倾向和细长的形体，则是这位大师独一无二的风格。在女神心不在焉的神情中，能感觉到一种刻意营造的紧张。在宗教改革时期的德国，古代的爱神是可怕的淫欲之罪的象征，就像画布上方用拉丁语写着的那样："用你强大的力量击退贪婪的欲望，否则维纳斯会占据你盲目的灵魂"。该作品1769年被德累斯顿的布鲁尔收藏馆收藏。

104
老卢卡斯·克拉纳赫
女人肖像
1526年
布面油画
88.5cm × 58.5cm

很有可能画中描绘的女人是一个真实存在的人物。人们猜测她可能是克里夫的西比尔——萨克森的约翰·弗里德里希的未婚妻。作为一名萨克森宫廷画师，克拉纳赫被要求描绘君主选中的妻子的优雅。在这幅画中有许多中世纪日耳曼圣母的传统形象，如甜美优雅的年轻女子精致的面部轮廓或长长的鬓发，这位大师将非凡的才能表现在复杂的服装和珠宝设计上。该作品在1797年之前到达冬宫。

296.

老卢卡斯·克拉纳赫
与圣子在苹果树下的圣母玛利亚
（局部）

105
老卢卡斯·克拉纳赫
与圣子在苹果树下的圣母玛利亚
布面油画，转印自木板油画
87cm × 59cm

老卢卡斯·克拉纳赫的绘画展现了16世纪德国绘画的全部原创性，其严谨的宗教改革精神与人文主义理想和民族民俗学有一定联系。黄褐色的圣母玛利亚与古日耳曼传说中的公主相似，被画在一个真正的天堂背景之下。苹果树的树枝上挂满了果实，缠绕在她的头上，像一顶珍贵的王冠。画家喜欢在明亮的天空、树木繁茂的山坡、充满神秘的森林、河岸上城堡的映衬中表现人物，而这幅精彩的全景画以特别的方式让人想起萨克森的真实自然，被艺术家的诗意所升华。而耶稣手中的苹果和面包则象征着赎罪。该作品在1851年到达冬宫。

106
老巴索洛玛斯·布鲁因
男人和三个孩子的肖像
约1540年
布面油画，转印自木板油画
75.5cm×46cm

作为科隆著名的肖像画家，老巴索洛玛斯·布鲁因受到了富有商人的青睐，后者成了画家的主要赞助人。冬宫博物馆收藏的一对对称画包含两个典型的家庭肖像画，依照佛兰德的传统精心描绘了服装的细节。适度的金棕色的色彩氛围，没有进行任何理想化修改的面孔，使这两幅作品成了那个时代最真实的画作。该作品1768年被布鲁塞尔的科布伦茨收藏。

107
老巴索洛玛斯・布鲁因
女人和女儿的肖像
约1540年
布面油画，转印自木板油画
75.5cm × 46cm

安布罗修斯·荷尔拜因
男孩肖像（局部）

108
安布罗修斯·荷尔拜因
男孩肖像
1518年
木板蛋彩油画
44cm×32.5cm

安布罗修斯是老汉斯·荷尔拜因的儿子，前者曾与他的弟弟——伟大的肖像画家小汉斯·荷尔拜因合作过一段时间。画家的作品因其英年早逝而稀少。这幅肖像画可能是在瑞士巴塞尔创作的，两兄弟于1515年搬到了巴塞尔。作品的每一个细节都透露出画家对意大利艺术的热情，画中人物被描绘成一位高雅的知识分子，一位艺术的爱好者。古代的石柱显示了画家对考古学的兴趣，背景中奢华的意大利宫殿暗示着对文艺复兴风格的崇敬。左边石柱上挂有一个方形面板，板上的铭文是关于肖像和订购人的："绘于20岁时，1518年"。该作品大约于1773年到达冬宫。

ETATIS · SVE
· X X ·
M · D · XVIII
2336

109
爱德华六世肖像
1547—1550年
布面油画
50.5cm × 35.6cm

这幅作品被认为是温莎城堡中的爱德华王子肖像的复制品（经过一些修改）。这个姿势和服装的灵感来自小汉斯·荷尔拜因的亨利八世肖像。在冬宫博物馆收藏的这幅画中，爱德华已经被描绘成一个统治者，其左腿上有一个嘉德勋章。9岁登上王位的这个男孩只活了15年，他死于一场严重的疾病，这在画中也有明显的迹象表明。对华丽服装认真细致的描绘是都铎时代的典型写照。该作品1779年被沃波尔霍顿厅收藏。

110
男人肖像
1595年
布面油画
114.5cm × 89cm

从服装上看，画中描绘的是军人。军服和佩剑说明了他属于贵族阶层，甚至他的面部特征也带有贵族的气息。

这幅肖像是由一位不知名的艺术家在莎士比亚时期即英国文艺复兴的黄金时代创作的。它把我们带到了伊丽莎白时代的氛围中，在那个时代，一个人可以同时扮演朝臣、士兵和海盗的角色。画中呈现出的人体的和谐比例为线条的流畅和矫饰的色彩提供了空间。该作品1921年来自国家博物馆基金会。

ÆTITIS SVÆ.32
1595

112
雅克·贝兰吉
哀悼死去的基督
1615—1617年
布面油画
115cm × 175cm

直到1633年仍独立于法国皇室的洛林，在17世纪早期兴起了一种独立的绘画流派，其创始人和主要大师是雅克·贝兰吉，他是一位画家和雕刻家，是法国南锡的宫廷装饰师和聚会组织人。作为晚期矫饰主义的代表人物，贝兰吉也受到了卡拉瓦乔的影响，在这幅作品中充满了黑暗的感染力。作品建立在紧张的节奏和闪光上，在黑暗中抹去基督的身体，这幅画的订购人也被画在周围的面孔中。该作品1967年被塔林的私人收藏家收藏。

111
柯奈·德·里昂
女人肖像
约1535年
布面油画
20cm × 15.5cm

画中年轻的女人穿戴着弗朗西斯一世时期的宫廷妇女的服装和头饰，弗朗西斯一世的王国与法国文艺复兴时期最伟大的文化繁荣有关。这位荷兰画家又名柯奈·德·拉·海耶，在法国宫廷成名后搬到了里昂，那里是新教徒的避难所，也是重要的人文和社论中心。柯奈在这座城市里度过了余生，但他仍继续为法国统治者作肖像画，并为古典文艺复兴风格带来了精致的色彩。画中人物脸部丰富柔和的色调，大胆的对比和和谐一致的色块，给贵妇的形象带来了生命力与魅力。该作品1925年被圣彼得堡的苏瓦洛夫宫收藏。

113
变容圣像
石膏，蛋彩油画，椴木板镀金画
55.5cm × 43.5cm × 2.5cm

在这朴素而清晰的构图中有两部分是清晰可见的：山顶上，在耀眼的光芒的环绕下是赐福的耶稣，他手中拿着一卷书，先知以利亚穿着绿色的长袍，摩西穿着砖红色的长袍。画面下半部分是被这景象所震撼的使徒们；彼得跪着，约翰和雅各布被灯光晃花了眼睛。在蓝色的背景下鲜艳的绿色、红色、黄色、棕色和浅赭色显得十分突出，没有任何明显的绘画流派特征，但由于其艺术品质而成为冬宫博物馆收藏的最优秀的俄罗斯圣像之一。该作品1952年被O. 雷巴科娃收藏。

114
扎赖斯克的圣尼古拉斯圣像和生活场景
16世纪上半叶
石膏，蛋彩油画，椴木板镀金画
165cm × 115cm × 3cm

无数的诗歌、文学珍品、传说和故事都与圣尼古拉斯的名字有关。在这幅古俄罗斯圣像画中可以看到这位圣人不同的肖像类型。其中在扎赖斯克的圣尼古拉斯的圣像尤为著名。正如在一份4世纪的文献“扎赖斯克的圣尼古拉斯的故事”中讲述的那样，圣尼古拉斯被仆人尤斯塔斯从科尔逊带到扎赖斯克。在金灿灿的桌子边上，28幅圣人生活的场景相继出现。该作品1958年被冬宫收藏，来自人们对阿尔汉格尔斯克地区的奈克斯村圣三一教堂考察时的发现（1727年）。

115
神迹圣母和圣乔治屠龙
（双面行列圣像，背面：神迹圣母）
16世纪上半叶
石膏，蛋彩油画，椴木板镀金画
129cm × 46.5cm × 3cm

在15—16世纪的诺夫哥罗德画派中，圣子耶稣及神迹圣母这类肖像被广泛描绘。画面中，根据传统这位殉道者以骑在马上的神圣勇士的形象出现，同时用长矛攻击有翼的龙。这幅圣像没有描绘龙的藏身之地（洞穴或湖泊），加上圣母斗篷上典型的简单装饰，揭示了作品属于“北方学派”。该作品1957年被冬宫收藏，来自人们对阿尔汉格尔斯克地区的亚蒂纳村的主显乡村教堂考察时的发现（1793年）。

116

神迹圣母和圣乔治屠龙

（双面行列圣像，正面：圣乔治屠龙）

16世纪上半叶

石膏，蛋彩油画，椴木板镀金画

129cm×46.5cm×3cm（带手柄）

117

最后的审判

石膏，蛋彩油画，松木板镀金画

177cm × 120cm × 4cm

画中主题是“北方学派”一个罕见的例子，包括更多的灵感：基督被送到尘世来完成审判直到人们遭受地狱般的苦难。最后的审判将人置于不可避免的苦难面前，同时强化了信仰并在一种更高层面上的正义和上帝的仁爱中注入希望。由于这个原因，具有明亮鲜明的色彩的圣像留给观众一个光明、明朗的印象。该作品1957年被冬宫收藏，来自人们对阿尔汉格尔斯克地区的亚蒂纳村的代祷乡村教堂考察时的发现（1761年）。

最后的审判（局部）

118

季赫温圣母和庆典三联画

16世纪下半叶

蛋彩油画，板面镀金画

30.5cm × 24cm × 4.8cm

根据一个古老的习俗，这个在俄罗斯被命名为季赫温圣母的圣像是由《福音书》作者卢卡绘制的，最初放在耶路撒冷，后来到了君士坦丁堡。1383年，它出现在离季赫温不远的拉多加湖上，为了纪念这个奇观，当地建起了一座教堂，然后在1560年又建起了一座修道院，多亏这奇迹般的画面才使得修道院多次免于毁灭。在三联画的中央部分描绘了圣母，左侧是耶稣诞生图和圣母的安息，右侧是天使报喜和代祷。该作品1959年被莫斯科的N. 戈尔布诺娃收藏。

119

顿河圣母

蛋彩油画，杉木镀金画

32cm × 26cm × 2.5cm

这幅作品属于慈悲圣母的肖像类型，这种肖像类型在俄罗斯没有得到广泛传播。现存几个不同版本是通过一些细节来区分的，比如手、脚和交叉的手指的位置。画面中心部分描绘了与圣子耶稣在一起的圣母，绘制在顶部边缘的是创世六日，是由六个场景组成的“庆典”，指的是一周除星期六之外的六天。下方描绘的是圣徒佐西马和萨维季奇转身看向圣母的场景，画面底部是关于十八圣人的图像。边缘部分的创作可能要晚于中心部分。通过“庆典”的呈现、色彩的特性和构成，可以推断此画的作者是伏尔加地区的一位佚名艺术家。该作品1960年被A. 塞尔金纳德收藏。

17 世纪：卡拉瓦乔、鲁本斯、伦勃朗、普桑

米歇尔·皮尔特洛夫斯基

米开朗琪罗·梅里西认为卡拉瓦乔是17世纪初欧洲艺术界最伟大的创新者之一，人们可以在冬宫博物馆欣赏到他的杰作——《鲁特琴演奏者》。在这幅画里，即使笔触略显稚嫩，但已经反映了画家相当自由的生活状态，无论是他的作品的哲学和象征性成分，还是他独特的自然主义，都不受狭隘道德的限制。这位伟大的创作大师试图以极其忠诚的方式描绘自然和生活，有时是美丽的一面，但更多的时候是悲惨的一面。明暗对比的巧妙发挥更加强化了画面的戏剧性张力，所有这一切伴随着日常细节的再现显示出画家对事物原貌的高度尊重与精确重现。

卡拉瓦乔拥有许多拥戴者，其中最为典型的代表是卡拉齐兄弟创立的博洛尼亚学派，不过后者经常反对前者的观念。古典主义倾向于如阿尼巴尔·卡拉齐的《自画像》这种宏伟作品，这绝对不是学术性的创作，而是绘画领域中一幅不同寻常的画作。圭多·雷尼是一位受到现代评论家高度赞赏的大师，其作品具有特殊的感染力，这一特点在他的作品《少女时期的圣母》中得到了完美的体现。另一幅体现柔情的优秀作品是一件来自西班牙的创作，苏尔瓦兰笔下的《祈祷的年幼圣母》就挂在这件作品旁边，博物馆的展厅里还挂着以雄伟著名的《圣罗伦佐》。在西班牙画家中，我们能够欣赏到卡拉瓦乔式的悲剧色彩笔触，例如朱塞佩·德·里贝拉和贝拉斯克斯笔下的《围坐一桌的三个男人》中自然光线和阴暗笔触的体现。穆里罗的灵敏度有时被认为有些过度，甚至被人批判为有点狡猾，但与过去被评论家诋毁的许多其他大师一样，他的作品现在得以重新被审视。在冬宫博物馆，他的作品《孩子和狗》向大家展示出其迷人的一面，简单的独创性并不妨碍体现细节的深层符号化。除此以外，还有带有神秘色彩的《圣母无原罪》和伟大的《圣詹姆斯故事》，作品中描绘的《圣经》故事场景，体现着神秘主义和写实绘画语言的结合。

在17世纪的大师中，有两个真正的巨人，鲁本斯和荷兰的伦勃朗，两个人不同的艺术个性，体现了欧洲文化的两个不同方面，两种气质，两种绘画方法，他们以两种方式阐释了什么是艺术的美和惊艳。不仅如此，他们还代表了两个宗教世界。在伦勃朗的作品中透露出新教主义的风格，奢侈和美在《旧约》中都能得到回应，而鲁本斯的作品中则带有浓重的推崇天主教的色彩。正是通过鲁本斯的作品，人们可以理解天主教的审美在文艺复兴之后如何受到古老传统的影响，他们吸收了希腊和罗马遗产中最精彩的元素，表达了对生命的热爱和肉体的享乐与欲望。两位画家在创作中都有很多学生协助，其中一些学生也变得很有名，学生们追随大师的设计和创造方向，随后大师纠正或帮助学生实现了画作中最重要的部分，这些实践和创作氛围都源于当时的时代背景，当时艺术作品和个人作品的构思方式都与今天不同。有大量的杰作，其中教师和学生的贡献几乎不相上下，因此有时很难区分出这幅作品是出自哪一方之手。鲁本斯和伦勃朗都很有名，并且在社会上受到尊重，即使他们的成功之路并不是一帆风顺。在荷兰，伦勃朗长期以来一直被公认为是最杰出的画家之一，但早期他的大部分杰作都被外国收藏家收藏，一直到19世纪才为国人所接受并成为本国艺术的珍品。在20世纪，评论家认为鲁本斯在其作品中表达了一种放纵的态度，体现了过多的欲望，但很少体现哲学思想。幸运的是，社论已经改变，如今他的作品吸引了大批热情的游客观赏。

冬宫博物馆收藏了不少佛兰芒和荷兰画家的出色作品，如今这些绘画作品享有国际声誉。鲁本斯以其众多的人物绘画而著名，他通过一些小幅作品抒发出非常平和和抒情的情绪。在冬宫博物馆，鲜有作品可以与《伊莎贝拉幼时的女仆肖像》相提并论。乍一看这似乎是一幅简单的肖像，即使没有关于被描绘的女人的确切信息，但是其非凡的眼睛体现出人物不可思议的内心深度和内在动力，作品所具有的不是简单的线条之美，而是表达出了画家的内心情感。在观察了女仆的肖像之后，你可以去陈列伦勃朗作品的房间欣赏他笔下的两个女人的谦逊形象，特别是《巴特根·马尔滕斯的肖像》，深度在这幅作品中被真实简明地体现出来，并再次体现在另一幅作品中人物的微笑上——《镜中的乔瓦娜》。这就是不同画家在不同的女性形象中发现的共同品质并将其传递给我们的方式，每幅画都有他们自己的个人风格。

回到鲁本斯，他的一幅小画作《珀尔修斯和安德洛墨达》，是一幅充满慵懒宁静氛围的绘画作品，在英勇的拯救故事之后预示着爱的宁静，以及所有巴洛克式色彩丰富的人物和环境。在伦勃朗的《大卫和乔纳森的拥抱》中也可以找到丰富细致的描绘，例如对人物的长袍和武器的细节的描绘，作品中仍然是静止的元素占据主导，但根源来自人物相拥后体现出的静态画面。戏剧性的逃避、追求，不是为追求生存而是追求死亡的斗争，最终这一切会打破这片宁静。冬宫的鲁本斯系列藏品还以精选的小幅画而著称，画家的火热气质被“限制”在狭小的空间中，每一个细节都凸显出一种不同寻常的表现力。著名的《狩猎狮子（草图）》就是这类绘画的代表作，强调线条带来的冲击力，展现创作元素的强大动力，与其同名的最终成品图成了摩纳哥美术馆的镇馆之宝。

伟大的佛兰芒作品——《把耶稣从十字架上放下》是一个崇高的例子，体现了装饰元素和古代遗产如何和谐地融合成一幅神圣的画作，赋予新型祭坛画以生命，代表了天主教文化对严酷新教的最初回应。此外，冬宫内收藏了伦勃朗的类似作品可以与之相较，画中同样有备受折磨却仍在搏动的肉体，预示着精神的复活，前者戏剧感的营造是通过光效，而鲁本斯是通过色彩。这些相距不远的作品创造了一个全新的艺术与精神的空间，即文化空间，此间的相互交流便是一座博物馆存在的意义。

鲁本斯是一位深爱人体艺术的画家，即便如《巴克斯》这类作品看起来有些无礼。就《大地和水的结合》而言，这幅画在基督教和欧洲价值观的新背景下重新解释了古代理想。伦勃朗也对人体有着特殊的敏感性，他的作品中的人物跃然纸上，他的《达娜厄》在自然和情欲方面超越了鲁本斯的画作，比后者的华丽美女更令人不安，仿佛是同一枚硬币的两面，他的画作展示出人类情感的两面性。

《法利赛人西蒙的宴会》正如其他一些伟大的作品一样，一些细节是由鲁本斯的学生斯尼德斯和凡·戴克所绘。由凡·戴克创作的英国贵族庄严而富有戏剧性的肖像画，为我们的博物馆展示了英国革命的不安和那个冲突时代的景象。国王被判处死刑，签署判决的人、伟大的建筑师和贵族小女孩出现在同一个画面里，有些观众提出希望能将这些作品一起展出，以体现那个年代下大英帝国的风貌。所有这些并非巧合，因为这些创作不仅仅是为了再现一个消失的过往世界，而是为非凡的英国肖像画派奠定了真正的基石。至于斯尼德斯，他的著名作品《商店》系列，至今仍然保有新鲜的生命力，受欢迎程度不亚于其在17世纪时引起的轰动。看着他的画好像能感受到画家在品尝那些美味的食物，并邀请观赏者一起品尝。

伦勃朗的学生们将画作与生活融合在一起，使其成为一个真实的图像世界，这已经成为荷兰文化和民族特色的独特元素。他的学生中有很高级别的大师级画家，但却被艺术史所忽视，这也是由于他们的许多作品长期归功于伦勃朗，哪怕学生们所做的功劳被认可，但最终也以“工作室”的名义合作完成，并没有留下个人的名字。如今，人们重新评估这些艺术家们在这些艺术作品中所扮演的角色，公众正在逐渐欣赏他们的技能，这要归功于冬宫博物馆，它收藏了丰富多彩的不同层次的作品。我们在冬宫能看到代表荷兰艺术的作品，这些都是出了荷兰就再难以欣赏到的。不过可惜的是，冬宫还缺少维米尔的作品。但从另一方面来看，我们竭尽所能收集并向世人展示了荷兰小众画家的作品：泰尔博赫的《柠檬水杯》、彼得·德·霍赫的《女仆和主人》、波特的《系链条的狗》、扬·斯特恩的《闲人》、雅各布·凡·雷斯达尔的《海岸》等。在这些作品中，对日常生活和风俗场景的热爱一方面与象征主义相关联；另一方面与大自然各种各样的灵感相关，是忠诚恭敬的宗教情感的源泉。

这些荷兰画家的作品与那位伟大的法国天才普桑的绘画相距并不远，后者笔下的人物具有戏剧性的纪念价值。画家对物体的关注和所描绘的动人的喜悦能使画廊都活跃起来。普桑似乎建立了他的作品的三维模型，通过“指向”光线以获得所需的效果，画家将在意大利获得的灵感与庄严的法国人物形象结合在一起，对古典传统进行了新的诠释。冬宫博物馆曾经收藏了一些他的画作，但如今《约书亚与亚玛力人之战》和《波吕斐摩斯》都在莫斯科，《唐克雷蒂和艾尔米尼亚》以及许多其他画作还留在冬宫博物馆的大厅里，展现了画家将色彩和光线结合在一起的卓越能力。通过观察《把耶稣从十字架上放下》，我们可以看到色彩和光线的结合是如何给人以雕塑般的感受，这是绘画史上具有纪念意义的作品。

东方微缩画创作于距离欧洲很远的地方，即便如此这类艺术也能被欧洲的艺术家们充分理解，伦勃朗甚至仿制了一些包含东方元素的作品。印度和伊朗的作品的装饰之美体现了艺术家对细节的精益求精。在印度，注重细节的流派在莫卧儿王朝得到蓬勃发展，在冬宫博物馆也有一些卓越的代表性作品，起到决定性作用的装饰元素并没有使人物的睿智特征黯然失色，而是将华丽的装饰与整个人物的形态、构图相结合。在这些表面的平静中，蕴含着一种很大的力量，这或许就是这些画作表面的装饰细节带来的力量。

伟大的波斯画家里扎·阿巴斯的一幅画作——《草地上的早餐》充满了自然主义细节的宴会场景，这些细节描绘了各种角色的行为，而且这些人物的日常行为对日后史学家的研究很有帮助。但是该场景也必须被视为一个精彩而复杂的动态构图，其中的形象和细节变成简单的元素并带有地方特色，从而使这幅画表达出了穆斯林文化中描述的典型的神秘感。

与此同时，在俄罗斯，这份沉默的美丽正寻求新的形式来传达其深刻的宗教情感。在这一时期的当地绘画中，画家西蒙·乌沙科夫开启了他的创作道路。 在《喀山的上帝之母》中，他突出了简单而普遍的母性温柔，而艺术上重要的细节并没有改变其神圣性，而是赋予作品更新鲜的感觉。一方面，人物面部更加的自然，绘画装饰的自然主义消失，风格逐渐趋向于欧洲艺术；另一方面，装饰元素体现在精致的姿势等小细节上，以及来自东方不断蓬勃发展的艺术元素上。这种转变的过程涉及一般的共同性倾向，毕竟人类的文化从无限空间来看，从一个地方到另一个地方并非如此不同。

120
卡拉瓦乔
鲁特琴演奏者
约1595年
布面油画
94cm × 119cm

这幅可能由温琴佐·吉斯蒂尼尼辅助完成的作品，充分表达出卡拉瓦乔的绘画寓言的所有特点，充满了创新的想法。决定性的侧面光线和明确的阴影使人物和物体体积显得更为庞大，几乎可以使人感知其重量，年轻人的形象特征展现得尤为明显，我们可以从多种感官角度感受艺术和自然元素，欣赏静物的崇高，感知短暂的寓言故事的魅力。对这个主题最有说服力的解释是爱的寓言。该作品曾由德农带入罗马，后成为朱斯蒂尼亚尼的收藏品，1808年被冬宫收藏。

121
奥拉齐奥·真蒂莱斯基
爱神与塞姬
约1618年
布面油画
137cm × 160cm

作为罗马学院派的代表，奥拉齐奥·真蒂莱斯基受到了佛罗伦萨风格和卡拉瓦乔风格的影响。他活跃在罗马、热那亚和都灵，以及法国和英国的画坛。该画描绘了赛姬违反禁令，试图窥看其神秘配偶的神话故事，比例稍微拉长的人物形象让人想起了风格主义的画风，而背景的黑暗深度、姿势的张力和一些细节的具体性揭示了该作品与卡拉瓦乔绘画的接近程度。该作品1937年来自国家博物馆基金会。

122
弗朗西斯科·马耳他莎
静物画：东方地毯
1650—1680年
油画
97cm × 132cm

后人没有收集到有关这位画家的任何信息，但从他的姓氏来看，他出生在马耳他岛，他的作品主题包含静物、水果和乐器，冬宫收藏着两幅他的作品。带有东方地毯的静物画在17世纪非常流行。画中的静物具有戏剧化的美学色彩：珍贵的黄红蓝相间的地毯再现了令人难以置信的绘画逼真度，大褶皱展现出地毯的厚实，使人仿佛能感知到毯子的厚重，画家通过明亮的笔触使得浓密的羊毛质感跃然纸上。暗处的窗帘连同地毯的轻微磨损在光线作用下散发出细微迷人的魅力，暗指了生命的短暂。该作品约1774—1783年被冬宫收藏。

123
安尼巴尔·卡拉奇
自画像
1605年后
木板油画
42.5cm × 30cm

这是一位活跃在罗马和博洛尼亚的画家兼雕刻师，1582年，他与他的兄弟阿戈斯蒂诺以及堂兄卢多维科在博洛尼亚一起创立了启迪学院。这幅不同寻常的自画像是这位画家的最后一部作品，是一幅画中画：画架旁边是画布，在画面的黑暗空间里，画家通过超前的艺术手法画了这幅自画像，画中还有一只狗和一只猫。

通过薄薄的画布，我们可以看到画布后面的支架的结构，左边部分可以大致认出是另一幅正在绘画中的自画像，在画中，画家以更大的篇幅用透视法缩小的方式描绘了自己。该作品1772年被巴黎的克洛扎收藏。

124
安尼巴尔·卡拉奇
逃往埃及途中休息
约1604年
布面油画
直径23.4cm

这幅画是画家搬到罗马后，在他生命的最后一段时间创作的。画中《圣经》故事的背景具有特别重要的作用，这幅画也成为了此类古典主义作品中的范本。圆形的构图以及对称规律清楚地表明了画家构建和谐环境的愿望。该作品1772年被巴黎的克洛扎收藏。

125
圭尔奇诺
圣凯瑟琳的殉难
1653年
布面油画
222.5cm × 159cm

圭尔奇诺是博洛尼亚学术主义的主要代表人物。画家完成了师从卢多维科·卡拉奇的学徒生涯之后，在意大利各个城市担任画家和雕刻师。从1642年起，他开始在启迪学院执教。这件作品描述了圣女在奇迹般地躲过了车轮刑的折磨后，一名刽子手正准备砍下她的头；画中的天使在凯瑟琳的头上举着一个王冠（这是一个皇室出身的象征），另一只手拿着一个象征着殉难的棕榈树枝。这是画家最优秀的画作之一，其中的景观、人物造型、织物的渲染清晰地体现了其成熟的绘画方式。圭尔奇诺将其献给了费拉拉主教，但其实这幅画是由琴托市政府购买的。该作品1850年被荷兰国王威廉二世在海牙收藏。

126
圭多·雷尼
少女时期的圣母
1635—1640年
布面油画
146cm × 206.5cm

圭多既是画家也是雕刻师，年轻的时候曾在卡拉奇学院学习，1619年毕业后离开。这幅画可能是他去世时未完成的画作之一，它的特点是构图的绝对平衡，节奏上的朴素和谐，柔和的色调，充满崇高的理想化色彩，同时又具有某种悲观的情怀。该作品早年间被主教马扎里诺收藏，1772年被巴黎的克洛扎收藏。

127
卡洛·马拉塔
教皇克莱门特九世的肖像
1669年
布面油画
123cm × 170cm

作为一名罗马画家，马拉塔深受拉斐尔和博洛尼亚学派的影响，在肖像画中表现得特别明显。这幅作品由侯爵帕拉维奇尼委托制作，并成了梵蒂冈保存的画作之一。虽然画作仍然带有一定的理想化色彩，但它如实地描绘了教皇的外观，突出了构图的宁静和高贵的色彩。教皇克莱门特九世（1600—1669年）是一位伟大的学者，曾在比萨大学学习哲学和神学，同时也有文学天赋，并且创作了一些歌剧剧本。他于1667—1669年身居教皇之位。该作品1779年从沃波尔霍顿厅转移到冬宫。

128
弗朗西斯科·阿尔巴尼
欧洲劫
布面油画
170cm × 224cm

阿尔巴尼师从D. 卡尔维特和卡拉奇兄弟，之后陆续在博洛尼亚、罗马和佛罗伦萨创作、绘制宗教和古代主题的绘画和壁画。这幅画的主题取自奥维德的《变形记》，这是17世纪绘画的非凡灵感来源。这幅画让我们欣赏到博洛尼亚学派的装饰风格，倾向于将画面理想化和放大人物的特征，在画作表面展现动作的轻微戏剧性内涵，在色彩方面极具表现力。该作品1769年被德累斯顿的布鲁赫收藏，后转移至冬宫。

129
皮尔·弗朗西斯科·莫拉
雅各布和雷切尔的会面
约1658年
布面油画
72cm × 99cm

皮尔·弗朗西斯科·莫拉是罗马学院派的画家，他深受博洛尼亚学派和威尼斯文艺复兴时期大师的影响。画面中描绘了雅各布和美丽的瑞秋之间的第一次会面，瑞秋正带着教父拉巴诺的羊群喝水。整幅画作以一个迷人的景观为背景，这使观者能明显感受到画作受到乔尔乔内和提香的影响。该作品1772年被巴黎的克洛扎收藏。

130
乔万尼·碧利沃特
托比亚斯和天使
约17世纪前25年
布面油画
188.5cm × 144.5cm

碧利沃特是祖籍佛兰芒的意大利画家，主要在佛罗伦萨学习、生活和工作。这幅画展示了老盲人托比特的故事的最后一幕，托比特想要感谢天使治好了他的眼睛，但天使拒绝了托比特的礼物，并向他展示了自己天使的身份。作品的特点是人物的姿势极具戏剧性和感染力，以及用丰富的色彩突显出优雅，显示出画家精湛的技艺，例如，那些仿佛要溢出画布的丝绸，珍贵的皮毛，金色和闪亮的珍珠。该作品于1814年从朱赛平娜女王收藏品中被转移到冬宫。

131
卡洛·多尔奇
圣卡塔林纳
布面油画，转印自木板油画
115.5cm × 92cm

佛罗伦萨画家卡洛·多尔奇一生享有极好的生活，丰富的物质条件使得他可以学到卓越的绘画技术，在材料的再现、色彩的运用上都能得到很好的条件进行绘画创作。

画中的卡塔林纳·德·亚历山大拥有皇室血统，在其童年时期就显现出非凡的智慧，从而声名远播。这幅画作前景中的天使拥有一个齿轮，天使手中的花束由棕榈枝和许多白百合组成，象征着贞洁。该作品1814年被约瑟芬女王收藏。

132
米开朗琪罗·卡比托利欧
静物：葡萄
布面油画
98cm × 134cm

卡比托利欧是菲奥拉万蒂的学生，也是罗马绘制巴洛克式静物画作中的高等学府学子的出色代表。他的画笔触柔软细腻，以生动的色彩和强烈的明暗对比为特征。在景观背景下描绘丰裕的水果是他最喜欢的主题之一，装饰的表现力和实物的立体感在这个画布中相融合，充满了戏剧性又不乏情感的饱和度。该作品1779年和其他静物画一起从沃波尔霍顿厅转移到冬宫。

133
安东·玛利亚·瓦萨洛
赛勒斯国王的童年
1639—1648年
布面油画
74.5cm × 110cm

瓦萨洛是法国画家马洛的学生，他在家乡热那亚工作，专门研究田园风光。赛勒斯的故事由希罗多德讲述，对16世纪和17世纪的画家产生了强烈的吸引力。画面中，瓦萨洛描绘了牧羊人在森林中找到孩子的那一刻，幼小的赛勒斯正在吮吸着一只母狼的乳汁。雕像底座上的华丽斗篷、权杖和金色王冠，以及位于地面上的浅浮雕，揭示了赛勒斯的真正身份以及他的军事天赋。该作品1779年从沃波尔霍顿厅转移到冬宫。

134
贝尔纳尔多·斯特罗齐
在疗伤的托比特
约1635年
布面油画
158cm × 223.5cm

摩纳哥和热那亚共和国的港口工程师贝尔纳尔多·斯特罗齐是17世纪最杰出的意大利画家之一。这幅画是他致力于众所周知的主题的最佳作品：画面中，奇迹发生的那一刻，年轻的托比亚斯用在底格里斯河捕获的鱼的胆汁涂抹盲人父亲的眼睛。艺术家有力地呈现了每个角色的情绪：老人的焦虑期望，妻子的天真的希望，托比亚斯的专注以及天使的注意力，即使是那只多毛狗似乎也参与其中。斯特罗齐的绘画具有非常丰富和优雅的色彩，他运用了灰色、深绿色和白色，突出了明亮的红金色调，从而使这幅画显得更加精致。这幅画于1774年被收藏到冬宫。

135
多梅尼科·法蒂
男演员的肖像
约1623年
布面油画
105.5cm × 81cm

多梅尼科·法蒂在西戈利工作室接受过培训，并深受埃尔斯海默、鲁本斯和威尼斯文艺复兴时期绘画的影响，他在威尼斯、罗马和曼图亚的绘画界都很活跃，曾在斐迪南二世贡扎加的宫廷工作。人们对这幅肖像画的主人公有各种各样的猜想，其中最可能的一个猜测是特里斯塔诺·马蒂内利，他于1631年去世，曾是阿莱基诺的翻译。这幅画之前被主教马扎里诺收藏，1772年被巴黎的克洛扎收藏。

136
多梅尼科・法蒂
托比特的痊愈
约1620年
布面油画
66.7cm × 85cm

多梅尼科・法蒂的画作很多都是描绘《旧约》与《新约》之间存在的平行故事，类似的小幅作品通常被法蒂以很多不同手法创作。该作品以风格上的绝对细腻和色彩上的表现力为特色，揭示了威尼斯绘画对艺术家的影响。该作品约1767—1774年被冬宫收藏。

137
格雷克托
艾萨克和丽贝卡之间的会面
约1640年
布面油画
124cm × 175cm

热那亚学派的代表格雷克托，在法蒂、斯特罗齐和佛兰芒静物大师的影响下形成了自己的艺术风格。这幅画中描绘了仆人把他的妻子人选带到特定地点的场景。画家同时还描绘了许多动物，可以看出艺术家很善于处理此类主题。该作品约1774—1783年从巴黎转移到冬宫。

138
萨尔瓦多·罗莎
男人肖像
布面油画
52.5cm × 91.5cm

那不勒斯学校的画家和雕刻家萨尔瓦多·罗莎，同时也是诗人、演员和音乐家。他早期在里贝拉的工作室学习，后来成为阿涅洛·法尔科内的学生。他曾在那不勒斯、罗马和佛罗伦萨工作。传记作家菲利普·巴勒迪努齐认为这幅画是画家身穿喜剧人物佩斯卡耶洛的服装所作的自画像。这幅画曾被里奥帕多·美第奇收藏。该作品1779年从沃波尔霍顿厅转移到冬宫。

139
萨尔瓦多·罗莎
浪子
约1655年
布面油画
253.5cm × 201cm

17世纪的艺术经常受到道德主题的启发，画家们也常常使用浪子回头的题材。在图中，浪子是在极度羞愧的时刻被描绘的，他被迫作为牧民工作并吃掉动物的食物残骸；黑山羊、巨大的牛和黑色公猪似乎是邪恶力量的化身，围绕在年轻人身边；天空中出现了一丝光亮，这缕微光似乎融入了他的灵魂，他从中悔改，决定回家。该作品1779年从沃波尔霍顿厅转移到冬宫。

140
卢卡·吉奥达诺
哀悼死去的基督
约1670—1675年
布面油画
155cm × 182cm

这位那不勒斯画家师从胡塞佩·德·里贝拉，深受16世纪彼得罗·达·科尔托纳和威尼斯大师的影响。他陆续在意大利和西班牙工作，在西班牙时他被任命为查尔斯二世的宫廷画家。在他的职业生涯中，他画了大约2000幅画作，配得上他的绰号“快手卢卡”。《哀悼死去的基督》是他青年时期最好的作品之一：较暗的色彩运用，明暗对比的重复以及人体类型的选择都体现了其深受里贝拉的影响；构图上，巨大宏伟的人物像占满了作品的所有空间，每个人物像都表达了一种特定的情绪。耶稣被钉在十字架上的三个钉子被描绘在右边的前景中，可能与委托绘画的耶稣会的会徽有关。该作品1810年由德农推荐给冬宫。

141
弗朗西斯科·索利梅纳
王国的寓言
1690年
布面油画
104cm × 76cm

那不勒斯学校的画家和建筑师索利梅纳，在他父亲和瓜里诺的工作室接受过培训，画风深受普雷蒂和吉奥达诺的影响。

这幅画受法国宫廷的主教瓜尔蒂耶里委托，是献给路易十四的赠礼。这幅画在斯特罗加诺夫伯爵购买之后，明显地被重新修缮，再现了凯瑟琳二世的风貌。该作品1930年从斯特罗加诺夫宫转移到冬宫。

142
卢卡·吉奥达诺
拉皮斯人与半人马之战
1688年
布面油画
255cm × 390cm

这是巴洛克绘画风格的一个很好的范本，吉奥达诺的灵感来自奥维德在《变形记》中讲述的关于拉皮斯人的故事。拉皮斯人曾邀请半人马参加国王皮里西斯的婚礼。在婚礼宴会期间，半人马试图绑架新娘希波达米亚和她的女仆，并开始发生冲突，由于众神的干预，拉皮斯人获得了胜利。画家描绘了一个广阔的景观，画面中是一群战士，他们挥舞着强大的武器试图救下希波达米亚，英雄忒修斯则主动迎战绑架者。这幅画由金斯顿伯爵委托画家所作。公爵的妻子是著名的冒险家，在凯瑟琳二世在位时期前往俄罗斯，并将这幅画和其他的一些收藏都带在身边。之后他们从圣彼得堡再次出发，为了偿还债务，他们将这幅画和其他三幅画卖给了伯尔尼耶夫伯爵。1930年这幅画从圣彼得堡的斯特罗加诺夫宫转移到冬宫。

卢卡·吉奥达诺

拉皮斯人与半人马之战（局部）

143
胡塞佩·德·里贝拉
圣奥诺弗里奥
1637年
布面油画
130cm × 104cm

传说中，圣奥诺弗里奥放弃了王冠，在一个山洞里隐居了60年。像巴洛克时代的许多画家一样，里贝拉的创作的吸引力不在于和谐的画面，而在于强烈的表现力和卡拉瓦乔式的风格。他选择了神圣主题作为绘画的原型，将其描绘成真实的样子，《圣奥诺弗里奥》就是其中一个例子，充满活力的笔触和温暖的色彩以及整体银色的色调占据画面的主导地位，人物的崇高精神战胜了肉体的脆弱。该作品在1859年之前被收藏到冬宫。

144
胡塞佩·德·里贝拉
圣吉罗拉莫听到审判号角
1626年
布面油画
185cm × 133cm

里贝拉出生于瓦伦西亚，一生大部分时间都在罗马和那不勒斯（当时受西班牙统治），在那里他是总督的宫廷画家。然而，他的艺术不能被定义为宫廷画，事实上里贝拉受到卡拉瓦乔的影响极大，这一点在这幅画中也清晰可见。根据传说，圣吉罗拉莫可以听到天使小号宣布最后审判的声音，画中灯光和阴影有着强烈的卡拉瓦乔式的对比效果，为视觉场景注入了戏剧性的特征，将画面场景作为一个真实的事件呈现给旁观者。一切都是合理而必要的，画面里禁欲主义的形象如此惊人，却不失其精神力量，就像天使在大力吹奏小号，人物的形象和精神层面都被表现出来了。在吉罗拉莫的腿旁边是一只被圣人刺伤爪子的狮子。该作品1831年被冬宫收藏。

145
胡安-包蒂斯塔·马伊诺
牧羊人的崇拜
约1613年
布面油画
143.5cm × 100.5cm

这位画家在意大利度过了他的青春时光，之后搬到了托莱多，并在1614年成为菲利普四世孩童时期的绘画老师。这幅画的历史可以追溯到托莱多时期，其中卡拉瓦乔式传统场景的风格特征、人物的外貌、物体的实质感和立体感互相融合。颜色使用的魅力体现在从云层漏出的光线、远处的景观、玛利亚身后老人的头部，清楚地表明这是画家作品成熟的标志。该作品1814年被阿姆斯特丹的克斯维尔特收藏。

146
安东尼奥·德·佩雷达
静物
1652年
布面油画
80cm × 94cm

画家作为马德里学院的重要代表深受委拉斯开兹的影响。他的绘画作品主要是以历史和神圣为主题，他的静物画使其一举成名。画面中，各种物品的布置方式使我们能够从独特的西班牙形式和装饰角度来欣赏它们。即使是常见的静物，也带有隐藏的含义：破碎的杯子和破旧的水壶等细节体现了时间的流逝，一切都是暂时的。除了西班牙的物件，劝世的主题也在静物中反复出现。该作品1815年被阿姆斯特丹的克斯维尔特收藏。

147
弗朗西斯科·德·苏尔瓦兰
圣罗伦佐
1636年
布面油画
292cm × 225cm

苏尔瓦兰是17世纪上半叶伟大的西班牙画家，他的作品以纪念性、史诗般的特色和巨大的情感张力而著称。这幅画在艺术家还活着的时候已经非常著名，它是一幅祭坛画，描绘的是塞维利亚的圣何塞修道院中最重大的一次祭祀事件。画面中，在严肃氛围的背景下，罗马教堂的一个执事站出来以身殉职，他脸部的表情充分表现出人物的热忱和内心的深层感受。基督教烈士的英雄形象升华为对人类坚强和勇气的崇高纪念。该作品1852年被巴黎的索尔特将军收藏，之后被冬宫收藏。

148
弗朗西斯科·德·苏尔瓦兰
祈祷的年幼圣母
约1658年
布面油画
73.5cm × 53.5cm

画中的小玛利亚的形象非常温婉，但没有丝毫的多愁善感。她的衣领上有典型的西班牙装饰图案，显得非常朴实，同时又不乏权威性。

所有这些都构成了苏尔瓦兰的绘画特色，以简单的立体形式将艺术语言的简洁、色彩的愉悦和感官上的真诚相互连贯，使人着迷。该作品1814年被阿姆斯特丹的克斯维尔特收藏。

149
迭戈·贝拉斯克斯
围坐一桌的三个男人
约1617年
布面油画
108.5cm × 102cm

这位西班牙黄金时代最伟大的画家在创作这幅画时还不到20岁。描绘"bodega"（小酒馆）的风俗画，在其早期作品中经常出现。画中三个人物衣服上的皱领和帽子都是旧的，显然并不富裕，但这并不妨碍他们获得乐趣，同时保持强烈的尊严感。在这幅画中点缀着一些非常逼真的静物，使人们感受到庄严，静物的选择如面包、葡萄酒、石榴、鱼，让人联想到共融的象征意义。该作品在1774年前被收藏到冬宫。

150
迭戈·贝拉斯克斯
奥利瓦雷斯伯爵的肖像
1638年
布面油画
67cm × 54.5cm

这幅肖像是在菲利普四世时期的马德里的宫廷中所作，这幅画和官方绘画中的人物惊人的相似，高度还原了人物的本来面貌。画中人物复杂的喜好被坚毅冷漠的外表所掩盖，显得不可捉摸，这些特征在绘画的构图和风格上得到充分的展现。然而，多亏了画家真实生活中对男性形象的了解，在这幅画所包含的颜色上仔细分析会发现细微的差别。画中对人物特征的敏锐观察及笔法的流畅度，使得这幅肖像画成为贝拉斯克斯的名作之一。他的作品与19世纪的画作有相似之处，激发了戈雅、马奈、苏里科夫等许多艺术家的热情。该作品1814年被阿姆斯特丹的克斯维尔特收藏。

151
安东尼奥·普加
磨刀工人
1635年
布面油画
120cm × 160cm

这位画家的作品鲜为人知。他的作品展示了其绘画能力和性格特征，即使在日常生活的场景中，他也能捕捉到生活中的重要元素，这就是为什么他的作品在场景描绘中能有巨大特色。靠近磨刀工具的男人们全副武装，而画中的女性形象很可能在戈雅著名的英雄爱国者蚀刻版画系列作品中也出现过。这幅画堪称普加的代表作品。该作品1815年被阿姆斯特丹的克斯维尔特收藏。

152
巴托洛梅·埃斯特班·穆里罗
孩子和狗
约1655—1660年
布面油画
70cm × 60cm

西班牙黄金时代的最后一位大师——穆里罗，他的作品主题与塞维利亚有关。这位画家十分活跃，在这幅画中他描绘了一个衣衫褴褛的贫穷孩子的风俗画面。这幅作品至今仍然吸引着大众的目光，因为它充满感情，能引发观众的共鸣，并使人联想起16世纪的流浪汉小说或塞万提斯小说中轻松自豪的孩子们的形象。

以风景为背景使场景更加生动，由棕色和银色主导的相当暗淡的色调是画家早期的典型绘画风格，被称为“冷色调”作品。该作品1772年被戈利岑王子从巴黎的舒瓦瑟尔手中买下，之后被收藏到冬宫。

153
巴托洛梅·埃斯特班·穆里罗
逃往埃及途中休息
约1665年
布面油画
136.5cm × 179.5cm

这幅画创作于穆里罗的“暖色调作品”时期，以浓密生动的色彩和柔和的轮廓为特色，整个场景透露出一种宁静。即使在专注于神圣主题的作品中，孩子们的形象也占据了一个显著的位置。画中安静睡着的婴儿耶稣和好奇的小天使，他们的表情是抒情的，揭示了画家对儿童心理的微妙理解。然而，除了构图的特征，这幅画还包含了17世纪典型的象征——当时睡眠被认为是死亡的预示，从小耶稣的姿态判断，玛利亚已经知道等待儿子的命运是什么。这幅画1769年被巴黎的盖尔纳收藏，之后被冬宫收藏。

154
巴托洛梅·埃斯特班·穆里罗
以撒祝福雅各布
约1660—1665年
布面油画
245cm × 357.5cm

作为穆里罗最重要的作品之一，这幅画描绘了雅各布生活的一个以《旧约》故事为主题的场景。在母亲丽贝卡的帮助下，以撒的小儿子欺骗他的盲人父亲以取代他哥哥的位置，并得到父亲的祝福。西班牙绘画中的静物经常是一些生活中常见的物品，整个景观与画面里非常薄的银色色调交织在一起，并以轻盈流畅的笔触定义了整幅画的情感基调。众所周知，这幅画是在维拉墨里奇侯爵家外展出的，侯爵是当地美术学院的创始人，穆里罗曾是该学院的第一任院长。之后，这幅画被俄国大使购买下来并收藏在巴黎，1811年被冬宫收藏。

155
巴托洛梅·埃斯特班·穆里罗
解放圣彼得
约1667年
布面油画
238cm × 260cm

这幅画是穆里罗在1667—1672年为塞维利亚医院的教堂所创作的，画家在妻子去世后加入这项工作中。这个时期的每幅画都描绘了《福音书》中提到的已知的慈善行为，作品的主题灵感来自马太福音中的“我在狱中，我来看你”，穆里罗选择了使徒彼得的解放的题材。动态的构图，人物复杂的目光，监狱的黑暗与天使的光芒之间强烈的对比，使这幅画成为西班牙巴洛克风格最辉煌的典范之一。这幅作品被苏尔特将军收藏在巴黎，1825年被冬宫收藏。

156
巴托洛梅·埃斯特班·穆里罗
圣母无原罪
约1680年
布面油画
195.6cm × 145cm

画中的主题反复激发着这位艺术家的灵感：西班牙的守护神——圣母，被认为是纯洁不可侵犯的象征，而在穆里罗的晚期作品中，圣母的形象变得越来越理想化，越来越优雅。

虽然在主题的处理方面表现出一定的自由度，但画家仍然遵循着传统规范：圣母无原罪的女性形象要“在其12或13岁花一样的年纪”，这个人物肖像特征使得画家放弃了传统上经常用的“圣母升天”这一名称。画家最后写道：“在空中的光彩中，在透明的阴影中悸动诗意的生活。”这幅作品在1778年被沃波尔霍顿厅收藏，之后被冬宫收藏。

巴托洛梅·埃斯特班·穆里罗
圣母无原罪(局部)

巴托洛梅·埃斯特班·穆里罗
圣母无原罪（局部）

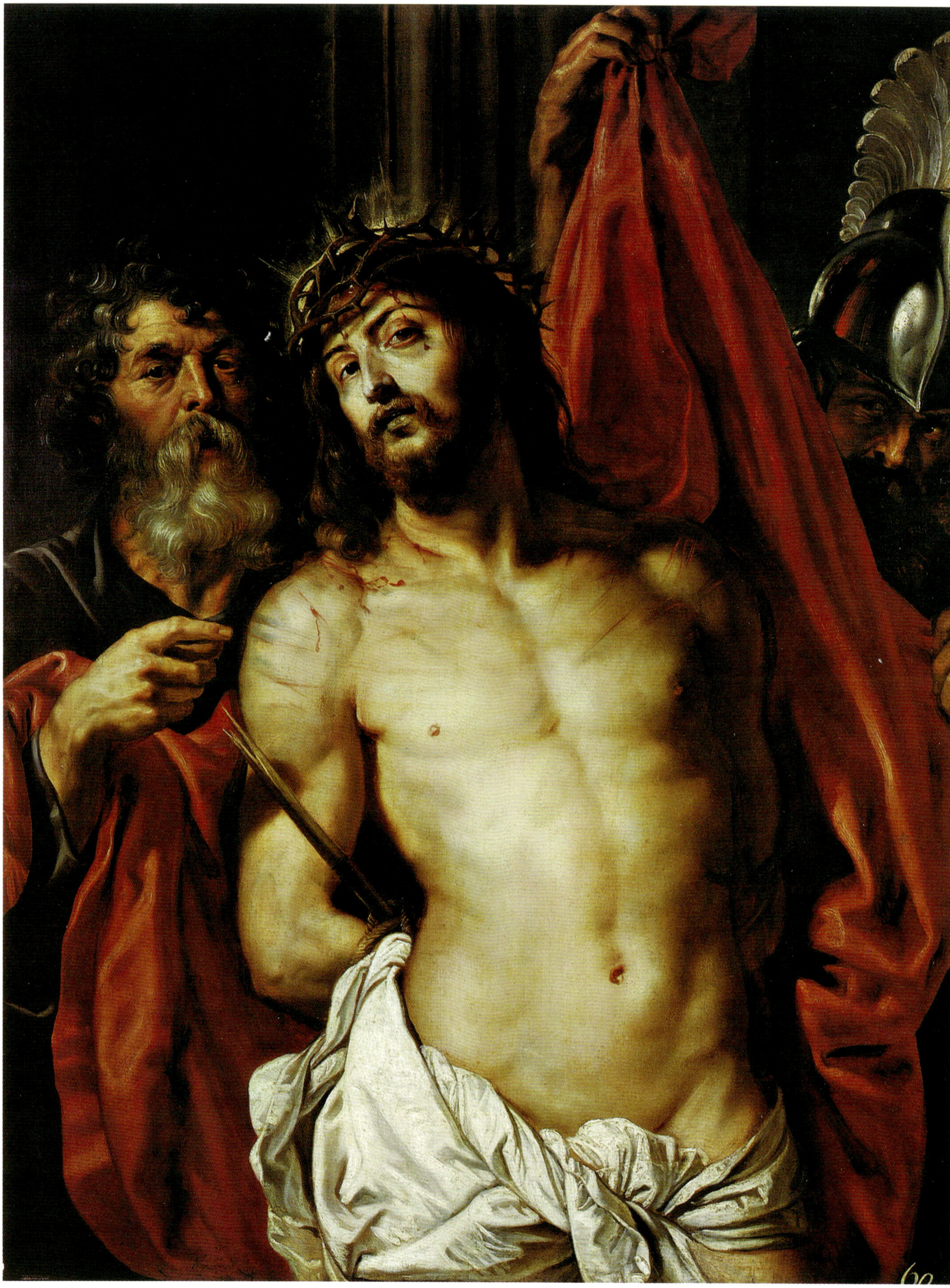

157
彼得·保罗·鲁本斯
耶稣用荆棘加冕
约1612年
木板油画
125.7cm × 96.5cm

冬宫收藏了鲁本斯各个阶段的绘画作品，鲁本斯是一位杰出的佛兰芒画家。这幅画作于其第一个“古典主义”时期（1611—1615年）。鲁本斯从意大利返回家乡后的8年里，研究了辉煌的标本绘画和古代雕塑，并从中寻找属于自己的纪念性风格。艺术家被英雄主义和坚韧表现以及人体的美丽所吸引。画家坚持必须拥有自己的思想，以便在半人马古代雕像的姿势中看到他将来绘画里的人物原型。画中的耶稣用荆棘加冕，被羞辱但没有被征服。该作品1922年被圣彼得堡的美术学院收藏，之后被冬宫收藏。

158
彼得·保罗·鲁本斯
夏甲离开了亚伯拉罕的家
1615—1617年
布面油画
62.8cm × 76cm

它是鲁本斯遗产中的瑰宝之一，也是“室内画”形式的最佳画作之一，由作者为自己所绘制，并受到后世专家的特别赞赏。鲁本斯在其一封信中提到了这幅画：“这个主题实际上是原始的真谛，可以说，既不是世俗的也不是宗教性质的（虽然故事取自《圣经》）。”画家在这幅画中揭示了自己作为人类心理学微妙鉴赏家的描绘能力，画面上每个人物和复杂的相互关系都得到了精确而富有表现力的表现：夏甲充满骄傲，萨拉愤愤不平，亚伯拉罕对所发生的事情感到不安。白色背景层上点缀着明亮的颜色，除此以外再微妙地画出天空的颜色；风景赋予了整个场景以高贵感，也明显体现出其“高大”的主题。该作品1772年被巴黎的克洛扎收藏。

159
彼得·保罗·鲁本斯
谷神雕像
约1615年
木板油画
90.23cm × 65.5cm

在罗马逗留期间，鲁本斯根据古老的雕塑描绘出生育女神的形象，但在画中他拒绝完全复制雕塑里的形象。画中人物手的姿势实际上与现实雕塑略有不同，画中的雕塑仿佛有了生命力一般鲜活。尽管如此，大理石令人目眩的白色让人联想到这位女人是位不染尘世的人物，最重要的是，把她与那些热情洋溢、自然多汁、温暖丰满的形象联系在一起，画家通过画作向这位在他心中的古老之神致敬。对于鲁本斯而言，创作这幅作品似乎没有任何技术上的困难，他在很小的时候就被艺术界称为“绘画之神”，并非浪得虚名。该作品1768年被布鲁塞尔的寇本枝收藏，之后被冬宫收藏。

160
彼得·保罗·鲁本斯
把耶稣从十字架上放下
约1618年
布面油画
297cm×200cm

这幅纪念画由画家在比利时列日的圣芳济教会修道院的工作室创作完成，是1611—1614年为安特卫普大教堂所作的著名祭坛画的另一种表现形式。佛兰芒巴洛克绘画的基本原则，已经在这幅画中获得了完整的体现。把耶稣从十字架上放下的场景并没有表现出宗教的升华，而是充满戏剧性和可悲性，仿佛一首英勇死亡的赞美诗。强烈的色彩笔触加强了画面的张力，显示出人物形象的庄严感。该画作1815年从马尔梅松的朱塞平娜女王收藏品中纳入冬宫。

161
彼得·保罗·鲁本斯
大地和水的结合
约1618年
布面油画
225.5cm × 180.5cm

这部作品反映了画家对民生的关心，事实上两个元素之间联合的主题多年来常被提及。当时荷兰与法兰德斯之间的休战即将结束，但斯海尔德河在荷兰的河口被封锁，对这个国家来说这无疑又是一个新的威胁。这位佛兰芒画家成为呼吁国家和平与繁荣的希望的代言人：画中的地球女神泰拉是佛兰德斯的化身，是一个充满希望的女孩，在海浪的巨大号角声中，与斯海尔德河之神联盟。历史和寓言、生活和传说、人性和自然在这里构成了一个不可分割的整体。题材的严肃性、自然力的提升在精彩的动态场景和发光色调的纯净中得到了精彩诠释。该作品约1798—1800年被收藏在罗马，之后被冬宫收藏。

162
彼得·保罗·鲁本斯
狩猎狮子（草图）
约1621年
木板油画
43cm × 64cm

鲁本斯的这幅草图是17世纪绘画史上一个单独的作品，在点缀和勾勒出的颜色轮廓中艺术形象被完整地显示出来，绘画主题经过了精心的设计，例如狮子的眼睛就是生动的细节体现。巴洛克艺术中始终存在动态场景，狮子狩猎的场景，人与动物之间的致命斗争，恰好与1615—1620年鲁本斯创作的中心主题相吻合，从肉体或精神角度展现出人类的巨大力量。“在激烈的战斗中有机地反映了鲁本斯的笔触”，是当代评论家对鲁本斯的绘画方式的评价。该作品1772年被巴黎的克洛扎收藏。

彼得·保罗·鲁本斯

法利赛人西蒙的宴会（局部）

163
彼得・保罗・鲁本斯
法利赛人西蒙的宴会
1618—1620年
布面油画
189cm×254.5cm

众所周知，鲁本斯在他学生的帮助下完成了一些纪念性作品的委托，但值得注意的是，画家和工作室之间的关系是特殊的，有些情况下，工作室成员需要共同完成一件作品。鲁本斯本人将作品中要表达的情感和画家本身的热情相结合，这些情绪在《法利赛人西蒙的宴会》上成为重点，这场宴会上耶稣意图宽恕罪人。作品的后续工作由画家的学生完成，其中包括斯尼德斯和凡・戴克等。他的学生对耶稣右边使徒的面孔进行了进一步描绘，然后鲁本斯在这幅画上用“过去”的绘画方式完成了作品。这幅作品在1779年被沃波尔霍顿厅收藏，之后被冬宫收藏。

164
彼得·保罗·鲁本斯
运输石头
约1620年
布面油画
86cm×126.5cm

作为一个出色的景观主义者，鲁本斯在17世纪20年代才开始致力于这一类型的画作。这幅画作与同一年制作的纪念画布一样充满英雄主义色彩。在弯曲的树木和成堆的岩石中，大自然散发出一种神秘的力量。在同一框架中聚集夜晚和白昼，暗示着时间的永恒，生命的流动。这幅作品在1779年被沃波尔霍顿厅收藏，之后被冬宫收藏。

165
彼得·保罗·鲁本斯
彩虹风景画
约1635年
布面油画
86cm × 30cm

17世纪30年代，鲁本斯的创作到达了巅峰状态，他为自己画了很多作品，并经常在风景中表达自己对世界的看法。画面中，一场史诗般的壮丽景色，从绿色的山丘一直延伸到无限的远方，肥沃的山谷村庄，放牧的羊群，牧羊人在休息。自然和人类完美和谐，整个画面的景象引人入胜。面对造物主的创造之美，使人感觉充满了宁静和幸福。该作品在1769年被德累斯顿的布鲁赫收藏，之后被冬宫收藏。

166
彼得·保罗·鲁本斯
珀尔修斯和安德洛墨达
1622年
布面油画
99.5cm × 139cm

画面中，宙斯和达娜厄的儿子珀尔修斯，将埃塞俄比亚公主安德洛墨达从怪物手中解救出来。这幅画的真正主题不是与怪物的斗争，而是赞扬英雄的胜利、人类的高贵。这个主题多次出现在鲁本斯的作品中，笔触轻盈，是他的创作中无法被超越的一幅杰作。该作品1769年被德累斯顿的布鲁赫收藏，之后被冬宫收藏。

彼得·保罗·鲁本斯
珀尔修斯和安德洛墨达（局部）

167
彼得·保罗·鲁本斯
玛丽亚·德·美第奇的加冕（草图）
1622年
木板油画
49cm × 63cm

在冬宫，收藏了许多鲁本斯在创作高峰期时画下的著名画作的草图，例如玛丽亚·德·美第奇的生活故事，由这位女王先后委托巴黎的卢森堡宫和罗浮宫绘制。与绘制皇室人物被大量寓言人物包围的其他作品不同，加冕画以极高的精确度再现了1610年5月13日在圣丹尼斯大教堂发生的历史事件。在草图中我们也可以辨认出各种角色，即使只是一瞥。站在接受加冕的女王旁边的是路易十三，他当时还是一个小男孩。最后，在凉廊里，我们还可以看到亨利四世。这幅画以精致的色彩，用快速而轻盈但精确的笔触描绘出来，具有巨大的个性，可以说是精彩绝伦的作品。该作品在1774年前被收藏到冬宫。

168
彼得·保罗·鲁本斯
伊莎贝拉幼时的女仆肖像
约1625年
木板油画
64cm × 48cm

在鲁本斯的肖像画中，这幅画占有着重要地位。画面以沉闷的色调为主，画中人物具有一双绿色迷人的眼睛，凝视着前方，极具灵性，向观众传达着她的灵魂思想，但由于规矩的束缚她只能通过细小的微妙动作保持着隐忍的姿态。画家旋转的画笔在这里绘制成精致的肖像。女仆的特征类似鲁本斯的女儿克拉拉塞丽娜的肖像，后者在1624年去世，年仅12岁。这幅画以此头衔来命名的原因，可追溯到在维也纳阿尔贝蒂娜画廊所保存的预备画上的那个不知名的手写题词。该作品1772年被巴黎的克洛扎收藏。

彼得·保罗·鲁本斯
巴克斯（局部）

169
彼得・保罗・鲁本斯
巴克斯
1636—1640年
布面油画
191cm × 161.3cm

作为鲁本斯最重要的作品之一，这幅画可以追溯到他创作生涯的后期阶段。对肥胖的酒神的裸体的塑造既有一些挑衅，同时又不乏宏伟的气势，当然，古代的其他元素在这里没有留下任何痕迹。巴克斯松弛的状态和他丑陋的一面都展现在这幅画中，但酒神的形象足以使这幅画创造奇迹，微妙的色调使人感受到画面人物的生动性，同时这幅画还运用了光线原理。在鲁本斯的风景画中，人们的目光不自觉地就会被满是水果的树木所吸引，最重要的是整幅画的中心人物，他是自然原始力量的产物，是地球元素的神化。该作品1772年被巴黎的克洛扎收藏。

170
彼得·保罗·鲁本斯
水星消失（草图）
年代
木板油画
76cm × 79cm

这是在荷兰新任西班牙总督上任之际，在安特卫普建造的凯旋门和门廊装饰的最佳预备草图之一。鲁本斯在画中使用的寓言对于他的同时代人来说是可以理解的，画中的斯海尔德河神睡着了，而商业保护者水星则放弃了安特卫普。通过这幅素描可以欣赏到这位画家绘制的装饰建筑的结构，他在审美上的天赋使得其作品充满内涵，并汇集了艺术的力量，这也成为鲁本斯经典的作品之一。该作品在1779年被沃波尔霍顿厅收藏，之后被冬宫收藏。

171
安东尼·凡·戴克
圣彼得
1617—1618年
木板油画
63.2cm×51.7cm

这幅画可以追溯到画家与鲁本斯研讨合作的早期阶段，与其后期作品有很大的不同。对使徒的描绘（一个在16世纪末和17世纪初开始流行的主题）之前也使凡·戴克感兴趣，他看到了研究个人特征的可能性。他以肖像为绘画基础，特别是在根据现实人物预备草图时更是如此。旧的粗糙和巨大的形象体现出鲁本斯式的纪念性手法的印记，但它缺乏鲁本斯的典型人物的英雄化特征；凡·戴克关注人类的精神世界，他流动和自由的风格与鲁本斯不同，这一点从其对人物双手富有表现力的处理中可见一斑。该作品约1763—1774年被收藏到冬宫。

172
安东尼·凡·戴克
自画像
1622—1623年
布面油画
116.5cm×93.5cm

冬宫馆藏的珍品中，凡·戴克的这幅自画像可能是其在17世纪20年代于意大利逗留期间画的。正如同时代人所定义的那样，它使这位“被命运亲吻”的画家的外表和原始本质的优雅体现在画里。微笑中几乎不可察觉地包含着细微的讽刺，从其双手纤细柔软的指尖，欧洲贵族们仿佛看到了他们神向往之的来自美丽世界的骑士。在绘画技术上，这幅画作成功展示了画家精致细腻的技艺，他的风格快速发展并走向成熟。在这幅精美的画作中可以看出，他保持了在之前工作室时的新鲜感，并从简单的色彩——白色、黑色、灰色的结合中汲取丰富的图案效果。该作品1772年被巴黎的克洛扎收藏。

173
安东尼·凡·戴克
逃往埃及途中休息
约1630年
布面油画
215cm × 285.5cm

这位佛兰芒大师从意大利返回时绘制了这幅大油画，可能是为安特卫普大教堂的圣母教堂所画，画中有意大利经典的元素，正如玛利亚的形象被证明和提香笔下的马多纳斯类似。偶然的对角线构图，大部分被小天使围成的圆圈所占据，婴儿时期的耶稣好奇地看着，一种柔和的摇摆节奏穿过整幅画面。充满自发性的幼儿画像赋予宗教绘画细微差别，与这个时代的所有类似作品一样，这幅画也富含象征性元素。画中央突出的向日葵暗示了尘世事件与神圣天意之间的联系，而点缀着水果的苹果树象征着恢复的天堂般的和谐。最终，因为圣母玛利亚清除了世界所有的罪恶，罪恶耻辱都消散掉了。该作品在1779年被沃波尔霍顿厅收藏，之后被冬宫收藏。

174
安东尼·凡·戴克
托马斯·沃顿爵士的肖像
约1635—1640年
布面油画
217cm × 128.5cm

冬宫收藏的凡·戴克的后期代表作品中有一些大型的官方肖像画。画中的托马斯·沃顿爵士是法院贵族的代表，菲利普勋爵的弟弟。作品并不强调主人公的精神品质，因为重要的是他们的社会角色，他们所属的特权环境。这位佛兰芒绘画大师熟知这种类型的特殊性，创造了一种肖像画风格，并成为整个欧洲的典范：作品的庄严感，背景和配饰的严肃华丽，人物的姿势和贵族的优雅相结合。该作品在1779年被沃波尔霍顿厅收藏，之后被冬宫收藏。

175
安东尼·凡·戴克
亨利·丹弗斯·丹比伯爵的肖像
约1638—1640年
布面油画
223cm × 130.6cm

凡·戴克的英国肖像画是17世纪欧洲艺术中最优雅的作品之一。在每幅肖像画中，画家都能实现色彩和绘画的惊人效果，但装饰元素从不掩盖主人公的光芒，甚至当这些贵族将肖像画作为官方画时，凡·戴克笔下的贵族仍然保持着真实面貌和个人特征。画中饱含着这位绘画大师艺术的秘密。

画家在这幅画中再现了亨利·丹弗斯·丹比伯爵的方脸，他是秘密委员会成员和著名的武将，在他的太阳穴上显现着伤口的疤痕，伯爵穿着骑士服装，佩戴着最高荣誉勋章，国王查尔斯一世也同样授予这幅画的画家这份荣誉，来表达对画家才华横溢的欣赏与肯定。这幅作品在1779年被沃波尔霍顿厅收藏，之后被冬宫收藏。

daughters of Philip
Lord Elizabeth his
1640 age

176
安东尼・凡・戴克
斐乐德飞亚·沃顿和伊丽莎白·沃顿的肖像
约1635—1640年
布面油画
162cm × 130cm

凡・戴克的才华在描绘儿童肖像这项艰巨任务中得以体现。在画家生命的最后几年所创作的这幅沃顿姐妹的肖像画，很符合贵族的肖像画要求，采用垂直格式的画布，背景华丽，突出"大"的特点。实际上这幅画可能是在助手帮助下一起完成的。这位艺术家坚定的笔法呈现出真实的佛兰芒现实主义，没有多愁善感的情绪，缺乏温柔感，但具有情感交流的体现，充满激情。人物红扑扑的脸庞，以及女孩扮演成女士的恶作剧，都使整幅画魅力四射。该作品在1779年被沃波尔霍顿厅收藏，之后被冬宫收藏。

177
安东尼・凡・戴克
宫廷侍女安娜·达尔基特和安娜·科克的肖像
约1638—1640年
布面油画
131.5cm × 150.6cm

这幅画作是画家晚年时创作的，以罕见的丰富色彩和几乎跃然纸上的讽刺感而著称。整体优雅的色调上，点缀着明亮多彩的色块，两个女性形象显得很迟钝，傲慢冷酷的面孔上能看出对主人的忠诚，整幅画忠于现实，显得冷漠无情。画家在他生命的最后几年，绘画技艺到达了一个新高度，在获得英国贵族的青睐以后，画家获得了巨大成功，同时也收获了大笔财富。此时伟大的凡・戴克能够克服人物肖像的限制和肖像画普遍的规则所带来的束缚，在他的画里融入自己的判断与想法。该作品在1779年被沃波尔霍顿厅收藏，之后被冬宫收藏。

178
安东尼·凡·戴克
托马斯·查罗纳爵士的肖像
约1638—1640年
布面油画
122cm×93.5cm

在英国革命期间，托马斯·查罗纳爵士是签署查理一世国王死刑判决的法官之一。画家自然无法预见到人物角色的命运，但他知道如何用他习惯性的机智和技巧来表达他对肖像画的肯定。画中人物精力充沛，突显出好斗的性格。突然转动的头部，指向宝剑的手指，脸上的明亮色调以及衣服中棕色和银色的精致点缀，这些都有助于体现人物形象强烈的个性——充满着激情且意志坚强。该作品在1779年被沃波尔霍顿厅收藏，之后被冬宫收藏。

179
雅各布・乔达恩斯
和父母兄弟姐妹一起的自画像
约1615年
布面油画
175cm×137.5cm

在这部早期的作品中，乔达恩斯描绘了自己和家人在宴会上的场景，这场宴会可能是为了纪念他进入安特卫普画家行会而举行。众多人物聚集在一个狭窄的空间中，画中还有飘浮的小天使，根据传统，它们体现了死去的孩子的灵魂（在这种情况下应该是艺术家的未成年去世的姐妹的灵魂）。这种家庭欢乐的氛围源自家庭成员的共同幸福感，画家用宽阔的笔触和真实的情感描绘出这幅逼真的画面，这幅画被认为是典型幸福家庭生活的体现。乔达恩斯热衷于描绘精神健康与快乐，他在鲁本斯去世之后接任美术学院的院长一职。该作品在1779年被沃波尔霍顿厅收藏，之后被冬宫收藏。

180
雅各布·乔达恩斯
国王饮酒
约1638年
布面油画
157cm × 211cm

这是乔达恩斯最著名的画作之一，描绘了深受佛兰芒人喜爱的国王为庆祝主显节而举行盛宴的场景：这位白发苍苍的老人微笑着，显得身体很康健，心情很愉悦，他面前的豆子混在一堆菜肴里。国王被举着葡萄酒的家庭成员包围着，其乐融融，同时画家还描绘了一个高举酒壶的男子，在他身旁的是他的女儿伊莎贝拉。红润的面孔，张大的嘴巴，张开的双臂，闪闪发光的高脚杯，孩子们，新生儿，狗，乔达恩斯的画作上充满了自由和欢乐的节日的真实氛围。该作品在1922年被圣彼得堡美术学院收藏，后存于别兹博罗德科。

181
雅各布·乔达恩斯
圣母和圣子
约1618年
布面油画
104cm × 73.5cm

乔达恩斯是公认的描绘现实场景的绘画大师，但其很少有描绘圣母形象的作品。这幅画家年轻时期的作品充满了微妙的神秘感，同时又散发着淡淡的生活美感，透露出人物的明智形象。圣母周围围绕着圣光，胖胖的圣婴也十分可爱迷人。画中华丽的花环是安特卫普画家安迪斯·丹尼尔斯完成的。该作品1772年被巴黎的克洛扎收藏。

550.

182
保罗・德・沃斯
野味和龙虾
布面油画
121cm×181cm

和他的老师弗兰斯・斯奈德斯一样，保罗・德・沃斯在画静物画方面取得了巨大成功。画家没有将这幅作品画成简单的风景画，而是在画中置入一张桌子，体现其完整性。桌上的东西包括被猎杀的鸟类和野兔、蔬菜、海鲜，这些物品组成了一个复杂的整体；它们被放置在不同高度上，但彼此之间存在着各种各样的空间关系，它们之间的联系不亚于活灵活现的猫猫狗狗带来的生动感。红色桌布和白色毛巾营造出非凡的装饰效果，带来了节日活泼的气息。该作品1772年被巴黎的克洛扎收藏。

184
弗兰斯・斯尼德斯
群鸟音乐会
布面油画
136.5cm × 240cm

斯尼德斯的绘画走向成熟的标志是他用大画布绘制动物画的时期。大量已知的鸟类品种都被呈现出来，从大的构图到羽毛细节、从孔雀到戴胜都体现出画家高超的绘画技艺，他以惊人的精确度再现了动物形象。在17世纪艺术中非常流行的主题是伊索寓言：猫头鹰站在树枝上指挥着其他鸟类，整个世界仿佛充满了合唱团的声音。看着这幅画，仿佛能听到一种令人愉悦的百鸟啁啾的声音，有微弱的哨声、有特别的颤音、有哟哟声，也有甜美的咕咕声，将众多演奏者凑在一起演奏出一首悠扬的歌曲并不容易，斯尼德斯通过他精湛的技艺，成功地将这个场面以绘画的方式呈现了出来。一些大大小小的鸟类，在空中自然排列，在明亮的云彩背景下构成一种非凡的色彩复合体。该作品在1779年被沃波尔霍顿厅收藏，之后被冬宫收藏。

183
弗兰斯・斯尼德斯
猫科动物研究
1609年
布面油画
42.5cm × 32.5cm

这是冬宫博物馆保存的斯尼德斯的13件作品中最早期的一件，是这位静物大师逗留在意大利期间创作。根据一些专家的说法，这是罗马斗兽场废墟周围流浪猫的形象。画家从垂直方向作画，画了四个猫头，将其体态固定，这里动物虽然是静态的，但是能体现出其侵略性。它们敏锐地观察着外面，画家精确地再现了动物的神情，在不同的神情表达中，画家对“心理学”的研究似乎被展现出来，他成功地证明了他的作品已经走向成熟。该作品在1767年被巴黎朱丽叶艺术馆收藏，之后被冬宫收藏。

185
弗兰斯·斯尼德斯
鱼店
1618—1621年
布面油画
207cm×341cm

大幅面积的静物油画是斯尼德斯最为出名的作品题材。这幅画是他的“四部曲”中的一幅，是为布鲁塞尔的客户餐厅绘制的真正巴洛克风格的画作。其他三件作品，画家描绘了人造花园、树林、水池等场景，还有水果店、卖野味的商店。画面中，各种各样的海鲜填满了大桶，柜台上和地上也都是海鲜，弯曲的鳗鱼，挥舞着钳子的蜘蛛蟹，鱼类扭动着湿漉漉的身体。画面主要采用冷灰色和银色为主色调并延展出去，最终和海岸线全景结合在一起，从而展现出了生物和海洋的不可分割性，也使画面充满自然丰富性。该作品在1779年被沃波尔霍顿厅收藏，之后被冬宫收藏。

186
扬·菲特
野兔和鹦鹉
1647年
布面油画
70.5cm × 97cm

这位有趣的画家擅长画静物和小规模的狩猎场景，他活跃于17世纪中叶，深受斯尼德斯的影响，在威尼斯和罗马的美术学院进修过。这位画家特别关注对物体形状的精确渲染，对色彩的组合和特定装饰效果也有一定研究。在这幅画中，野兔的浅棕色皮毛和鹧鸪的银色羽毛形成了鲜明对比，站在树枝上的鹦鹉和蹲伏着的猫也有强烈比较。该作品在1921年被彼得大帝的夏宫收藏，之后被冬宫收藏。

187
保罗·德·沃斯
猎捕棕熊
布面油画
205cm × 345cm

画家在描绘武装人物和乐器方面也有着惊人的天赋，保罗本人很喜欢描绘猎狗追捕野兽的场景。在《猎捕棕熊》这幅画中，画家以其无可挑剔的绘画技巧呈现出他所钦佩的在狩猎时动物爆发出的力量、敏捷性以及整个动作幅度。这幅画并不是为了强调血腥斗争的场景，相反，这幅画充满了活力，极具装饰性。保罗·德·沃斯的一些狩猎画被贵族们买下来装饰宫殿以及他们自己狩猎的小屋。该作品在1769年被德累斯顿的布鲁赫收藏，之后被冬宫收藏。

188
小大卫·特尼尔斯
厨房里的猴子
约1640—1650年
布面油画，转印自木板油画
36cm × 50.5cm

这幅画创作于特尼尔斯绘画生涯中最辉煌的时期，他的作品以不拘一格的主题为特色，同时也特别喜爱画猴子出现在人类活动中的场景。这些猴子带着好奇心穿戴上了人类的服饰，它们的物以类聚的方式以及日常活动和人类很像，这幅画不是为了通过图画讲述寓言故事或进行道德讽刺，而是强调内容的幽默，在细节上展示出画家的严谨。这幅画作1815年被马尔梅松的朱塞平娜女王收藏，之后被冬宫收藏。

189
安德里安·布鲁威尔
小酒馆
木板油画
25cm × 33.5cm

这是17世纪佛兰芒绘画大师中一位不同寻常的人物。年轻的布鲁威尔生活在荷兰的阿姆斯特丹，之后去了哈勒姆，师从弗兰斯·哈尔斯。1631年底，他回到了安特卫普的家，在这里他接触到了鲁本斯的作品。他热衷于绘画风景以及描绘场景，这幅画是冬宫保存的他唯一一幅画风成熟时期的作品。画家通过展现正在进行的事件来创造真实的人物或场景。该作品1770年被日内瓦的特龙金收藏。

190
小大卫·特尼尔斯
长笛演奏者
约1653年
布面油画
25cm × 19.5cm

他是其父亲老大卫·特尼尔斯的学生，这位画家的风格受到其朋友兼同事安德里安·布鲁威尔的强烈影响。画家经常和不同的艺术家就不同主题方面进行合作创作。一直到1651年前，他一直在安特卫普生活和工作，此后他搬到布鲁塞尔，进入荷兰总督利奥波德·威廉大公的宫廷成为画师。这幅其早期的作品虽然与布鲁威尔的画作有着明显的相似之处，但却青出于蓝而胜于蓝，微弱的光线对比营造出轻微忧郁的氛围。该作品在1871年被巴黎的博杜安收藏，之后被冬宫收藏。

191
小大卫·特尼尔斯
安特卫普射击公会的地方法官和指挥官的集体肖像
1643年
布面油画
135cm × 183cm

这种类型的集体肖像画不仅在特尼尔斯的创作中很罕见，甚至在佛兰芒的所有绘画作品中都是罕见的，实际上这种射击公会形象只会出现在荷兰艺术中。特尼尔斯在画中描绘了高迪瓦特·斯奈德公会院长在安特卫普市政厅门前举行的庆祝活动，它结合了城市景观、群体肖像和流派绘画的特色，想要传达节日的气氛。这幅画作具有非凡的精确度，广场上大约有100个人物，建筑物的外形以及装饰它们的雕塑都用十分精确的方式展示出来，仿佛一部纪录片一样忠于现实地将原貌再现给观众。这幅画作1815年被马尔梅松的朱塞平娜女王收藏，之后被冬宫收藏。

192
小大卫·特尼尔斯
农民婚礼
1650年
布面油画
82cm × 108cm

特尼尔斯在17世纪30年代和鲁本斯一起绘画创作时就已经对画中主题有过研究。如果画家笔下的所有人物都是充满活力的，那么他的创作就会被限制在一个很有限的创作风格里。派对变成一种戏剧表现形式，原本完整的作品碎片化成为单个剧集，而每一个组成部分都有其自身的吸引力。这幅作品在1767年被巴黎朱丽叶艺术馆收藏，之后被冬宫收藏。

193
老扬·勃鲁盖尔
逃往埃及途中休息
1607年
木板油画
51.5cm×91.5cm

作为画家和雕刻家的皮特·勃鲁盖尔的第二个儿子，老扬年幼时在科隆生活，后来搬到意大利，在那里他在不同的城市度过了几年。他于1596年底回到安特卫普，成为西班牙统治者的宫廷画师。他以各种各样的主题作画，也曾与鲁本斯和其他大师合作，在专注于“室内画”的艺术家中脱颖而出。这幅画是画家以神话故事为背景创作的风景画，画里有着对细微处精细的描绘，尤其是天鹅绒般细腻的笔触和精致的色彩，统一而和谐，正是画家对作品创作的一丝不苟才使得他在同时代的画家中出类拔萃。该作品1772年被巴黎的克洛扎收藏。

194
老扬·勃鲁盖尔
乡间道路
1605—1610年
木板油画
48cm × 67cm

这是一幅典型的小幅“室内画”，在16—17世纪很少有此类画的爱好者。这幅画里展示了许多有趣的细节，很值得细细观察：步行的人，骑马的过客，分道扬镳的马车里坐着的人，放牛的女孩，在远处的道路转弯处也可以看到微小的人物身影，所有这些都是整个画面中插入的人物描绘。跟传统的绘画方式一样，画家建立了一个空中俯瞰的视角，穿过绿色到蓝色的地平线，表面镀以金色，最远处的阳光透过云层照亮整个大地，这一幕赋予这一景观特殊的魅力。柔和、和谐的色彩证明了画家“天鹅绒”的封号不是浪得虚名，这位画家更是因为热爱天鹅绒材质的衣服而获得了这一美称。该作品在1925年被加特契纳收藏，之后被冬宫收藏。

195
老扬·勃鲁盖尔
贤者朝拜
1598—1600年
铜版画
26.5cm × 35.2cm

这是在画家父亲皮特·勃鲁盖尔创作的基础上，进行缩小仿制的一个小幅作品。这幅画以著名的福音故事为主题，画面里有各种各样的角色身着各式服装，尽管身形都很小，但还是能从画面里的人物形象上看到很多细节的体现。许多创作灵感都源于现实的日常生活，例如，飞上屋顶的公鸡，站在光秃秃树枝上的小鸟等，特别有趣的当数城堡、桥梁和村庄的景观。画家还对地平线上的光线进行了细致处理，这也使得画家在景观画这一领域十分出名。该作品1915年被塞曼诺夫·让·圣斯克基收藏。

196
科内利斯·德·沃斯
家庭肖像画
约1630年
布面油画
185.5cm × 221cm

作为当时著名的肖像画家，科内利斯描绘了真人大小的人物，再现了他们的外貌特征。集体肖像以简单而略带线性的方式创作出来，没有融入夸张的情绪。虽然画中人物整体向左侧看，但几乎所有人物的脸都面向观众。除此之外，这幅画还特别注意服装的细节，画家给我们留下了当时那个年代有趣的生活片段。该作品在1792年被波将金收藏，之后被冬宫收藏。

197
莱恩斯·吉斯布雷希特
冬日风景
木板油画
71.5cm × 89cm

很长一段时间内，这位画家的名字总是被忽略，人们通常称他为冬季风景画大师。直到1942年，基于他的一幅画背面刻有安特卫普画家公会的会标，人们才知道这位画家名叫莱恩斯。在这个平凡的景观中，艺术家刻画出大自然的美丽，所有的颜色都在冰冷的空气中褪色，覆盖着霜冻的树木发光的轮廓在灰蓝色的背景下柔和地显现出来，平铺的屋顶呈现出粉红色色调。除了17世纪荷兰画派的简单风景外，莱恩斯的绘画还展现了巴洛克风格所具有的想象力和精致感。该作品在1921年被阿古丁斯基·道尔格鲁季奇收藏，之后被冬宫收藏。

199
西奥多・罗姆波特
打牌的人
约1625—1630年
布面油画
143cm × 223.5cm

这位佛兰芒画家在一幅画中汇集了两个主题——纸牌游戏和音乐游戏，这类游戏题材在卡拉瓦乔的追随者中非常受欢迎，这其中也包括罗姆波特。这幅画令人惊讶的是它巨大的尺寸，人物形象几乎和实物一样大，玩家之间的关系以及他们的手势完全吸引了大家的注意力。画中强烈的光线使画面物体体积显得更为庞大，同时使得画面色彩更加生动。前面弹奏鲁特琴的人和后面一群玩家的人物形象明显分离，这也使得这幅作品有了更突出的象征意义。该作品约1763—1774年被收藏到冬宫。

198
老雅各布・凡・奥斯特
拿着歌利亚头颅的大卫
1648年
布面油画
102cm × 81cm

这幅画的灵感来自古代，是以以色列国王大卫为主人公的故事，他在与非利士人的战争中击败了巨人歌利亚。雄伟壮观的人物上半身仿佛要冲出画面，充满了光芒的脸部突显在画面前方。这种构图方式让人想起了卡拉瓦乔，他对17世纪的许多欧洲画家的创作产生了强烈的影响。该作品在1895年被V. 科特罗密提诺瓦收藏，之后被冬宫收藏。

200
伦勃朗·哈尔曼松·凡·莱因
伏案写作的人
1631年
布面油画
104.5cm × 92cm

17世纪30年代，年轻的伦勃朗在阿姆斯特丹首先以肖像画家身份广受好评，这是他第一张在画家委员会上展出的作品。画面里的人物正在从事的工作是需要伏案的，这位荷兰画家实际上是以作家的典型姿势呈现了画面中的主人公。人物魁梧而显得笨重的身躯和这厚重的书籍显得相得益彰，这其实才是画家要描绘的主题。人物苍白的脸和手都使用了很浅的色调。这幅画可以反映出画家在描绘人物肖像画时融入的心理分析。该作品在1769年被德累斯顿的布鲁赫收藏，之后被冬宫收藏。

201
伦勃朗·哈尔曼松·凡·莱因
花神芙罗拉
1634年
布面油画
125cm × 101cm

这幅画是伦勃朗最早的杰作之一，完成于他与萨斯基亚·凡·阿兰布奇结婚的那一年。花神是女性气质和美丽的化身，因此在古代，为纪念女性而举行的节日被称为花神节。画家使用自由的笔触，有时平滑带过，有时凸显重点，珍珠绿的色调在画面光线中的使用尤为显眼，整幅画融入了不同的绘画技艺。事实上，为了寻求更大的表现力，伦勃朗将珍珠耳环贴到了人物的脸上，并且减少了对芙罗拉优雅手臂的描绘。该作品约1776年前被收藏到冬宫。

202
伦勃朗·哈尔曼松·凡·莱因
把耶稣从十字架上放下
1634年
布面油画
158cm × 117cm

与年轻时的伦勃朗同时代的人将这幅画评为“所有已知同类作品中最好的”。作为一个明智的心理学家和画家，这位绘画大师放弃以传统的绘画方式来进行构图，而是以基督的形象揭示他所有的本性。在十字架周围聚集的人物表达着不同的感受，在他们的脸上，我们可以看到痛苦、惊奇、恐惧和邪恶的笑容。在裹尸布上方祈祷的父母、玛利亚的痛苦、使徒的表情，这些单独的场景在这幅画面中被联系在一起，隐喻着上帝之身带来的光芒照亮一切。这幅画作在1814年被马尔梅松的朱塞平娜女王收藏，之后被冬宫收藏。

203
伦勃朗·哈尔曼松·凡·莱因
以撒的牺牲
1635年
布面油画
193cm × 132cm

虽然年轻的伦勃朗一直认为自己是一位历史题材画家，但他在荷兰作为肖像画家也非常受欢迎。画家对《圣经》的非凡兴趣使他选择了这个特殊的题材，这个故事讲述了决定人类命运的关键时刻所发生的事情。在这个关键时刻，对上帝极为忠诚信仰的亚伯拉罕宁愿牺牲自己的独生子以撒。巴洛克式绘画风格加强了场景的戏剧性，我们可以看到人物的大胆英勇，落下的匕首、闪亮的白光、拯救天使的幻影，而冷色调的使用突显了亚伯拉罕毫无生气的脸上濒临死亡般的苍白。

这位伟大的荷兰画家以非凡的活力表达了《圣经》故事里的英雄做出艰难决定时的悲壮。这幅作品在1779年被沃波尔霍顿厅收藏，之后被冬宫收藏。

伦勃朗·哈尔曼松·凡·莱因
达娜厄（局部）

204
伦勃朗·哈尔曼松·凡·莱因
达娜厄
1636年
布面油画
185cm × 202.5cm

达娜厄的古老神话既悲惨又广为流传：残忍的希腊国王阿克里西俄斯把他的女儿锁在地下的黑暗中。强大的宙斯爱上了达娜厄，并以金雨的形式向他心爱的人表达爱意。伦勃朗在和妻子萨斯基亚热恋的时候创作了这一杰作。但在1643年之前，他对这幅画的构图做了一些改变，他重新设计了达娜厄的头部，改变了面部特征和右臂的位置。在那个时期，在他的妻子去世后，在画家的生活中出现了另一个女人。

画面中，达娜厄被监禁象征着爱情被禁锢，年迈的看守者拉开窗帘，让生命的力量流入监牢；洒落的金色的光芒照耀进达娜厄的牢笼，这不朽的光芒包围着少女灿烂的身体。该作品1772年被巴黎的克洛扎收藏。

205
伦勃朗·哈尔曼松·凡·莱因
酿酒师的寓言
1637年
布面油画
31cm × 42cm

这幅小画作反映了伦勃朗对福音故事的浓厚兴趣，他在画中描绘了一个日常生活场景，不同的劳动者只能接受来自雇主同样微薄的薪酬。在浅棕色的柔和色调中，人物形象陷入画面底部并在光线下显现出来。马太福音中的说辞在这幅画中得到了详细生动的诠释："第一个也将是最后一个，最后一个也会是第一个，被叫到的人很多，真正被选中的很少。"该作品1772年被巴黎的克洛扎收藏。

206
伦勃朗·哈尔曼松·凡·莱因
巴特根·马尔滕斯的肖像
约1640年
木板油画
76cm × 56cm

画中人物是制框匠人赫尔曼·多默的妻子，她同时也是伦勃朗的门生兰伯特的母亲。伦勃朗为这对夫妻绘制了两幅肖像，而后兰伯特为其兄弟们画了五幅副本。这幅画中的人物显得谦虚简洁，她的外表有着荷兰女人特有的精致周到，从她的面部神情和双手的姿势上可以看出这是一位勤劳的荷兰妇女。画家使用明暗对比的柔和阴影充分体现出人物毋庸置疑的耐心和温柔。该作品1767年被巴黎朱丽叶艺术馆收藏，之后被冬宫收藏。

207
伦勃朗·哈尔曼松·凡·莱因
大卫和乔纳森的拥抱
1642年
木板油画
73cm × 61.5cm

这是18世纪彼得一世收藏的最著名的画作。画面中，在一个东部城市遥远废墟的背景下的一个洞穴入口附近，扫罗王的儿子乔纳森和年幼的牧童大卫一起离开。乔纳森给他的朋友赠送了衣服、金色的剑鞘，是他把大卫藏了起来，使他免于扫罗的不义之怒。这幅画创作于画家的妻子萨斯基亚去世后，这幅画与伦勃朗的巨大痛苦相呼应，画里两位圣经人物凄凉告别，画家在绘画中融入了他自身的特征。该作品在1716年被彼得一世收藏。

208
伦勃朗·哈尔曼松·凡·莱因
赫雷米亚斯·德·德克尔的肖像
1666年
木板油画
71cm × 56cm

著名诗人赫雷米亚斯·德·德克尔是十四行诗诗人，擅长写警句，是伦勃朗的朋友，在当时的荷兰诗人中独树一帜，画家称他为“无与伦比的创作天才”。伦勃朗在他这位朋友去世前三个月为他画了这幅肖像画，在这之后三年，他自己也去世了。画中人物脆弱的上半身几乎要消失在柔和的半黑暗画面中，昏暗的光线下仍然可以看到那宽大的帽子下疲惫又善良的面孔，昏暗不明的阴影里显露出充满惊喜而又悲伤的神情。这幅画既描绘出了行将就木的诗人的形象，又表达出了画家和这位朋友之间永恒的友谊。该作品在1781年被巴黎的博杜安收藏，之后被冬宫收藏。

伦勃朗·哈尔曼松·凡·莱因
圣家族(局部)

209
伦勃朗·哈尔曼松·凡·莱因
圣家族
1645年
布面油画
117cm×91cm

在17世纪三四十年代，伦勃朗以圣家族为主题绘制了几幅画作，其中保存在冬宫的这幅画是在他的妻子萨斯基亚去世三年后绘制的。一种特别安静、亲密和温暖的氛围蔓延到充满现实生活色彩的历史主题中。画中，孩子睡在一个柳条摇篮里，玛利亚弯腰看着儿子，她脚边的暖炉被打开，屋子暖和起来；炉膛上面有一个斗篷，一个木工工具被搁在木匠朱塞佩的长凳上。小天使飞舞着，像孩子一样互相追逐。整个画面充满了伦勃朗特有的不可重复的金色光芒，半透明中有着柔和的阴影，融入鲜红色毯子的色调，画面里睡着的圣婴非常像画家的儿子帝图斯。这幅画有很多仿本，19世纪初在俄罗斯就发现了好几幅。该作品1772年被巴黎的克洛扎收藏。

伦勃朗·哈尔曼松·凡·莱因
坐着的老人（局部）

210
伦勃朗·哈尔曼松·凡·莱因
坐着的老人
布面油画
108cm × 86cm

在17世纪50年代，画家创作了一些肖像画，这些肖像反映出人们在生命的尽头对人生的反思。画中老人身上宁静的威严感反映了他的威仪以及漫长生命过程中积累的智慧，半黑暗的神奇色调中融入光线，蕴含着温暖，这是典型的伦勃朗画法，似乎表达出源于内心的光芒，传达了一个人沉浸在过去、现在和未来这样一个过程中的感觉。透过这幅画，我们可以感受到伦勃朗不只是用画笔在创作，而是用每一根手指在“塑造”人物的形象。画家的这幅画作体现了人物对命运的接受。该作品在1769年被德累斯顿的布鲁赫收藏，之后被冬宫收藏。

211
伦勃朗·哈尔曼松·凡·莱因
阿曼的陨落
约1663年
布面油画
127cm×116cm

这幅画是伦勃朗最复杂、最具心理深度的一幅画，几百年来一直保留着它的主题之谜。画面中，乌里亚作为一个无辜的受害者，被迫接受了自己的命运，艺术家赋予了他明亮的红色；就像燃烧后的余烬那般，大卫王被画在了蓝灰色阴影中并与其他人物分隔开。在先知的沉默中，大卫王似乎听到了《圣经》中的话："他做的事让主不高兴。"该作品1769年被伦敦的布莱克伍德收藏，之后被冬宫收藏。

212
伦勃朗·哈尔曼松·凡·莱因
浪子回头
约1663—1665年
布面油画
262cm × 205cm

伦勃朗以浪子寓言为主题的作品不止一件，在自己尝试过失去的痛苦和压抑的孤独之后，画家最后一次描绘了这个故事。这幅画的深刻含义不仅仅是父亲和回到家的儿子之间的相遇，这位失明的老人内心充满了痛苦，他一直在等待着上苍的救赎，父亲敏感的手指认出了他的孩子并不断抚摸着他的孩子，爱的拯救之光照亮了他温和的面孔。画作表面散发出伦勃朗的笔触所特有的温暖，明暗对比则成为永恒的隐喻。这幅画被认为是沙皇藏品系列中最珍贵的杰作之一。该作品1768年被戈利岑王子从巴黎的安森哲伯爵手中买下，之后被冬宫收藏。

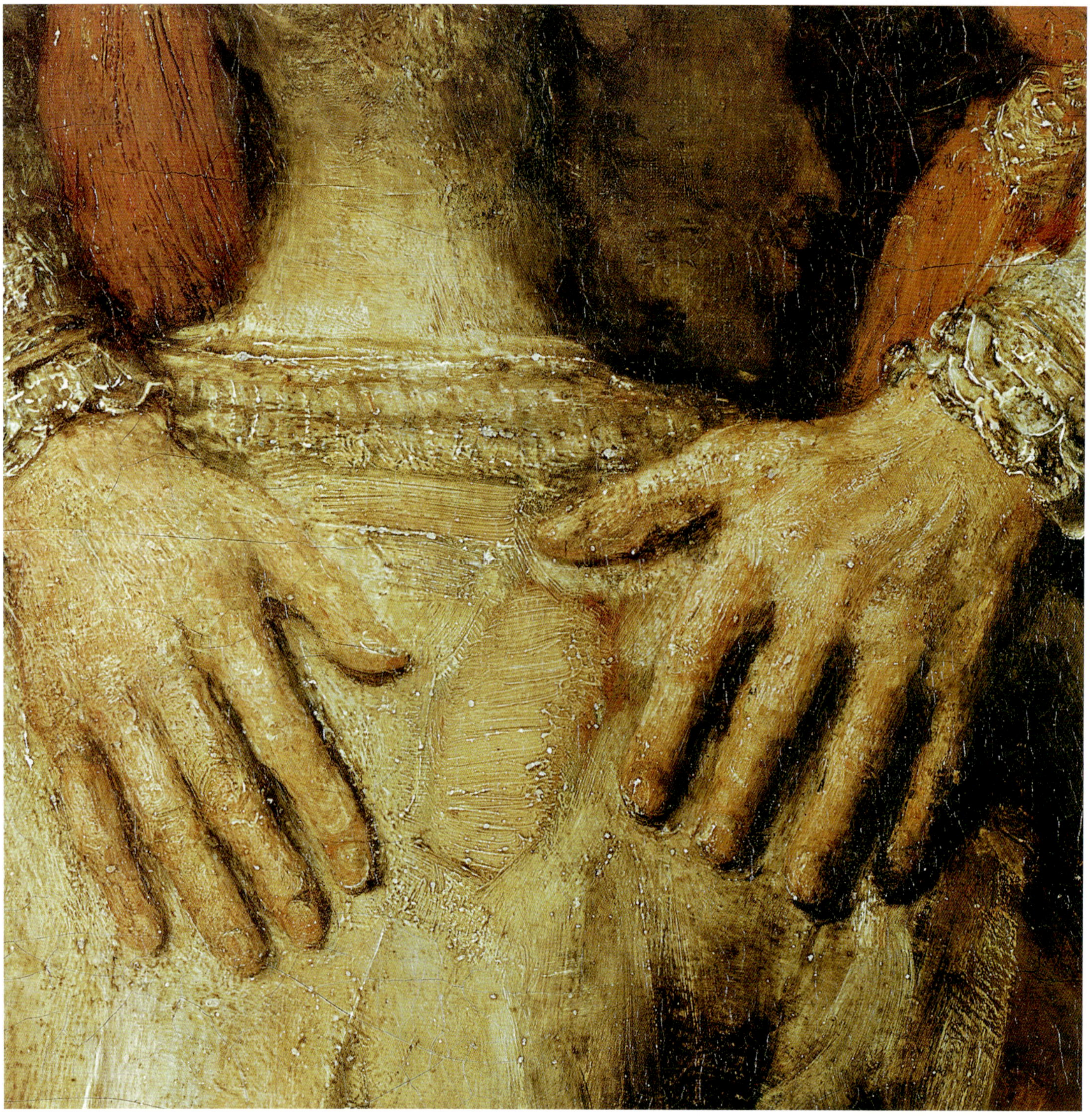

伦勃朗·哈尔曼松·凡·莱因
浪子回头(局部)

伦勃朗・哈尔曼松・凡・莱因
浪子回头（局部）

213
弗兰斯·哈尔斯
戴着手套的年轻人
约1650年
布面油画
80cm × 66.5cm

著名的肖像大师弗兰斯·哈尔斯一生创作了大约900幅画作。直到30岁以后，他的才华才逐渐显露出来。在他的单人、双人和群体肖像画中，穷人和贵族、街头儿童和演员、士兵和摄政者，所有类型的人物在他笔下得以永生。在这幅作品中，画中人物以睿智的眼光看着这个世界，他的身体散发着平静和内在的能量，他的脸上充满了光明。紧握手套的姿势以精湛和流畅的方式得以呈现。画中的主人公身体略微转向观者，在走路过程中略显惊讶的表情和精致的蕾丝衣饰在画中略显模糊，这种设计突显出人物行走过程中的动势。经典笔触与印象派风格的结合使哈尔斯的作品在他的时代独树一帜。该作品在1764年被柏林的戈茨科夫斯基收藏，之后被冬宫收藏。

214
弗兰斯·哈尔斯
男人肖像
1660年前
布面油画
84.5cm × 57cm

画面中，人物略带挑衅的姿势，目光透露着自立觉醒，且神情讽刺。这位伟大的肖像画家详细阐述了一种不受其他绘画影响的新方式，其特点是宽阔、大胆的笔触，充满了自由渲染的阴影，画面充满了黑色的氛围。两个世纪后，哈尔斯的精湛绘画技巧激励着后来的印象派画家，凡·高有27张类似的作品。该作品在1764年被柏林的戈茨科夫斯基收藏，之后被冬宫收藏。

215
亨德里克·霍尔奇尼斯
亚当和夏娃
1608年
木板油画
203.5cm × 134cm

著名的雕刻师和画家霍尔奇尼斯在其38岁后才开始绘画生涯，他是哈勒姆学院的创始人之一。他在荷兰首次描绘了一个裸体模型并分析了人体解剖知识，这些研究反映在今天的冬宫保存的《洗礼》《亚当和夏娃》等画作中。在画作中的人类祖先，让人不禁联想到健壮的荷兰农民。原罪的主题一直是一个很关键的创作题材：亚当手里拿着一个没有剥皮的坚果，象征着他的贞洁；在夏娃的头上，诱人的蛇扭成一个环，而脚旁边的猫却暗示着肉体的快乐和灭亡。

荷兰象征主义中的郁金香有多种含义：短暂的快乐，同时有复活的含义，拯救的希望。最后，橄榄则是牺牲的圣餐象征的一部分。该作品在1764年被柏林的戈茨科夫斯基收藏，之后被冬宫收藏。

216
亚伯拉罕·布鲁马特
托比亚斯和天使风景画
布面油画
72cm × 97cm

这幅作品是晚期矫饰主义的典型之作，采用三层绘制的景观构图法，注重对边际的描绘以及对自然梦幻景观的呈现。在这幅画中，作者描绘了真实的农场，而画中神的使者的形象解释了强烈的灵光出现的合理性，它映照着悬崖苍白的草丛，穿透了树叶，从小屋的屋顶“倾泻而下”。在天使长袍的挥动下，树枝强烈地扭曲，超凡脱俗的光线和画面动态的节奏几乎可以预示托比亚斯年迈的父亲最终被治愈的奇迹场景。该作品在1931年被巴甫洛夫斯克博物馆收藏，之后被冬宫收藏。

217
马蒂亚斯·施托梅尔
以扫和雅各布
约1640—1650年
布面油画
122cm × 90cm

关于这位荷兰画家的信息非常少，他的绘画风格类似于卡拉瓦乔晚期的作品，以及同流派的乌特勒支的绘画。意大利大师卡拉瓦乔的荷兰追随者们，创作时都选择描绘半身型的人物，主人公大多是平民，采用强烈的明暗对比和宽阔的笔触进行创作。施托梅尔没有描绘日常生活场景，转而采用《圣经》主题，通过蜡烛或火炬发出的光达到特殊的视觉效果。画中艾萨克两个儿子的故事讲述了戏剧性的转变，继承权从长子手中交到了次子手里，饥肠辘辘的以扫抓住装有扁豆汤的碗，以换取雅各布的新特权。闪烁的火焰发出令人毛骨悚然的光芒，照亮了两兄弟的脸和他们母亲的形象，画面强化了手势的表现力，对服装的红色和绿色色调产生了特殊的影响。该画约1763—1774年被收藏到冬宫。

218
托马斯·德·凯瑟
男人肖像
1632年
木板油画
122cm × 90cm

17世纪初，荷兰人德·凯瑟是阿姆斯特丹极为重要的肖像艺术家。从画布上的铭文来看，肖像中主人公是一个66岁善于享乐的、身材魁梧的资产阶级，受到最近独立斗争的影响，他微微蜷缩的姿势看起来很尴尬，显然他还没有习惯西班牙风格的连体衣和山羊皮手套，但外表却显得诙谐而精明，丰满的身材显示出人物贪食的弱点。

德·凯瑟的肖像画完全符合当时实际人物的原型。该画约1763—1774年被收藏到冬宫。

219
阿德里安・凡・奥斯塔德
战斗
1637年
木板油画
25cm × 33.5cm

《战斗》是阿德里安・凡・奥斯塔德早期最著名的画作之一，他是“17世纪农民”派画家代表，画中的平民仍然被描绘成粗暴、没有受过教育的人物形象，在这场斗争的参与者身上实际上有一种动物性的体现。画作内容是虚构的，和戏剧场景表现手法类似。该作品1882年被彼得宫城的蒙普拉西尔收藏。

220
阿德里安·凡·德·韦恩
死亡之舞
约1630—1640年
纯色木板油画
36.5cm × 29cm

这个画家的一部分作品是小幅的纯色画（用于装饰墙壁上的彩色玻璃和珐琅的单色画），描绘了荷兰谚语以及著名诗人雅各布·凯特的诗句中的内容。画中的老妇人背上有一个小怪物，她和她的“快乐”伴侣——一个摇着沙漏的骨架，就像一对醉鬼相拥在乡下漫步。优雅的“骑士”迈着舞步在脚下扭动出无尽黑暗，暗示着他将拖着受害者走向死亡。在凡·德·韦恩的单色画中，中世纪流行的狂欢节传统被重新燃起，画家喜欢用开玩笑的方式重现死亡形象。该作品1915年被塞曼诺夫·让·圣斯克基收藏。

221
伊萨克·凡·奥斯塔德
冬日风景
约1648年
木板油画
71.5cm × 113.5cm

伊萨克是阿德里安的弟弟和学生，以创作狩猎场景画和风景画而闻名。在17世纪40年代，荷兰早期以农民为题材的作品都相对粗俗，表现日常场景的绘画则透露着安静。这幅画的人物分布各个社会阶层，各自都是为了自己的生活奔波，画中的景观不仅仅是一个背景，而是一个生活环境。无论是冬日气氛还是他们同胞的共同劳动，对于艺术家而言，对于他的同时代人来说，日常生活并不意味着平淡无奇。该作品在1768年被布鲁塞尔的寇本枝收藏，之后被冬宫收藏。

222
扬·斯特恩
闲人
约1660年
木板油画
39cm × 30cm

扬·斯特恩是17世纪最伟大的荷兰风俗画家之一，他用自己的实力证实了自己配得上“用绘画讲故事的人”这一美誉，他是一位快乐幽默的艺术家。这幅画的特殊魅力就在于画家本人，他似乎在邀请观众一起笑着看他昏昏欲睡的妻子。在荷兰人的眼中，房间里的凌乱也给这种生活场景平添了喜剧色彩，而且这个凌乱房间里的室内装饰物也以非常明显的方式排列着，对各种物件和图案的精细描绘使人眼前一亮。该作品在1764年被柏林的私人收藏家收藏，之后被冬宫收藏。

223
杰拉德·泰尔博赫
柠檬水杯
1660—1670年
布面油画，转印自木板油画
67cm×54cm

这是伟大的荷兰大师在其画风成熟的年代里最著名的画作，他的绘画才能在此得以体现。泰尔博赫以一种全新的方式描绘了一个不寻常的主题，从心理层面进行了准确而细腻的刻画。画家准确捕捉了人物的姿势，揭示了最复杂的内心情感。柔和的灯光照亮了人物，这昏暗灯光逐渐消失在房间的深处，营造出神秘的感觉，给人一种私密空间的想象。通过将颜色调制到柔和的银灰色调，画家在这幅画的色彩表现上尤为出众，尤其是体现在描绘丝绸和绸缎的精致方面，这是他的主要委托人——富有的资产阶级在庆祝活动中经常使用到的东西。该作品1814年被马尔梅松的朱塞平娜女王收藏，之后被冬宫收藏。

224
杰拉德·泰尔博赫
凯瑟琳娜·凡·雷尼可的肖像
布面油画
80cm × 59cm

在肖像画上，泰尔博赫借鉴了哈尔斯、委拉斯开兹、凡·戴克的作品风格，但他的作品与典型的荷兰肖像画有所不同。他是小幅官方肖像画的创造者，他使用了一种微型绘画技术进行创作。凯瑟琳娜·凡·雷尼可是迪温特市长的妻子，完全空旷的橄榄色背景突出了年轻女性的脆弱、优雅、高贵而精致的特征，画面中强调了她纤细的手，以及丝绸、天鹅绒材质的带有金色刺绣的华丽服饰。该作品1922年被当地美术学院博物馆收藏，之后被冬宫收藏。

225
杰拉德·泰尔博赫
信
布面油画
70cm × 54cm

冬宫一共有6件泰尔博赫的小型作品。泰尔博赫主要活跃于哈勒姆和阿姆斯特丹两地，并于1654年在代芬特尔工作，那里会集了社会上的各类杰出人才。富有和高雅的客户非常欣赏画家精湛的绘画能力，画家十分擅长描绘丝绸和绸缎面料，以及珍贵的珠宝和女性面孔的柔美。该作品在1769年被德累斯顿的布鲁赫收藏，之后被冬宫收藏。

226
彼得·汉森斯·埃林加
荷兰国内
布面油画
61.5cm × 59cm

彼得·德·霍赫的作品对许多活跃在代尔夫特和阿姆斯特丹的荷兰画家们产生了巨大的影响，尤其是对埃林加的影响颇深。画家带着爱意精心创作的室内装饰画，洒落着清澈的阳光，这种典型的绘画风格给人一种愉悦和宁静的感觉。该作品在1912年被圣彼得堡的斯特罗加诺夫宫收藏，之后被冬宫收藏。

彼得·德·霍赫
女仆和主人（局部）

227
彼得·德·霍赫
女仆和主人
约1660年
布面油画
53cm×42cm

德·霍赫是代尔夫特学派中的一员，《女仆和主人》是这个流派绘画的精彩典范，代尔夫特学派的所有绘画技巧都集中在这里。这个小小的矩形画作里有着一个内部庭院、花园和运河岸，每个场景都有着特定的光线环境，画家绘画时十分注意细节，将它们融入一个充满宁静的独特环境中。在画面中能自然地感受到这幅画的主角——荷兰资产阶级的轻松自如，人与周围环境在和谐与美丽的氛围中共存。该作品在1810年被巴黎艺术品商人收藏，之后被冬宫收藏。

加布里埃尔·梅特苏
早餐（局部）

228
加布里埃尔·梅特苏
早餐
约1660年
木板油画
56cm × 42cm

通常，梅特苏不会深入研究他画中人物的性格，而是对人物周围的物体更感兴趣。《早餐》是一幅充满色彩的交响曲般的作品，其主人公是一位十分美丽的女子。这位女士身着华丽的白色连衣裙，上面点缀着金色与蓝色交织的花边，旁边的年轻人轻轻地递给她一个装满牡蛎的银托盘。柠檬、透明玻璃瓶和象牙角是这位荷兰画家的杰作，它们构成了这幅完美的静物画。梅特苏笔下的角色具有阶级的权威性，但在高雅的外表背后有一个容易被同时代人认为是色情象征的隐藏含义。该作品1814年由马尔梅松的朱塞平娜女王收藏，之后被冬宫收藏。

229
彼得·拉斯特曼
亚伯拉罕在去迦南的路上
1614年
布面油画，转印自木板油画
72cm × 122cm

荷兰历史绘画领袖彼得·拉斯特曼也是伦勃朗的老师。该画主题取自《创世纪》：上帝拣选的亚伯拉罕带领犹太人进入迦南肥沃的山谷，在艰苦的旅程结束时，应许之地等待着他们，整片大地被神圣的光芒照亮。这位画家认为这一事件具有更深刻的寓意，事实上古老的圣经历史与荷兰人争取独立的斗争有关。荷兰对西班牙人的战争已经结束，新生的荷兰共和国及其人民渴望和平，当时教会中的诗人和传教士将国家与应许之地进行了类比，将荷兰人与选定的人进行了类比。该作品在1797年首次被收录到冬宫，在1854年的一次拍卖会上被卖出，后来在1938年又通过圣彼得堡国家采购委员会重新购入冬宫。

230
老弗兰斯·凡·米尔斯
年轻女孩的早上
约1659—1660年
木板油画
51.5cm × 39.5cm

米尔斯在微型绘画技术方面取得了较高的成就，其作品特点是具有极端的清晰度和精确的细节。被太阳光照射的画中所有元素都具有一致性。正如许多其他受日常生活启发的作品一样，卧室里的常见物品也具有了象征意义：桌上的情书，台阶上的优雅便鞋，女士同小狗一样俏皮的姿势，都映射出一场关于爱情的冒险。该作品1769年被德累斯顿的布鲁赫收藏，之后被冬宫收藏。

231
扬·波尔切利斯
海上风暴
木板油画
47.5cm × 63.5m

荷兰学派无疑能创作出极佳的海洋绘画，该学派创始人为波塞利斯。在这幅作品中，海洋和天空催动着令人不安的氛围笼罩着船只，强烈的光线造成了云层的阴影和黑暗的海浪效果，令人紧张的湍流也完全显露出来。波尔切利斯是荷兰第一个将空气和光线的变化结合在绘画里的人，画作中网状轮廓逐渐消失，所有颜色融合成钢灰色调，单色绘画得到进一步发展。艺术家认为海洋与人类生活之间不可分割的联系就像是永恒对立的两者。该作品在1925年被加特契纳收藏，之后被冬宫收藏。

232
西蒙·德·利格勒
海岸
约1630—1640年
木板油画
37.5cm × 39cm

这位荷兰画家是波塞利斯最聪明的学生，他画作中的游艇码头充满了梦幻般的元素，他后来受北海风景启发，发现自己的国家也有很多迷人的现实景观。《海岸》这幅画是这位画家典型的创作主题，没有自然环境和人类之间戏剧性的冲突，弥漫在潮湿空气中的阴霾将画面中的所有元素组合在不透明的银色调中，整体只有一丝微弱的光亮。该作品1882年被彼得宫城的蒙普拉西尔收藏。

233
扬・凡・格因
橡树
1634年
布面油画
87cm × 105cm

这幅风景画很有凡・格因的代表性风格，这是17世纪荷兰绘画中最有意思的作品之一。其中的铅笔素描显示了画家的工作方法，这张画作是用流畅的方式一气呵成的，粗糙的笔触勾勒出粗糙的树干，精确的笔法则描绘了精致的树叶。

简单的景观图案成为对生命进行哲学反思的象征，当橡树再次发出新芽的时候，鸟儿又会重新回到其翠绿色的枝叶上栖息。哪怕是如此简单的自然现象，却富含了无尽的生命意义。该作品在1920年被加特契纳收藏，之后被冬宫收藏。

234
扬·凡·格因
在海牙郊区的冬日一瞥
1645年
木板油画
52cm × 70cm

在17世纪，冬季景观成为荷兰景观的一个特定主题，凡·格因创作了许多类似的作品。在这张小画板中出现了如此大量的细节，画板虽小但却无法阻止它展现广阔的城市景观。在寒冷的气氛中，画家模糊了远处的教堂等城市建筑的轮廓。沙色调将画面的各种元素融合在一起，营造出统一的氛围。轻盈细致的笔触让人想起了画家早年间在玻璃上的作品。该作品在1797年前被收藏到冬宫。

235
萨洛蒙·凡·雷斯达尔
渡口
1651年
木板油画
89cm×116cm

这位荷兰大师是采用单色景观绘画的代表画家之一。在其晚期的作品中，主题的选择让人联想起扬·凡·格因，但画家的所有个人特征都很明显：树木中间的间隙，载有渔民和动物的船只，空气十分清新明亮，银色、黄色、蓝色色调和强光的组合使景观更加明确、轮廓更加清晰。这位画家的作画方式生动迅速，有时候只是画一些斑点，有时候一次画成形。他强大的才华对其学生和侄子雅各布·凡·雷斯达尔也产生了深远的影响。该作品在1922年从美术学院博物馆迁入冬宫。

236
阿尔特·凡·德·内尔
风车
木板油画
69cm×92cm

阿尔特·凡·德·内尔在描绘夜间景色和冬季景色方面有着出众的能力。这幅作品中充满了诗意：黄昏的寂静在天空中蔓延开，深深的阴影笼罩着大地，在这片昏暗中几乎无法辨认人物的外形，但在太阳最后一丝光线中云朵仿佛还在做最后的燃烧，雄伟的风车立在那，叶片在空中纹丝不动。沉默的风车凝视着远处的景色，似乎整个世界都充满感激地迎接这等待已久的宁静。该作品在1805年被圣彼得堡的珠宝商杜瓦尔收藏，之后被冬宫收藏。

237
阿尔特·凡·德·内尔
河边夜景
木板油画
61cm × 86cm

夜景画是凡·德·内尔在浪漫主义时期十分热衷的主题，在荷兰获得了极大的成功。画中夜间天空的景象非常奇妙，一切都被月光所笼罩，整体色调使大自然风光呼之欲出。艺术家笔下的夜充满着隐秘的色彩和月光所散发出的神秘力量。该作品在1919年被国家博物馆基金会从圣彼得堡的苏瓦洛夫手中购入，之后被冬宫收藏。

238
保卢斯·波特
农场
1649年
木板油画
81cm×115.5cm

保卢斯·波特在动物画领域是一位难以被超越的画家，他开创了以动物为主题的绘画方式。他对动物的热爱，对其习惯和性格的了解，以及根据真实动物不断画出的草图，使得他能够创作出一系列不同寻常的“肖像画”。画面中的景观完美地再现了大自然的原始风光且充满诗意，并根据荷兰传统表现出了动物的自然本性。这幅画作1814年被马尔梅松的朱塞平娜女王收藏，之后被冬宫收藏。

239
保卢斯·波特
系链条的狗
布面油画
96.5cm × 132cm

正如前面提到的，多亏了波特的绘画作品才使得欧洲艺术中纳入了新的“主角”——动物，带有其独特的外貌、动作和感知能力。画中的狗是在春季脱毛的时期被画下来的。从地平线望去的阿姆斯特丹，以及那片象征永恒的天空都强调了这种“不朽”的重要性。可能是为了表达对动物的同情，画家在狗窝上签上了名字。该作品1814年被马尔梅松的朱塞平娜女王收藏，之后被冬宫收藏。

雅各布·凡·雷斯达尔
林间沼泽（局部）

240
雅各布·凡·雷斯达尔
林间沼泽
约1660—1670年
布面油画
72.5cm × 99cm

《林间沼泽》是风景画领域最为杰出的作品之一。歌德评价，这位荷兰艺术大师在画中揭示了雄伟的本质和自然的悲剧之间的辩证统一。画中高大的树木在与泥潭的斗争中耗尽了最后的力量，脆弱的桦树试图做最后的抵抗，但却被橡树环绕到窒息。作为希望的象征，树上长出新的枝条、抽出绿叶，朝向天空、朝向光明。画家描绘盛开的睡莲之时，画出了水中植物的倒影，受惊的鸟飞过，从而创造出一种新的“心理景观”，为未来的浪漫主义铺平了道路。冬宫约1763—1774年收藏该作品。

241
雅各布·凡·雷斯达尔
海岸
约1670年
布面油画
52cm × 68cm

在画家生命的最后十年里，凡·雷斯达尔经常描绘海浪拍打海岸的景象。在这张小小的画布上，他知道如何在巨大的天穹和宽阔的海洋之间建立和谐的比例，宽阔的全景可以让观众看到地平线上的帆船和划艇。风景内部的动态呈现来自云朵的飘动、海滩上沙砾粼粼的闪光以及海浪的波动节奏。该作品在1919年被圣彼得堡的马尔莫宫收藏，之后被冬宫收藏。

242
雅各布·凡·雷斯达尔
挪威的瀑布
约1670年
布面油画
108cm × 142.5cm

凡·雷斯达尔从未去过挪威，尽管如此，在看了曾去往挪威和瑞典的阿凡特·凡·埃弗丁的作品后，根据这些作品带来的印象，他创作了一百多幅以瀑布为主题的风景画。凡·雷斯达尔以他自己的方式阐释了这个主题：山顶上的湍急河流带走了树干，在岩石上矗立着农民的小屋，冒泡的水磨坊周围林立着巨石，而不远处牧童和动物和谐共处。作为一名“哲学画家”，雷斯达尔将人类的自然原始状态与大自然的破坏力进行了对比，同时使人与自然和谐相处，将二者融入同一个时间洪流之中。该作品在1769年被德累斯顿的布鲁赫收藏，之后被冬宫收藏。

243
埃格伯特・凡・德・波尔
着火的村庄
木板油画
53cm × 66cm

这位画家以最原始的方式阐释了他受到的代尔夫特大师对光线运用的影响，对光产生了浓厚兴趣。在冬宫博物馆保存的凡・德・波尔的六幅画中，有四幅是以火为主题的。画面中，一场猛烈的大火在半夜席卷了一个拥有众多居民的村庄，在夜晚黑色和棕色的大背景下，燃烧的谷仓上升起的火焰在黑暗中形成了一个可怕而迷人的奇观。火势很大，许多居民都在整理从大火中拯救出来的东西。在这些居民的静默与勤劳中体现了荷兰人的民族性格，画家在这幅画中成功地描绘出了发生险情的乡村生活场景。该作品1859年被国家博物馆基金会收藏。

244
威廉·克莱兹·海达
早餐中的螃蟹
1648年
布面油画
118cm × 118cm

在摆放优雅的桌子上制造一些混乱的静物场景，是海达作品成熟时期的一个重要特征，海达在静物画方面是最有经验的大师之一。金色的杯子和锡质的水壶，东方风格的白底蓝花瓷器以及白色帆布质地的华丽桌布，都在微妙的光线中被精心布置，从而完整地展示出物体的形状和材质。为了强调构图的统一性，海达将所有物体组合在一起，桌子上还摆着充满艺术气息的柠檬皮、黄铜盘子和珍贵的餐刀。螃蟹壳上闪着的亮点没有破坏整体的画面感，相反，它们增加了银橄榄色调的均匀性，确保其中每个元素的色泽都表达得恰如其分。该作品1920年被国家博物馆基金会收藏。

245
彼得·克拉斯
烟管和火盆
1636年
布面油画
49cm × 63.5cm

17世纪30年代，彼得·克拉斯形成了自己的静物画风格，他是单色早餐画这一主题绘画的创始人。这位来自哈勒姆的绘画大师在选择素材时表现出精湛的技艺，他善于选择外形和材料能形成鲜明对比的普通物体，笔下色调的均匀性产生了一种静止的气氛。画家通过出色的构图，以毋庸置疑的男性化精神表现出了资产阶级或士兵的无形存在感，透明的玻璃杯里装满了带泡沫的啤酒，刚刚被炭火盆里燃烧的煤炭点燃的烟管正等待着装入新的烟草，为了增强其风味在烟草中加入了一些胡椒粉。画家通过日常生活的场景描写，体现出荷兰人民勤劳民主的全新生活品质。但与此同时，17世纪的象征主义则通过烟管的形象向人们表达出生活不安定的意义。该作品在1921年被圣彼得堡的阿古丁斯基-道尔格鲁季奇家族收藏，之后被冬宫收藏。

246
尤里恩·凡·斯特里克
零食
布面油画
54.5cm×42cm

这位画家是威廉·卡尔夫画派的一员，威廉·卡尔夫是精致的静物画大师。画中这种不同寻常的构图令人联想到舞台的戏剧效果：稻草色的“幕布”画得像一幅错视画，幕布逐渐被拉开以展示所有主角，画面里还描绘了在古老柱子上的一张大理石桌子。来自中国的装饰瓷壶，荷兰鲱鱼和洋葱与来自殖民地的柑橘同台竞争。银色手表让人想起时间的流逝，就如同优雅的蝴蝶飞走一去不复返，而一旁的豆荚仿佛还包裹着一个新的生命。柔和的带阴影的形象显示出了外部世界的可感知之美，就像一本古老的符号书，寻求着对永恒之谜的反思。该作品在1797年前已被冬宫收藏。

247
威廉·卡尔夫
甜品
布面油画
105cm × 87.5cm

威廉·卡尔夫在静物画上有着惊人的天赋，这些静物画主要取材于质朴的乡间生活或厨房内景，例如这幅画中描绘了17世纪下半叶符合新贵族品位的华丽甜点。金色圣杯、眼镜、银盘和中国瓷器一起摆放在桌子上，显示出画面的精致华丽，金色的光芒和天鹅绒般的阴影隐藏了物体的本来轮廓，多汁的果肉色泽从中显示出来，画作中同时还体现了亚麻毛巾和波斯地毯之间的对比。色彩不寻常的饱和度和画面温暖的色调，以及明暗对比的柔和性揭示了这位画家的作品受到已故的伦勃朗的影响，卡尔夫经常去伦勃朗的工作室参观。该作品1915年被塞曼诺夫·让·圣斯克基收藏。

248
伊曼纽尔·德·韦特
哥特式教堂内部
约1685年
布面油画
80cm × 66cm

建筑画大师德·韦特在画家代尔夫特的影响下完成了他的学徒生涯，他在阿姆斯特丹完成了他一系列最为杰出的作品。这位画家尝试着将建筑内部空间结构精确地再现出来，利用光影交错效果展现建筑形态。庞大而密集的建筑，太阳光线从窗户里照射进来在玻璃上形成了宝石一般的光芒。在半明半暗的环境中，教区居民的形象都融合在这片昏暗的背景里，只有孩子和新来的人不受影响。沙色为主的色调和人物形象上的黑暗结合在一起，整幅画的气氛使人倒吸一口凉气。该作品1770年被日内瓦的特龙金收藏，之后被冬宫收藏。

杨·德·希姆
水果和花瓶(局部)

249
杨·德·希姆
水果和花瓶
1655年
布面油画
95cm × 124.5cm

作为标志性静物画的大师，德·希姆在他的成熟作品中结合了佛兰芒画风和荷兰学院派的特点，将巴洛克风格的装饰元素与多元语义象征相结合。生动而又密集的绘画略带沉重感，通过大自然的慷慨馈赠增强了画面过度饱和的感觉，但是每一个细节在表达原始意义的方面都具有不同的释义。例如，那一串葡萄和扭曲的蛇上面的麦穗，是关于善恶与胜利的最原始的寓言；插着含苞待放的、成熟的和枯萎的花朵的粉红色花瓶，在传统上被视为表达生命的不稳定性和人间快乐的短暂性的象征。该作品约1763—1774年被收藏到冬宫。

250
雅各布·维尔
坐在壁炉旁边的老妇人
木板油画
36cm × 31cm

维尔深受德·霍赫的影响，他擅长以日常生活为主题进行创作，素材十分简单：其中包括一种舒适的资产阶级府邸的宁静生活，如和谐的家庭以及节俭的女主人。小幅画的魅力在于画面的绝对自然，场景十分清晰，用白色、蓝色和棕色为主色调形成的柔和精致的画面十分迷人。这个逼真的场景似乎是生命的寓言。维尔是一位细心的故事讲述者，在他的高壁炉中，在两侧和架子上摆放着的各种家居用品中隐藏着第二个画面“角色”。在这位荷兰大师的作品中，画中人物与其所处的环境和谐并存。该作品在1797年前已被收藏到冬宫。

251
小弗兰斯·哈尔斯
年轻的士兵
布面油画
113cm × 82.5cm

荷兰肖像画家弗兰斯·哈尔斯的三个儿子都成了画家，其中最有天赋的是小弗兰斯·哈尔斯，师从其父。这幅画中，年轻的士兵满脸忧伤，由于其职业原因弓着背，整个画面十分具有表现力。金色的头发神秘地盖住了他的脸，古老的盔甲、鼓以及皮套中的匕首增强了忧郁悲伤的感觉，画家用一种类似橄榄色调的柔和感使之与画面中透露出的贵族气息相呼应。该作品约1763—1764年被收藏于冬宫。

252
丹尼尔·舒尔茨
波兰贵族和他的儿子以及仆人的肖像
1654年或1664年
布面油画
166cm×231cm

德国画家舒尔茨几乎一生都在德国境外生活。17世纪40年代他在荷兰工作，20年后，他被任命为华沙波兰国王约翰二世卡齐米日的宫廷画师。这是一幅典型的官方集体肖像画，其中每个人物都被高度还原其本来面貌。这位严谨的德国画家也十分注重细节，在类似的作品中不会有画家虚构的成分，这个家庭的主人及其众多仆人都保持着庄严的姿势，显得“得体”。这幅画的主人并不清楚是谁，过去有人猜测这幅画里描绘的可能是米科拉杰·拉德威尔的家庭，但由于人物面部有着蒙古人的特征，也有可能是一个鞑靼人家庭或者卡尔梅克人家庭。画上的签名和日期都有破损，看不清楚。该作品1937年被沙皇村（现普希金市）的叶卡捷林斯基收藏，之后被冬宫收藏。

253
克里斯多夫·宝迪斯
静物
1660年
布面油画，转印自木板油画
62cm×46.5cm

在17世纪40年代，宝迪斯居住在荷兰，他也曾师从伦勃朗，这就能解释为什么他的绘画中富有现实主义的诗意，他的绘画作品是荷兰学院派中极佳的作品。

“厨房”里的经典静物，似乎都飘浮在周围金色的光芒中，物体的轮廓不清晰，整个物体融入空间里与周围环境形成一个整体。该作品在1859年前被收藏于冬宫。

254
戈弗雷·内勒
雕塑家格里林·吉本斯的肖像
1690年前
布面油画
125cm × 90cm

这位来自吕贝克的英国画家，在早期启蒙运动时期的英格兰度过了他人生中最重要的时期。作为一名宫廷画家，他是众多大型活动中肖像画的画师，其中为英国贵族绘制的肖像画作品尤为出众。画中，吉本斯在木头上雕刻的郁郁葱葱的“静物”，以及这位雕塑家为圣保罗大教堂所雕刻的作品，即使在今天也是令人钦佩的创作。内勒为他作的肖像画在18世纪被称为“不逊于凡·戴克绘画的杰作”，作品描绘了正在创作的艺术家，他正在制作的伟大的贝尼尼的头像。由于参考了巴洛克官方肖像画的典型形式和程序，内勒笔下的雕塑家形象显得官方而极具权威。这幅作品在1779年被沃波尔霍顿厅收藏，之后被冬宫收藏。

255
威廉·多布森
亚伯拉罕·凡·德·多特的肖像
1640年前
布面油画
45cm × 38cm

画中人物是查理一世美术馆的管理人，这幅画是威廉·多布森最好的作品之一，威廉·多布森是17世纪40年代最重要的英国画家之一。

威尼斯艺术和凡·戴克的影响并没有使这位画家丢失自己的风格，人物渲染中的细致和真实性实际上是多布森绘画上的优势。他所描绘的面孔表达了人物的担忧情绪，学者们分析是因为这幅画创作于画中主人公生命的最后阶段。1640年，画中人物因为回忆不起他将一件皇室藏品置于何处，这个男人最终绝望地自杀了。该作品在1779年被沃波尔霍顿厅收藏，之后被冬宫收藏。

256
戈弗雷·内勒
彼得·伊万诺维奇·波将金的肖像
1682年
布面油画
135cm × 103.5cm

画中的彼得·伊万诺维奇·波将金于1681年11月至1682年2月在伦敦担任沙皇大使，他魁梧的身形、卷曲的胡须和奢华的装扮都给人留下了不可磨灭的印象。有评论写道："他们带来了礼物，其中最使人好奇和具有异国情调的是大使本人。"内勒在1674年被任命为英国皇家画师。该作品曾被G. 波将金王子收藏，1931年被加特契纳收藏，之后被冬宫收藏。

257
洛朗·德·拉·海尔
墨丘利把巴克斯委托给水边仙女
1638年
布面油画
112.5cm × 135cm

画家和雕刻家，以及1648年法国绘画学院的12位创始人之一——洛朗·德·拉·海尔，将他的艺术热情都贡献给了17世纪的法国古典主义。在这个精致的画布上，有着无可挑剔的建筑，希腊神话世界看起来显得快乐而优雅，整个画面被温暖的金色光芒照亮。围绕着小巴克斯的活泼的仙女群体被墨丘利加冕，墨丘利的姿态将前景与后面的景观联系起来。这幅画面中壮观的自然风光与周边群山，繁茂的树木和地平线上的山脉，构成了法国绘画中最早的经典景观之一。该作品1772年被巴黎的克洛扎收藏。

258
路易·勒·南
挤奶女工的一家
约1640年
布面油画
51cm × 59cm

路易·勒·南被认为是最重要的“现实画家”之一（这种艺术流派建立于17世纪上半叶，但追崇者不多），以其绘画中体现出的惊人天赋而著称。受农民家庭日常生活启发的主题在画家笔下成为史诗一般的记载，画中人物带着明智的尊严感在履行自己的职责，散发出近乎英雄般的庄严。在精致的银灰色画面中，法国北部甜美而细致的风光一览无余，湿漉漉的空气和柔和的光线包围着画中农民健壮的身体、简朴的衣物和用品，温驯的驴子仿佛也是这个家庭享有平等权利的一员。该作品约1763—1774年被收藏到冬宫。

尼古拉斯·普桑

唐克雷蒂和阿尔米尼亚（局部）

259
尼古拉斯·普桑
唐克雷蒂和阿尔米尼亚
1630—1631年
布面油画
98.5cm × 146.5cm

作为法国古典主义的创始人，普桑遵循古代和文艺复兴时期大师的教诲，渴望以完美的艺术形式表达崇高和永恒的真理。这位画家一生都居住在罗马，这里是古典艺术的故乡。这幅画是他最有诗意的作品之一，受到托尔夸托·塔索《耶路撒冷的解放》一书的启发，激发了自我牺牲的情绪。画中的阿尔米尼亚牺牲了她头发的神奇力量来包裹并治愈唐克雷蒂的伤口，随后唐克雷蒂击败了阿兰特代表的邪恶势力。该作品在1766年被巴黎的画家阿维德收藏，之后被冬宫收藏。

260
尼古拉斯・普桑
把耶稣从十字架上放下
约1630年
布面油画
119.5cm × 99cm

这是17世纪宗教绘画的传统主题，而普桑以哲学的角度创作了这幅画。在一片火红色的闪光中裹尸布就像一片不安的火焰，画家描绘出了深刻的悲剧场景：乔瓦尼痛苦地在耶稣沉闷的脸的上方哭泣，而沮丧的圣母则摩挲着她的双手，这两者和基督的形象相互联系在一起，蕴含着一种非常高贵的美。对于死亡的恐惧在此因智慧得以缓解。该作品1769年被德累斯顿的布鲁赫收藏，之后被冬宫收藏。

261
尼古拉斯・普桑
波吕斐摩斯
1649年
布面油画
150cm×199cm

这幅画是普桑最著名的风景画之一，在生命的最后15年里，普桑完全致力于这一类型的创作，为法国古典绘画奠定了基础。对他而言，大自然是一个理想的、美的世界：一切都充满庄严和平静，包含着一种永恒的秩序，从天空到山峰、水流到大地、树木到草地、河流之神到水边的仙女以及顽皮的牧羊人，这是一个宏伟而令人印象深刻的宇宙景观。

画面中，独眼巨人波吕斐摩斯被仙女拒绝以后，用他的长笛奏出悲伤的旋律，但这种音律并不会破坏大自然的和谐，乐曲的嘹亮使整个氛围更加柔和。该作品在1772年被德康兰斯侯爵收藏，之后被冬宫收藏。

263
克劳德·洛兰
港口的早晨
1640—1650年
布面油画
74cm×97cm

克劳德·洛兰这个名字与经典法国风景画的诞生有关。这位艺术家从小就住在罗马，直到他生命结束，意大利人的性格以及在他年轻时就看过的普桑的作品是他风景画的主要灵感来源，但是洛兰更像是一位诗人而不是一位哲学家。理想的自然世界通过画家去现场观察的直接性和其微妙的抒情性而展现，所有这些都沉浸在具有复杂光效的颜色中。港口的景象是这位画家最喜欢的主题之一：反射黎明之光的水，在远方与地平线上的天空融为一体。画家以罕见的图画技巧将多变的晨雾表现出来。该作品在1781年被巴黎的博杜安收藏，之后被冬宫收藏。

262
尼古拉斯·普桑
骑着山羊的仙女
1630—1640年
布面油画
72cm×56cm

冬宫保存的12幅普桑的画作中，这可能是最闪亮和最欢乐的画作之一。画家创造了一个和谐的世界，大自然为人类提供了自由和快乐，人类黄金时代的理想共同构建了这个快乐幸福的世界。这幅画参与了17世纪30年代的“提香巡展”，并且与画家同一年为主教黎塞留制作的酒神系列作品很相似。该作品1772年被巴黎的克洛扎收藏。

264
亚当·弗兰斯·凡·德·穆伦
康德王子占领了法兰德斯市
布面油画
78cm × 107cm

1664年，凡·德·穆伦出生于布鲁塞尔，后成为路易十四的宫廷画师。他致力于创作传统“伟大风格”的战斗场景。在法国绝对主义时期，这种风格流行于宫廷艺术中。战斗的全景只是作为背景，康德王子威武的形象和英雄的威严感在画面中脱颖而出。大面积使用多种丰富的色彩以及精致的服装赋予这幅壮观的画面以强烈的装饰性。该作品约1763—1774年被收藏到冬宫。

265
雅各布·斐迪南·福特
霍滕斯·曼奇尼的肖像
布面油画
76cm × 62cm

斐迪南·福特是巴黎学院的成员，法国贵族的肖像画家，曾致力于将佛兰芒绘画的影响传播到法国学者之中，这中间分别有“普桑派”——古典主义的拥护者；“鲁本斯派”——鲁本斯色彩主义的支持者。在这幅画中，主人公霍滕斯·曼奇尼是位高权重的马扎里诺的侄女，福特结合了柔和的明暗对比，以华丽色调赋予了人物服装、蓬松发型精致的女性魅力。该作品1923年被国家博物馆基金会收藏。

266
让·朱文特
男人肖像
布面油画
75cm × 61cm

朱文特在他生命的最后几年里于巴黎学院执教。画中描绘了路易十四时代典型贵族的形象，以华丽的假发、宏伟的姿势、严肃的脸庞等细节为特色。私人肖像画尺寸偏小，服装和背景的简洁性使得画面的重点能够完全聚焦于人物的脸部，并强调人物讽刺的目光以及来源于生活经验形成的睿智性格。画家对于既定人物肖像的兴趣使其于17世纪后期逐步放弃学院派肖像画中典型的英雄化和理想化表达，为新世纪美学和艺术的诞生打响了前奏。该作品1923年被圣彼得堡的米亚特列维收藏。

267
让-巴蒂斯特·蒙诺耶
花朵与水果
布面油画
74.5cm × 122cm

在路易十四时期，法国学院创作的大型装饰画的重点是英雄主题，他们认为静物画是一种较小的装饰画。然而，身为安特卫普画家的蒙诺耶却成为了静物画领域最有趣的法国大师之一。画中的鲜花和水果是佛兰芒画派喜欢的鲜艳色彩，品位不凡的画家精心布置了画面，使得物体形象十分清晰，起到了高级的装饰作用。该作品在1933年被收藏到冬宫。

268
西蒙·乌埃
奥地利的安娜的寓言肖像
布面油画
202cm × 172cm

作为路易十三的第一位宫廷画家，17世纪上半叶法国官方绘画的负责人，乌埃主持了罗浮宫的装修，并为巴黎的皇家宫殿、别墅和教堂创作了大量的作品。在英格兰、土耳其以及最重要的意大利，这位画家在学习过程中获得了经验，并展示出非凡的绘画天赋。结合巴洛克式的绘画程序和严谨的博洛尼亚学术主义形式，乌埃创作了一幅华丽而宏伟的寓言肖像画，画中的法国王后即路易十三的妻子和小路易十四的摄政王，被描绘成智慧和战争之神——密涅瓦的形象。该作品在1931年被安提克瓦尔古董店收藏，之后被冬宫收藏。

胜乐金刚曼陀罗（局部）

269

胜乐金刚曼陀罗

矿物颜料画

1579年

画布油画

57cm × 38cm

87cm × 52cm（含框）

梵文“曼陀罗”之意为“坛场”，在象征艺术中，曼陀罗代表宇宙的几何模型，用于佛教冥想和实践。它们可以用彩色沙子制成，也可以用丝绸刺绣或青铜铸造而成，但最著名的表现形式还是绘画作品。

通常来讲，作品的神性主要体现在圆圈中央，根据四个基点来定位一个正方形的“宫殿”。来自西藏中部的胜乐金刚曼陀罗（极乐之轮），在红、蓝、黑色背景上用金色得以显现，这是一幅非常精致并广受好评的小型画作。该作品在1936年被俄罗斯博物馆收藏，之后被冬宫收藏。

270
马诺哈尔
纳吉布-汗的肖像
17世纪初
纸上水彩、水粉画
31.4cm × 20.5cm

这幅肖像画的主题是17世纪初印度的缩影，在那个年代有包括莫卧儿学派的一系列杰作，其中就包括这幅《纳吉布-汗的肖像》，可以说是对现实人物的高度再现。画家准确地将人物形象勾勒出来，在明亮的浅绿色背景下优雅地突出主人公形象。画中男子手上拿着书绝非偶然，他是摩诃婆罗多吉亚兹诗人和翻译家，在1581年被国王莫卧儿王朝的皇帝阿克巴尔授予贵族头衔。该作品在1924年从施蒂格利茨博物馆迁入冬宫。

271
马诺哈尔
阿克巴尔的肖像
16世纪末—17世纪初
纸上水彩、水粉画
29.2cm × 14.5cm

正如画框的铭文记载的那样，这幅小型画作是著名画家马诺哈尔为这位“莫卧儿王朝缔造者”创作的唯一一幅肖像画。在16世纪末至17世纪初，马诺哈尔已经是一位专业素养极高的艺术家，他绘制书籍插图，描绘宫廷生活场景，甚至临摹欧洲绘画作品，但其作品最高技艺的体现是描绘阿克巴尔儿子贾汗季的肖像画。在这幅肖像中，我们可以注意到画家用明确的线条勾勒出人物的轮廓，与莫卧儿绘画的传统绿色背景相映成趣，人物面部的精确绘制使人物形象特征十分清晰。该作品来源不详。

272
年代史编者的肖像
17世纪初
纸上水彩、水粉、陶土画
36.7cm × 24.3cm

这是一幅根据莫卧儿画派的传统手法绘制的印度微缩画，画家使用中国墨汁描绘轮廓，从而更有助于精确地描绘人物形象。画中人物的形象显示出一种不同寻常的表现力。显然画家展现了一个不再年轻的男子的强烈的人物性格，当观众看到这幅画时能感受到一种神秘。中性的背景、人物形象和画框之间的比例，都正好使得这位主人公的面部置于构图的中心，整个画面的切割构图有助于加强视觉上的空间效果。该作品来源不详。

274
里扎·阿巴斯
草地上的早餐
1612年
水粉画
左26.2cm × 16.5cm
右26cm × 26.7cm

这幅作品由两幅小型绘画构成，是阿巴斯最精彩的作品之一，在创作中充分体现了伊斯法罕学派的审美理想。画家的优秀技艺在把两幅画完美组合到一起的过程中很好地体现出来：从左到右，姿势和手势被逐步描绘出来，过渡自然。人物和景观的布局创造了画面的深度，有部分形象已经超出这幅微型画作的边框限制，阿巴斯将画框刚性特质柔软化，从而在视觉上扩展了构图面积，明亮清新的色彩营造出一种欢乐气氛。该作品来源不详。

273
里扎·阿巴斯
戴毛皮帽子的女孩
1602—1603年
金粉画
14.8cm × 8.4cm
（整幅纸张尺寸为19.3cm × 16cm）

在我们眼前的不仅是波斯艺术中最迷人的女性形象之一，也是里扎·阿巴斯这位著名画家最早期的作品。在波斯，年轻人行跪拜礼的主题反复出现：这是一个源于诗歌的主题，该主题广受喜爱而且十分容易辨别，这样就使得艺术家虽然以同一主题创作，但是可以专注于细节变化进行创新。这幅画里，优雅扁平的线条被反复使用，黄色、赭色的渐变强调了画面的美感。该作品在1924年被施蒂格利茨博物馆收藏，之后被冬宫收藏。

275
西蒙・乌沙科夫
喀山的上帝之母
1676年
画板
28.3cm × 25cm × 3.7cm（圣像）
50.5cm × 37cm × 9cm（含框）

上帝之母的圣像在一场毁灭性的大火之后于1579年在喀山被发现，之后转移到莫斯科。1612年在与波兰军队战斗之前，德米特里・波扎斯基王子祈求能有一幅圣母肖像的临摹版本。沙皇米哈伊尔・罗曼诺夫为了纪念对波兰人的胜利而宣布将7月8日和10月22日定为庆祝喀山的上帝之母的节日。俄国政府在1648年正式宣布了俄罗斯对该圣像的崇拜。这幅肖像下面的铭文显示，这幅画是西蒙・乌沙科夫所作，他是莫斯科沙皇宫廷著名的绘画大师，擅长画壁画、小型绘画、肖像画、版画和地图。该作品在1965年被俄罗斯博物馆收藏，之后被冬宫收藏。

276
上帝之母
木板胶画
36cm × 27.7cm

根据传说在1239年夏天的一次狩猎旅行期间，天主之母费多罗夫斯卡娅的圣像出现在科斯特罗马的瓦西里・雅罗斯拉维奇王子面前。很长一段时间，这个圣像保存在科斯特罗马市的圣特奥多罗・斯特拉蒂奥特教堂内，该教堂也因此得名。上帝之母的节日源自1613年，在3月14日庆祝沙皇米歇尔・罗曼诺夫登基时，修女玛尔法用圣像祝福新国王，因此该圣像被认为是罗曼诺夫家族的遗物。该作品在1956年从城市博物馆的陈列中心被收藏到冬宫，现存于沙皇村（现普希金市）的亚历山德罗夫斯基宫。

277

弗拉基米尔的上帝之母

17世纪初

木板油画

103cm × 71cm × 3.5cm

弗拉基米尔的上帝之母形象根据传统的原型由圣卢卡绘制，是11—12世纪著名的拜占庭圣像，于1131年从君士坦丁堡运往俄罗斯。它的名字与弗拉基米尔市有关，在14世纪末被转移到莫斯科。在这幅宽阔的画板上有20个象征“庆祝活动”的场景，其中有天使报喜、基督的诞生、主显节、耶稣被钉上十字架、耶稣从十字架上放下、圣母升天等神圣的主题。该作品在1956年从艺术博物馆迁入冬宫。

18 世纪：提埃坡罗、布歇、弗拉戈纳尔

米歇尔·皮尔特洛夫斯基

18世纪，欧洲绘画在彼得大帝和伊丽莎白二世的帮助下传入了俄罗斯，当地文化开始与东西方艺术相互融合。冬宫博物馆聚集了许多杰出作品，对俄罗斯艺术的发展产生了积极的影响，博物馆的开放原则，无论是在官方层面还是在学术层面，都成了国家文化政策执行的典范。18世纪伟大的沙皇叶卡捷琳娜二世是冬宫博物馆的创建者。她还收集了一些当代艺术家的作品，其中包括德比郡的赖特、雷诺兹、提埃坡罗和格勒兹等。

威尼斯是18世纪具有标志性艺术特征的城市：由卡纳莱托所绘制的壮丽风景画不仅彰显了它的美丽，还表明了其政治意图；而瓜尔迪所绘制的反映威尼斯愉快生活的作品则令整个欧洲为之着迷。伟大的风景画家贝尔纳多·贝洛托使德累斯顿同样成为了一座具有激情的城市。

在意大利，提埃坡罗的个性引人注目，在冬宫博物馆的展厅中展出了大量他的历史题材的油画。这位画家最受公众喜爱的作品是名为《米西奈斯向奥古斯都展示七艺》的小型画，与鲁本斯的画作相似，这种小型绘画展示了画家创作的一个完全不同的维度，这也是大众非常喜欢的。

有趣的是，鲁本斯的《珀尔修斯和安德洛墨达》和德国画家安东·拉斐尔·门斯的作品同名，但除了主题相同，这两幅画却再没有其他共同之处，尽管这两位画家都热爱古代艺术，并且都曾在意大利找寻过灵感。在18世纪的俄国，人们对英国艺术的好奇心逐渐增强，在这一过程中出现了一些著名的人物。庚斯博罗的肖像画以其精致的诗意和灵性引起了人们的注意，这种诗意和灵性后来也成了英国绘画的标志性特征。在冬宫博物馆展出的乔舒亚·雷诺兹爵士的历史寓言题材的画作都是他在俄罗斯时受到委托创作的。《幼年赫拉克勒斯杀死毒蛇》和《西庇阿的节制》这类型的作品在恭维当时的统治者的同时也告诫了他们。在稳重的学院画家群体中，赖特这位大师对于夸张的明暗对比的运用天赋不仅体现在对光线的描绘上，还体现在其描绘的火焰上，被熔炉中跳动的火苗照亮的《铁匠铺》看上去如同安全又吸引人的避难所。

在法国，杰出的艺术家们将布歇的田园牧歌和朗克雷的贵族舞蹈优雅地结合在一起，描绘出了城市和宫廷生活的一种无忧无虑的欢乐景象。他们的非凡才华使这些放在当今宛如平庸画片的物件变成了真正的杰作：浓重的描绘、柔和的色调、整洁的笔触……魔法就此诞生了。华托的“游乐画”也是如此，这些画色彩高雅，画中一切都显得欢快、随意、自然，似乎画中不存在任何预示着血腥的法国大革命的东西，然而正是大师们这种逍遥自在的雅致表达暗示了幸福的短暂。在弗拉戈纳尔的作品中已经出现了轻微的“颓废”。

叶卡捷琳娜二世在狄德罗的建议下购买了格勒兹的作品，现在冬宫博物馆有一整个房间都放满了这位画家的作品和预备草图。格勒兹在18世纪时深受人们的喜爱，他细致的现实主义和说教倾向，以及掺杂了大量感伤主义的绘画特征影响了启蒙运动知识分子们的品位。格勒兹著名的作品《瘫痪病人》，其绘画的品质和温情的主题在今天仍能引起大众的兴趣。

在彼得一世统治时期，俄国人就对欧洲绘画有所了解。因此，俄罗斯也逐渐欧洲化了：画家们继续绘制圣像，但也会画真实题材的作品。这种新的体验和社会需求催生了一种本土肖像艺术，无论是彼得大帝、伊丽莎白一世还是叶卡捷琳娜二世，都曾定制他们自己的正式肖像画。因此，诞生了像尼基金、安特罗波夫和阿古诺夫这样一流的俄罗斯艺术家，他们在活跃于圣彼得堡和莫斯科的欧洲画家们那里完成了学徒生涯，到访了其他国家，也创作了很多原创作品。在冬宫具有欧洲风情的华丽宫殿大厅里，展出了画质和风格上都无可挑剔的俄罗斯绘画作品。罗科托夫是叶卡捷琳娜二世最经典的肖像画之一的作者，他与博罗维科夫斯基和列维茨基都是俄罗斯古典主义肖像画大师。在俄国已然出现了对不同艺术风格的见解。

278
塞巴斯蒂亚诺·里奇
罗慕路斯和雷穆斯的童年
约1708年
布面油画
185cm × 170cm

威尼斯画派画家里奇深受卡拉奇、雷尼尤其是保罗·维罗内塞的影响。里奇的作品涉及宗教、神话、寓言和历史题材，他活跃在意大利诸多城市以及英国、荷兰和法国，是巴黎美术学派和博洛尼亚美术学派的成员。这件作品的主题与罗马诞生的故事有关：这座城市的传奇创始人罗慕路斯和雷穆斯是祭司雷亚·西尔维亚的儿子，在其叔叔阿穆略国王的命令下，这两个孩子被遗弃在台伯河的河岸上，多亏了母狼喂养他们使两兄弟得以幸存。后来他们被牧羊人浮斯图卢斯和他的妻子一同抚养。里奇在画中描绘了浮斯图卢斯带着两个孩子回家的那一刻。这幅画于1925年被圣彼得堡的尤苏波夫宫收藏。

279
塞巴斯蒂亚诺·里奇
阿佩利斯为坎巴丝帕画肖像
1713—1714年
布面油画
300cm×261cm

阿佩利斯是公元前4世纪的希腊画家，在马其顿王亚历山大的宫廷中任职。根据老普林尼的说法，亚历山大委托画家为自己心爱的妾室——美丽的坎巴丝帕作画，在这幅画的创作过程中，阿佩利斯爱上了坎巴丝帕，而亚历山大被大师的精湛技艺所折服，于是他将这个女人送给了阿佩利斯作为礼物。以前这幅画被认为是弗朗西斯科·丰特巴索在其1760—1762年于俄罗斯停留时期创作的作品。而通过威尼斯美术学院保存的两幅草图和对画中的风格进行分析让我们最终确定这幅画的作者是里奇，创作于他在英国停留期间。显然，这幅画是在1741年之前抵达俄罗斯的，因为在那一年宫廷画师路易斯·卡拉瓦克复制了这幅画的构图，在他的那幅摄政王安娜·利奥波德芙娜与伊万六世的肖像中，他将阿佩利斯的外表画成了自己。这幅画于1931年被莫斯科的普希金博物馆收藏。

280
乔凡尼·巴蒂斯塔·提埃坡罗
穆修斯·司凯沃拉和波希纳
约1730年
布面油画
387cm×227cm

这幅作品是应威尼斯贵族达尼埃勒·多尔芬三世的要求，为他的贵族宫殿创作的十幅系列作品中的一幅，这些作品在1872年之前一直保存在那座宫殿中。这些画作的灵感来自古罗马的历史故事，显然也是由这位订购人选择的。根据提托·利维奥的讲述，在507年的战争中埃特鲁斯基人包围了罗马，穆修斯提出要深入敌营杀死敌人的指挥官拉·波希纳，但却不幸被俘。意识到自己的错误，穆修斯将手伸进火里来惩罚自己。波希纳被他的勇气所折服释放了他，并将对罗马城的包围撤回。罗马人很感激穆修斯，给这位英雄取名为“司凯沃拉”，意思是“左撇子”。这幅画于1934年和该系列画中的其他四幅一同从施蒂格利茨博物馆迁至冬宫。

281
乔凡尼·巴蒂斯塔·提埃坡罗
天使报喜
约1720年
布面油画
46cm×38cm

18世纪威尼斯学派的主要代表人物乔凡尼·巴蒂斯塔·提埃坡罗受到了塞巴斯蒂亚诺·里奇和皮亚泽塔的影响，并曾在保罗·维洛内塞的画室进行学习。他主要在威尼斯和意大利北部的城市工作，并在国际上享有盛名，他也曾去过维尔茨堡和马德里作画。这幅油画是冬宫保存的他的油画中最早期的一幅，我们已经能够从中欣赏到这位大师流畅、动感的绘画技巧，色彩丰富的表现力和其中的情感内涵。这幅画于1924年被圣彼得堡的杜尔丁收藏。

乔凡尼·巴蒂斯塔·提埃坡罗
米西奈斯向奥古斯都展示七艺（局部）

282
乔凡尼·巴蒂斯塔·提埃坡罗
米西奈斯向奥古斯都展示七艺
1743年
布面油画
69.5cm × 89cm

这幅作品是由著名的学者和作家阿尔加罗蒂伯爵委托提埃坡罗创作的，想把它献给萨克森选帝侯，即波兰国王奥古斯特三世的首相——布鲁尔伯爵。画中的罗马皇帝和米西奈斯的形象分别取材自这位选帝侯及其大臣，后者也是一位著名的收藏家。米西奈斯是屋大维·奥古斯都时期的一位达官显贵，也是著名的科学家和艺术家的保护者。在提埃坡罗的绘画中，米西奈斯向皇帝展示了绘画、雕塑和建筑等艺术，这些艺术被按照传统方式描绘在三位美丽女性的服装中，而年迈的盲人诗人荷马则象征着诗歌。画中故事的背景设置在奢华的建筑之中，其中可以看到德累斯顿的布鲁尔宫殿以及宫殿的空中花园。这幅画于1882年被加特契纳收藏，之前曾被布鲁尔收藏馆收藏。

283
乔凡尼·多梅尼科·提埃坡罗
天父和天使
约1790—1800年
布面油画
33cm × 49cm

作为乔凡尼·巴蒂斯塔·提埃坡罗的儿子，乔凡尼·多梅尼科·提埃坡罗的灵感往往来自他父亲的作品——如一组以“荣光中的天父”为主题的多幅草图。这显然也与冬宫天花板上的草图相关，以前人们认为这些是乔凡尼·巴蒂斯塔的作品。该作品1920年被国家博物馆基金会收藏。

284
乔凡尼·巴蒂斯塔·皮多尼
狄多和迦太基的建立
布面油画
161cm × 200cm

这位画家在18世纪初期受到许多威尼斯大师的影响，如塞巴斯蒂亚诺·里奇、皮亚泽塔和乔凡尼·巴蒂斯塔·提埃坡罗。从1758年起，他掌管威尼斯美术学院，同时也绘制了一些《圣经》和神话题材的作品。在这幅画中，聪明的狄多下令把牛皮切成细条，并用这些牛皮条圈出尽可能多的土地，因柏柏尔国王已经答应给她牛皮围起来的范围内的所有领土。这幅画是一套组画中的一幅，这组画也包括油画《国王坎道列斯之死》（收藏在冬宫）、《索福尼斯巴之死》（收藏在普希金博物馆）和《赛密拉米德之死》（1854年售出）。这幅画于1923年被加特契纳收藏，之前曾被宫廷乐师朱塞佩·多尔·奥格里奥收藏。

285
彼得罗·隆吉
戏剧场景
约1752年
布面油画
62cm × 50cm

隆吉是18世纪最具独创性的威尼斯画家之一，他的所有缩小尺寸画几乎都是以城市中的日常生活为主题，描绘一些发生在街道上、剧院里、贵族宫殿里和贫民居住区里奇怪或是滑稽的场景。这位画家不喜欢悲剧和痛苦的主题，对他而言生活如同一出无限又空虚的滑稽闹剧，他画中灵活多变的形象似乎是参演这出闹剧的牵线木偶。绘图的技巧很符合这个流派的特征，通常隆吉喜欢使用特定的颜色——浓重的色彩和非透明的颜色。这幅画描绘了意大利喜剧中的几个角色：一对情侣——罗莎拉和费奥林多，一位胖医生（或公证人）和一名仆人，但主题却不是很清楚。这部作品之前名为《调皮的扇子》，是格里马尼-莫罗西尼家族的收藏。这幅画于1923年被圣彼得堡的奥利弗和戈拉科夫收藏。

286
卡纳莱托
圣克里斯托弗岛、圣米凯莱岛和穆拉诺岛
约1730—1740年
布面油画
67cm × 127cm

卡纳莱托作为威尼斯最杰出的风景画家，早年曾跟随卢卡·卡尔瓦尔吉斯学习，之后成为威尼斯的首席风景画家。他曾仔细研究贝洛托的画作，并曾在威尼斯、罗马和伦敦工作，在伦敦时他被选为皇家艺术学院的成员。画中，威内托潟湖岛屿的景色以一种柔和的、极其精致的，同时具有抒情主义的风格被展现出来。在圣克里斯托弗岛上可以看到墓地，而穆拉诺岛则以其玻璃工艺品商店而闻名。这幅画于1923年与对称画《穆拉诺的圣乔瓦尼教堂》一同被圣彼得堡的奥利弗和戈拉科夫收藏。

287
卡纳莱托
在总督府接待法国大使
1726年
布面油画
181cm×259.5cm

这幅画描绘了法国驻威尼斯共和国大使——公爵雅克文森特·朗格特于1726年11月4日抵达威尼斯时的情景。这类仪式的流程是经过精心编排的：大使首先被带到威尼斯的一个岛上，在那个岛上他和他的随从乘坐豪华的船只再次进入城市，然后在总督府附近上岸，他将在那里被正式接待。这一重大事件发生的地点具有重要意义，总督府是威尼斯共和国政治生活的中心。石柱上有翼的狮子是福音传道者马可的象征，他也是这座城市的保护者。在圣马可图书馆，主教维萨里奥尼的手稿在拜占庭帝国灭亡后得以留存，这再次确认了威尼斯继罗马和君士坦丁堡后的城市地位。安康圣母教堂是威尼斯最宏伟的教堂。岛屿顶端的海关暗示了商业贸易的繁荣，这也是威尼斯经济的一个优势。这幅画在1773年之前到达冬宫，很可能是来自德·热尔日家族的收藏。

卡纳莱托

在总督府接待法国大使（局部）

288
卢卡·卡尔瓦尔吉斯
为向萨克森选帝侯表示敬意而在总督府举行的赛船会
1716年
布面油画
61cm×115cm

威尼斯画家和雕刻家卡尔瓦尔吉斯主要画潟湖岛屿和海滨城市的风景，实际上他也是这一流派的领导者。作为圣马可共和国的首席风景画家，他被要求捕捉并定格这座城市生活中的所有重大事件。这幅画中描绘的是为撒克逊选帝侯即波兰未来的国王奥古斯特三世举行庆祝活动的场面，他于1716年5月27日抵达威尼斯。在市中心壮丽风景的背景之中，画家以细致入微的手法描绘了奢华的接待仪式，在此过程中，象征着“亚细亚的胜利”的寓言故事被呈现在总督府前。这幅画于1923年被圣彼得堡的奥利弗和戈拉科夫收藏。

289
米凯莱·马里斯凯
里亚托桥
约1740年
布面油画
131cm × 196cm

米凯莱·马里斯凯是意大利艺术史上知名的画家、雕刻家、建筑师和布景设计师。在他的风景画中，他描绘了那个时代的威尼斯，不仅精确地再现了这座水上城市的建筑细节和诸多日常特色，并且保留了整体观感的完整性。统一的色调，轻盈和缥缈的绘画手法使他成为弗朗西斯科·瓜尔迪的启蒙人。这幅画描绘了里亚托桥所在的大运河边上鳞次栉比的商铺，它们与相邻的费罗河岸共同组成了威尼斯贸易和商业中心，远处还可以看到圣巴托洛梅奥教堂的钟楼。该作品于1829年被圣彼得堡的伊塔林斯基收藏。

290
贝尔纳多・贝洛托
德累斯顿的古老防御工事
1749—1752年
布面油画
130cm × 236.5cm

这幅作品是德累斯顿和不远处的皮尔纳的一系列风景画中的一幅，这个系列由15幅画作组成，被称为“布鲁尔系列”，是为奥古斯特三世的首相布鲁尔创作的作品。贝洛托以略显朴素的手法将这座城市的建筑和基础设施十分精确地描绘出来。前景的构图中心由河边的方尖碑组成，在护城河的右边是城市防御堡垒的城墙，而在左边的远处可以看到茨温格宫的亭阁和画廊，地平线上矗立着宫廷教堂的钟楼和皇家城堡的塔楼。这组画收藏在冬宫的有10幅，还有4幅在莫斯科的普希金博物馆，另外一幅收藏在阿卢普卡市的博物馆中。该作品于1768年被德累斯顿的布鲁尔收藏馆收藏。

291
乔万尼·保罗·帕尼尼
罗马圣母玛利亚大教堂内部
约1730年
布面油画
78cm × 99cm

帕尼尼是罗马画派的画家，他深受比比恩纳的透视作品和洛卡特利的风景作品的影响。帕尼尼主要为教皇宫廷工作，同时创作废墟风景画和室内景观画。画中是教皇利伯略于352年到达埃斯奎利诺山丘建立的教堂的内景，圣母玛利亚用一场奇迹般的降雪指明了埃斯奎利诺山丘的位置。这是当时献给圣母的最大的教堂，宏伟的内部空间被分成三个中庭，由40根整块石料制成的石柱隔开。据说为了装饰教堂的天花板，朱利亚诺·达·桑迦洛用的是克里斯托弗·哥伦布从美洲带回来的黄金。这幅画于1925年被圣彼得堡的尤苏波夫宫收藏。

292
弗朗西斯科·瓜尔迪
圣乔治马乔雷岛
1765—1775年
布面油画
44cm × 60cm

在卡纳莱托、马可·里奇、马尼亚斯科和提埃坡罗等画家的影响下，瓜尔迪的绘画技巧逐渐成熟。威尼斯的风景和城市生活是其灵感的主要来源，圣乔治马乔雷岛出现在这位艺术家的众多作品中。从总督府的河岸可以看到宏伟而优雅的教堂正面，这座教堂是帕拉蒂奥建造的最杰出的建筑之一，画中的一切都突显出它的辉煌。右侧是绵延不绝的朱代卡岛的低岸。轻盈的云彩飘过透明的天空，看起来好像与平静水面上划行的贡多拉相汇于地平线，前景中的船只则使构图更加和谐。细致的大量色彩错位，光亮处和阴影处细节之间的对比并没有破坏画面中自然的感觉。这幅画于1927年被莫斯科的西方新艺术博物馆收藏。

293
弗朗西斯科·瓜尔迪
从总督府看到的广场
1775—1780年
布面油画，转印自木板油画
27cm × 23cm

这幅作品被认为是瓜尔迪的“奇想”之一，他的风景画充斥着活跃的想象力和略显悲情的威尼斯建筑。这幅画描绘的是在总督府的主入口所看到的景象。画中阴暗的前景和被明亮光线照亮的剩余部分形成对比，同时大部分人物都是背对着观赏者，这也给构图增添了某种神秘的氛围。这幅画于1895年被圣彼得堡的科斯特洛米蒂诺娃收藏。

294
安德烈·洛卡特利
墨丘利和阿尔戈斯风景画
布面油画
95cm × 170cm

罗马风景画家保罗·阿涅西的学生洛卡特利不仅受到阿尔巴尼的影响，也受到了普桑和洛兰的影响。这幅典型的风景画围绕着一个来自朱庇特和伊娥的爱情神话场景：爱忌妒的朱诺把伊娥变成了一头白色的小母牛，并命令有一百只眼睛的巨人阿尔戈斯看守伊娥。朱庇特派墨丘利去杀死阿尔戈斯，阿尔戈斯被墨丘利的笛声催眠后被后者杀死。洛卡特利完全没有试图描绘这个神话故事的戏剧性，相反，他感兴趣的是根据古典主义原则重现一种精致的协调，就像他在对称画《阿尔弗斯和阿瑞塞莎的风景画》中呈现的那样。该作品于1922年与其对称画《阿尔弗斯和阿瑞塞莎的风景画》一同被美术学院博物馆收藏，之前曾被圣彼得堡的奥尔洛夫伯爵收藏。

295
弗朗西斯科·祖卡雷利
抱小孩的女人风景画
布面油画
69.5cm × 51cm

祖卡雷利是威尼斯画派的画家，曾在佛罗伦萨和罗马学习，并在威尼斯、贝加莫和伦敦工作过，是皇家学院的创始成员之一。在阿尔巴尼的作品的影响下，他主要创作风景画和田园画。

画中的风景以一种特别的伤感和某种夸张为特征，前景中的人物似乎在讲述一幅动人的景象，而在远处加入了温驯的动物共同构成了田园诗般的背景画面。精准的细小笔触将细节再现得一丝不苟，并与一种特殊的柔和色调结合在一起。这幅画于1826年被圣彼得堡的M. 米洛拉多维奇伯爵收藏。

阿历山德罗·马尼亚斯科
休息中的匪徒（局部）

296
阿历山德罗·马尼亚斯科
休息中的匪徒
1710—1720年
布面油画
112cm × 162cm

作为一名热那亚画派的画家，马尼亚斯科在米兰完成了他的学徒生涯，并受到如罗萨和卡洛这些不同风格大师的影响。这幅画连同另一幅关于同一主题的油画和两幅《狂饮作乐》（其中一幅现存于莫斯科普希金博物馆），均是作者生前在女沙皇伊丽莎白·彼得罗芙娜时期带到俄罗斯的系列作品中的几幅。马尼亚斯科充满激情的绘画风格将观赏者引入了一个充满了奇异景象和神秘人物的世界：僧侣、吉卜赛人、逃兵一同待在古老的废墟之中，武器悬挂在一边，画家用尖锐、断裂的笔触刻画出人物，营造出了一种具有感染力的氛围。这些比例拉长的建筑是克莱门特·斯帕拉绘制的，建筑中的雕像看起来活灵活现。尽管由两位不同画家完成，这幅画在构图和色彩上还是达到了完美的统一。这幅画于1922年被美术学院博物馆收藏，之前整个系列曾被I. 苏瓦洛夫收藏。

297
阿历山德罗·马尼亚斯科
海岸
1720—1730年
布面油画
158cm × 221cm

马尼亚斯科经常与人合作绘画，这幅画中他只绘制了人物部分，剩下的部分都是由风景画家安东尼奥·佩鲁齐尼完成的。佩鲁齐尼极富表现力的阴郁绘画特色对马尼亚斯科的创作风格也产生了决定性的影响。茂密的树木、蓝灰色的天空，树枝和灌木丛之间的光芒，都给这个模糊、神秘又黑暗的风景赋予了生命。饱满有力的粗犷笔触勾勒出人物的细致轮廓，他们与云、岩石和树木一同生存在这个宇宙之中。这幅画于1922年与其对称画《山丘风景》一同被阿古丁斯基·道尔格鲁季奇收藏。

298
彼得罗·安东尼奥·罗塔里
安娜·米哈伊洛夫娜·沃龙佐夫的肖像
布面油画
50cm × 46.5cm

在1756年到达俄国后，因其成功的肖像画作品，这位画家得到了伊丽莎白一世以及彼得三世和叶卡捷琳娜二世的青睐。画中的伯爵夫人安娜·米哈伊洛夫娜（1743—1769年）是大臣米歇尔·伊拉尼诺维奇·沃龙佐夫和伊丽莎白一世的表妹——安娜·卡拉洛夫娜·斯卡夫隆斯卡加的独生女。1758年，在女皇的安排下，安娜·米哈伊洛夫娜嫁给了亚历山大·瑟吉维奇·斯特罗加诺夫，但这场婚姻失败了，1764年两人分居。回到父亲的家里，安娜用回了自己娘家的姓氏。她是一位受过良好教育的女性，并因美丽的外表和温和的性情得到了诸多赞赏。该作品1923年被圣彼得堡的米亚特列维收藏。

299
蓬佩奥·吉罗拉莫·巴托尼
赫拉克勒斯的抉择
1765年
布面油画
245cm × 172cm

巴托尼是罗马学院画派的杰出画家，他的许多作品的主题都与公民责任和道德责任有关，这幅画是该画派中最优秀的作品之一。画中故事可以追溯到公元前5世纪的哲学家普罗迪科斯的叙述。国王安菲特律翁让幼时的赫拉克勒斯在山上放牛的时候，有两个女人出现了，她们分别是罪恶和美德的化身。在这幅画中，第一个女神向他献上一朵玫瑰，用生活的欢乐诱惑他，而在他的脚下则是声色犬马和虚荣享乐的象征，如乐器、乐谱、果篮；另一位则激励他去工作，去完成丰功伟绩，她指着山顶的一座寺庙，寓意着通往荣耀的艰难之路。经过长时间的犹豫，最终赫拉克勒斯决定全身心投入为全人类的贡献中。他的未来被用传统元素体现出来，包括两个小天使怀中的棍棒和狮皮、地狱犬刻耳柏洛斯和九头蛇海德拉。这幅画于1925年被圣彼得堡的尤苏波夫宫收藏，之前曾被拉祖莫夫斯基收藏。

300
托德斯奇尼
日常生活景象
布面油画
158cm × 200cm

18世纪上半叶，贾科莫·弗朗西斯科·西珀又名托德斯奇尼，活跃于意大利北部的许多城市中。他是一位德国人（这个外号来源于此），以农民和手工艺者的生活为创作灵感。这幅早期的作品对构图中的每一个元素都同样关注：杀鱼的厨师、哺乳婴儿的母亲、专心吃饭的孩子，这一切对画家的吸引力不亚于厨房器皿或地板上的大鱼。 这幅画于1924年被国家博物馆基金会收藏，之前曾被圣彼得堡的拉耶夫斯基收藏。

301
朱塞佩·玛丽亚·克雷斯皮
自画像
约1700年
布面油画
60.5cm × 50cm

克雷斯皮是博洛尼亚画派的画家和雕刻家，他研究了柯雷乔、巴洛奇和格尔奇诺的作品以及伦勃朗的蚀刻画。他在意大利几个城市陆续工作过，绘制关于《圣经》和神话主题的作品，也画一些肖像画和风俗场景画。强烈的明暗对比，温暖的深色色调，望向观赏者强烈又有所掩饰的目光，自然又带有某种紧张感的绘画手法，所有这些都令这幅《自画像》在当时的绘画作品中脱颖而出。这幅画于1781年被巴黎的博杜安收藏。

302
朱塞佩·玛丽亚·克雷斯皮
捉跳蚤的女人
1710—1720年
铜版油画
25cm × 18.5cm

这幅画的创作时间可以追溯到作者专注于画日常题材的小作品时期，画中空间里存在着大量的物品，每一个都吸引了他的注意，这使他成了一位无法被超越的“讲述者”。然而，画家关注的不是生活中的奇闻逸事，而是场景中通过光线的表现力和绘画的生动性表现出来的情感部分。这幅画和其对称画《洗衣妇》一同被米加洛夫收藏，之前曾由索莫夫和戈利岑收藏。

303
安东·拉斐尔·门斯
自画像
约1775年
布面油画
102cm × 77cm

作为在欧洲脍炙人口的画家，门斯在罗马生活并工作了很长一段时间，在那里他完成了这幅自画像，创造了新古典主义画家的概念——随意的姿势。随便系在脖子上的围巾和简单的工作服都是正在创作的人的典型形象（通过手中的画纸和画笔可以看出他正在创作）。画中这种专注的凝视转向了画面范围之外的东西，使人物的形象具有一种不可复制的个性和一种深刻的表现力。该作品于1794年被冬宫收藏。

304
安杰莉卡·考夫曼
自画像
1780—1785年
布面油画
76.5cm × 63cm

这位瑞士画家并没有接受过系统的专业教育，但由于她的天赋和坚持不懈地在意大利复制古典模型，最终成为著名的肖像画家。她被选为圣卢卡和罗马学院的成员，同时也是伦敦皇家艺术学院的唯一女性成员。少数北欧画家成功地在作品中表达出了诗意、清新和抒情的特征。尽管考夫曼多才多艺，但她最出色的风格特点并没有体现在那些过于理性和戏剧化的伟大作品中，而是体现在了在那个时代颇受欢迎的生动、清晰、充满感情的肖像画中。这幅画于1925年被尤苏波夫宫收藏。

305
安东·拉斐尔·门斯
珀尔修斯和安德洛墨达
1777年
布面油画
227cm × 153.5cm

毫无疑问，门斯是德国新古典主义画家中最重要的代表人物之一。在这幅画中他爱上了古代雕塑，将最宏伟的大理石建筑一一呈现在了画布上，富丽堂皇的画面使人想起雕像《贝尔维德尔的阿波罗》。而安德洛墨达的姿势则是借鉴了一个古老的浅浮雕。这幅画是在罗马绘制的，并通过船运寄给了在英国的订购人，而它的麻烦从船上就开始了：实际上这艘船被海盗劫持了，海盗在西班牙加的斯港口把它卖给了法国的海军部长。在那之后，门斯的画最终出现在了圣彼得堡的叶卡捷琳娜二世的收藏品中。这幅画于1780年被冬宫收藏。

306
托马斯·庚斯博罗
穿蓝色衣服的夫人肖像
1775—1780年
布面油画
74cm × 64cm

在很长一段时间里，人们都认为这幅肖像的原型就是贝奥福特公爵夫人。这幅肖像可以与这位画家在伦敦时期所创作的最优秀的女性形象相媲美。作为英国最富有艺术特色的画家之一，庚斯博罗在这幅作品中反映出了他对包含在启蒙运动理想之中的个人和谐特征的理解。画家技巧精湛的笔触和他所喜爱的冷色调将画面的精致体现出来。这幅画于1912年来自圣彼得堡的基特洛夫的遗赠。

托马斯·庚斯博罗
穿蓝色衣服的夫人肖像（局部）

307
乔治·罗姆尼
哈丽雅特·格里尔夫人
1781年
布面油画
76cm × 64cm

罗姆尼是一位多才多艺的画家，也是一位非常接近启蒙运动典范的肖像画家。这是他最著名也是最受赞誉的上流社会的贵妇肖像画：在脸庞的鲜艳色调和宽檐黑色帽子的衬托下，罗姆尼赞扬了年轻的魅力。没有强烈对比的温暖色调，流畅大方的笔触给女人的迷人形象增添了一丝优雅，突出了一种平和的自信。这幅画于1912年来自圣彼得堡的基特洛夫的遗赠。

308
亨利・雷本
艾莉诺尔·白求恩夫人
1790 —1800年
布面油画
76cm × 64cm

这幅油画的背景被转化为一种强烈的光亮环境，似乎在画中这位已经不再年轻的女人周围笼罩着银色的薄雾。充满秋天色彩的大自然披上了淡淡的忧郁面纱，这使肖像成为一种精神情感的标志，反映了18世纪末期英国艺术中出现的浪漫主义倾向。这幅画于1912年来自圣彼得堡的基特洛夫的遗赠。

309
詹姆斯·撒克逊
约翰·罗杰斯
1799—1803年
布面油画
74cm × 64cm

画中人物是一位英国的外科医生，在1768—1774年俄罗斯与土耳其战争期间，他与其他医生一起被指派到俄国作为医务人员，后来被任命为海军部长的官方医生。这幅肖像可能绘制于1799—1803年，也就是罗杰斯在英国停留期间。在这幅画中画家着重刻画了这位医生的人性光辉，而不是社会阶层。

通过宽广的画面和温暖的色调可以看出，这幅作品与皇家学院院长乔舒亚·雷诺兹的作品风格很相近。这幅画于1915年来自圣彼得堡的祖洛夫的捐赠。

310
约翰·奥佩
弗朗西斯·惠尼科姆女士
1790—1800年
布面油画
92cm × 71cm

尽管出身卑微，又是一位业余画家的见习生，在1787年奥佩还是被皇家艺术学院接纳了，这也被称为“康沃尔奇迹”。这幅肖像着重体现了画中人的自然和优雅，是一组女性肖像画中的一幅，这些女性肖像是他在晚年时期同时代更著名的作品的启发下创作的。这幅画于1912年来自基特洛夫的遗赠。

311
乔舒亚·雷诺兹
西庇阿的节制
1788—1789年
布面油画
269cm × 165.5cm

著名的罗马统帅——“阿非利加的征服者”西庇阿，当得知在他军队的俘虏中有一位准新娘时，西庇阿便放了这个女孩给她自由，并拒绝接受丰厚的礼物作为回报。这幅画是叶卡捷琳娜二世时期的王子格里高利·波特姆金委托雷诺兹创作的。这幅画是这位画家最后的作品之一，画中温暖的色彩加上强烈而细腻的构图技巧都体现出雷诺兹对鲁本斯作品风格的兴趣。这幅画于1792年被波特姆金王子收藏。

312
乔舒亚·雷诺兹
爱神解开维纳斯的腰带
1788年
布面油画
127.5cm × 101cm

这幅画是作者按照之前卡里斯福特勋爵委托创作的《草中之蛇》复制的，作为给波特姆金的礼物，但那条象征不忠之爱的蛇却在这幅画中消失了。也许维纳斯的原型是参照着未来著名的汉密尔顿夫人画的，然而雷诺兹并不想像通常那样再现她的面部特征。雷诺兹笔下的维纳斯，这位掌管爱与美的女神是他那个时代一位迷人而庄重的女人，带着一丝小狡黠，脸颊绯红，一头铜色的秀发是当时的时尚。该作品于1792年被冬宫收藏。

313
本杰明·韦斯特
维纳斯安慰被蜜蜂蜇到的小爱神
1802年
布面油画
74cm × 64cm

韦斯特出生于美国，在1763年移居英国，他被认为是英国新古典主义绘画最伟大的代表人物之一。在冬宫博物馆收藏的油画中，这个起源于希腊诗人阿那克里翁的古代主题被赋予了一种多愁善感的细腻特征。古典而精确的形态凸显了外在美，维纳斯具有一种如同古老的浮雕装饰般的魅力，但她是冷漠和沉着的，小爱神任性的眼泪则软化了观赏者敏感的心。在以历史故事为主题的作品中，韦斯特的灵感不仅来自《圣经》和古典神话，还包括当代事件。例如在《魁北克战役中沃尔夫将军之死》（1771年）中，他首次描绘了一个当代事件，画中人物也都是穿着现代的服装。该作品于1925年被圣彼得堡的尤苏波夫宫收藏。

本杰明·韦斯特
维纳斯安慰被蜜蜂蜇到的小爱神（局部）

314
乔舒亚·雷诺兹
幼年赫拉克勒斯杀死毒蛇
1786—1788年
布面油画
303cm × 297cm

作为英国皇家学院的第一任院长、画家和艺术理论家，雷诺兹尤其擅长人物肖像画。他曾在一年之中完成了150幅肖像画。然而冬宫中对其作品的主要馆藏为“历史”题材画作，这类主题在他的作品中很少见。1785年，叶卡捷琳娜二世委托这位艺术家创作一幅作品，并让他自由选择题材。雷诺兹决定描绘赫拉克勒斯完成的第一个任务，他认为这可以与新崛起的俄国力量相衬。形态的可塑性、迸发的活力和浓重的红棕色调体现出了热烈的激情，作品在造型和姿态上非常具有感染力，是英国学院派典型的“宏大风格”，赫拉克勒斯被真实地描绘成一个充满活力的孩子，雷诺兹对一些人物的刻画也是参考了真实存在的人物。该作品于1789年来自画家本人的收藏。

315
约瑟夫·赖特
铁匠铺
1773年
布面油画
105cm × 140cm

在赖特的画作中，我们可以感受到英国工业时代的气息和科学发明蓬勃发展的氛围。他自己的作品如同一种试验，其试验对象则是光线呈现出的效果，光与影的对比使画家能够将艺术特色表现在铁匠日常工作的场景中，并在绘画中传达一种强烈的情感共鸣。在一个寒冷寂静的月圆之夜，被熔炉中跳动的火光照亮的破旧铁匠铺看起来似乎是一个安全且有吸引力的庇护所。它是赖特最美丽、最原始的作品之一，反映了英国绘画前期的浪漫主义倾向。这幅画于1774年来自画家为叶卡捷琳娜二世所画的作品中。

316
约瑟夫·赖特
圣安杰罗城堡的焰火表演(轮转烟火)
1779年
布面油画
162.5cm×213cm

这幅画创作于英国，围绕着赖特最喜爱的主题之一，让人想起1774—1775年他在意大利逗留期间在罗马庆祝节日时欣赏到的焰火。著名的“轮转烟火”是神奇的火海，在台伯河岸圣安杰罗城堡顶上点燃。赖特试图将人造光与自然光进行对比，这使他完成了对称画《维苏威火山的爆发》（现存于莫斯科普希金博物馆）。这幅画于1779年来自画家为叶卡捷琳娜二世所画的作品中。

317
乔治·莫兰
暴风雨前夕
1791年
布面油画
85cm × 117cm

莫兰是风俗画、风景画和动物画的大师，作为英国乡村画家而闻名遐迩。风景如画的农舍，与自然和谐共处的农民，这些都是他作品中最受喜爱的主题。这幅油画是画家最优秀的作品之一，可以追溯到他事业最辉煌的年代。在画中，莫兰努力地传递大自然对即将来临的暴风雨的期待，一阵狂风后，大雨倾盆而下。这幅画于1919年来自国家博物馆基金会，曾由斐尔岑伯爵收藏。

318
让-安东尼·华多
带着旱獭的流浪艺人
1716年
布面油画
40.5cm × 32.5cm

18世纪初，这位著名的法国艺术家第一个提出了人类情感之美和亲密气氛之美的概念，引入了不同流派的主题和形象，他作品中的主题和人物不是来源于文学作品而是来自现实之中。这幅画的原稿是一幅保存在巴黎形象艺术博物馆的真实的素描：在这个荒无人烟的世界中，一位流浪艺人的孤独身影融化在清晨寒冷的空气中，烘托了一种宁静的忧郁氛围。这幅画于1774年之前被冬宫收藏。

319
让-安东尼·华多
法兰西喜剧院的演员们
约1712年
布面油画
20cm × 25cm

通常我们认为这幅画是巴黎法兰西喜剧院的演员群像画，与戏剧界有密切接触的华多在这幅画中描绘了他的一些熟人，这些人参演了唐古特的《三个堂兄弟》这部歌剧。画面左侧是克里斯蒂娜·安托瓦内特·德马尔，在她肩旁是戴着帽子的菲利普·泊松，画面右侧是索利埃和皮埃尔·勒·诺瓦。然而，华多似乎并不在意肖像的精确性，他把手里拿着面具的德马尔的脸画在阴影里，将索利埃的脸藏在浓重的妆容下，前者用大胆的目光看向了泊松。戏剧与现实之间不存在界限是这位法国大师作品的特色之一。该作品1772年被巴黎的克洛扎收藏。

320
让-安东尼·华多
尴尬的求婚
约1716年
布面油画
65cm × 84.5cm

这幅画是华多所创造的“游乐画”主题的画作之一。画中的原型来自他的花园中、巴黎的街道上、剧院中，以及在他的赞助人和资助者——收藏家克洛扎的家中，或是在社交沙龙中创作的一些草稿画。在华多的笔下，美丽的女士和优雅的骑士们在背景的风景中组成了一个生动的群体，按照画家的意愿构成了戏剧性场景。这幅作品的原标题是由华多的一位朋友提出的，但并没有反映出作品的内容，因为在这里重要的不是画中人物的动作，而是不易察觉的情绪和思想的变化。这幅画于1769年被德累斯顿的布鲁尔收藏馆收藏。

让-安东尼·华多
尴尬的求婚（局部）

321
让-安东尼·华多
任性的女孩
约1718年
布面油画
42cm × 34cm

这幅以"游乐画"为题材，赏心悦目的作品充满了微妙的讽刺和对人性情感本质的深刻解读。极简的构图与丰富而精致的色彩相结合，女士手部下方逐渐扩大的黑色区域中点缀着紫色、粉色和蓝色的色调，支撑着整个复杂的色彩结构。图中浓墨重彩的人物形象突出了风景中精致美好和清晰透明的色调。

这种将精神思想的细微变化和人类情感呈现在优雅灵动又带有一丝丝焦虑的色彩组合中的特殊能力，使华多赢得了法国画派伟大画家的名声。这幅画于1923年被圣彼得堡的斯特罗加诺夫宫收藏，之前曾被草莓山的瓦尔坡收藏。

322
尼古拉斯·朗克雷
舞蹈家卡马戈
布面油画
45cm × 55cm

尽管在华多的画室待的时间不长，但朗克雷成功地学到了这位画家的艺术精髓。这幅巴黎歌剧院的著名舞蹈家卡马戈的肖像画是由皇家委托完成的。卡马戈引入了芭蕾舞长裙和全新的舞蹈元素，同时她的文学品位也十分出众。卡马戈的舞台也是伏尔泰经常光顾的地方，伏尔泰还专门为她写了一些诗。朗克雷以华多具有表现力的构图方式描绘了跳舞的卡马戈，并完成了这幅画的一些其他变形版本，其中两幅分别被伦敦私人收藏家和南特市博物馆收藏。该作品完成于1763—1774年。

324
弗朗索瓦·布歇
田园风光
布面油画
61cm×75cm

弗朗索瓦·布歇是法国美术学院的一员，是国王路易十五的首席宫廷画师，也是戈布兰制造厂的监督，他对18世纪中期法国绘画洛可可风格的发展产生了重要的影响。这幅椭圆形的小画曾装饰了老冬宫中的一面镜子。这幅画金色色调的反射和奇特的装饰性构图很好地搭配了宫殿内部精致、轻盈、优雅的洛可可风格装饰品。由于在年轻时受到了华多的影响，布歇本人在绘画中也引入了田园风景的主题，这是“游乐画”的一种原始变体。他那悠闲的田园画中已经完全看不到华多画中的精致氛围，而是典型的洛可可风格装饰。该作品约1763—1774年被冬宫收藏。

323
路易斯·托克
叶卡捷琳娜·阿列克谢耶芙娜·格洛夫金娜
布面油画
50cm×41cm

托克是路易十四宫廷的肖像画师，也是巴黎学院的一员，他将洛可可风格的精致装饰主义与女性形象的精美相结合。这位画家在欧洲享有盛誉，1755—1758年，他在圣彼得堡沙皇伊丽莎白二世的宫廷工作，在那里他为这位女沙皇画了一幅巨幅肖像。也许就是在那个时候，他为陆军元帅苏瓦洛夫的女儿，同时也是一位宫廷显贵的妻子——格洛夫金娜创作了一幅肖像，作品以其敏锐的洞察力和精练的笔触一鸣惊人。该作品于1933年被莫斯科的普希金博物馆收藏，之前曾被斯尤金收藏。

325
弗朗索瓦·布歇
博韦郊区的风景
约1740年
布面油画
49cm × 58cm

作为一位画家和熟练的设计师，布歇创作了众多绘画和绘图作品、戏剧布景、书籍插图和瓷器造型。在18世纪40年代，他为巴黎的博韦挂毯厂绘制了许多图样。画中前景描绘的岩石风景是风俗画的场景，是在华多引入的惯例基础上进行创作的，而布歇画作的主要特点则是其优雅的色彩及其典型的装饰性元素。该作品于1925年通过国家博物馆基金会来到冬宫，曾经被圣彼得堡的奥利弗收藏。

弗朗索瓦·布歇
博韦郊区的风景(局部)

326
让-马克·纳蒂埃
穿灰色衣服的贵妇像
约1750—1760年
布面油画
80cm×64cm

洛可可时代的这位著名肖像画家，其作品装饰性的特质总是要优先于纯粹的具象物体。他遵循人物外表的真实性，并且通过精湛的笔触使每一个人物都成为精致优雅的视觉奇景。这幅穿着灰色丝质毛皮夹层大衣的贵妇像，并没有一种独特的个性和风格，仅仅是强调珠灰色调变化和明亮的嫩粉色和猩红色之间达到柔和精致的融洽感，在泛着银光弱化的棕绿色背景中体现了出来。高超的绘画技巧不仅是纳蒂埃的特色，也是所有洛可可艺术的特色。这幅画于1920年通过国家博物馆基金会来到冬宫，曾被圣彼得堡的杜尔诺沃收藏。

327
让-西梅翁·夏尔丹
洗衣妇
布面油画
37.5cm×42.7cm

在夏尔丹的作品中，可以找到启蒙主义时期美学和道德理想的表达，与洛可可风格的精致贵族艺术形成对比，他画的室内画描绘了普通公民的生活，有意识地展示生命更平凡的一面，比如在充满蒸汽的环境中洗衣服。夏尔丹创造出了一种精致的场面，用感性的实体和有形的物质表现了简单事物的美。该作品于1772年被巴黎的克洛扎收藏。

328
让-西梅翁·夏尔丹
餐前祷告
1744年
布面油画
49.5cm × 38.4cm

自由而正直的人格养成问题在启蒙运动时期引起了广泛的争论，成为夏尔丹大量作品的主题。《餐前祷告》获得巨大的成功，并被作者复制了一些其他版本（它们现存于巴黎的罗浮宫和斯德哥尔摩的皇家博物馆），冬宫中收藏着一幅有签名和日期的版本。画中坚定而温柔地给女儿灌输宗教和道德准则的母亲形象十分具有表现力，孩子们的形象魅力交织在平静、温暖和充满人性情感的世界中。精致优雅的色彩，使这幅画成为一幅真正的杰作。

329
让-西梅翁·夏尔丹
静物：美术用品
1766年
布面油画
112cm × 140.5cm

这幅画是在圣彼得堡美术学院的委托下完成的，深受女皇叶卡捷琳娜二世的喜爱，她下令把它放在自己位于冬宫的宫殿里。在画布上按照严格顺序排列的物品，展示出了一位画家的工作：画笔、调色盘、石膏、建筑图纸、书籍甚至荣誉勋章。但不只这些，还有一个墨丘利的雕像，这是雕像作者皮嘉尔送给夏尔丹的，祝贺他的作品圆满完成。这似乎也肯定了对于艺术家来说最大的回报便是他自己的作品，那是他才华和工作的成果。该作品于1766年到达冬宫，19世纪中期曾被私人收藏，1926年重新回到冬宫。

让-西梅翁·夏尔丹

静物：美术用品（局部）

2277.

330
让-巴蒂斯特·佩罗诺
拿着书的男孩
1740—1750年
布面油画
63cm × 52cm

佩罗诺是法国"启蒙现实主义"绘画的典型代表，他们在这一潮流中找到了对理想的表达形式，这个流派的领袖是夏尔丹。佩罗诺这幅肖像画的委托人是法国的资产阶级。画家通常用色粉作画，但这幅画是用油彩创作的，可能描绘的是画家的兄弟。

画中这本象征着知识的书，在真实而自然的少年形象中加入了说教的意味，这也正是启蒙艺术的特点。这幅画于1781年被圣彼得堡的特普罗夫收藏。

331
休伯特·罗伯特
贵妇别墅
1760—1770年
布面油画
94cm × 133cm

罗伯特是一位法国画家，他是弗拉戈纳尔的朋友，在意大利生活了十多年。他热爱亚平宁半岛的自然和艺术，创作了一种独特的装饰性风景画，并辅以古典遗迹和建筑装饰的形象。这个覆盖着草和野生灌木的半拆除别墅，是按照拉斐尔和朱里奥·罗马诺为朱里奥·德·美第奇设计的一个项目建造的，这个别墅是画家同时代人日常生活的背景画面。现实与幻想的结合，高雅的装饰主义和微妙浪漫情怀的统一给罗伯特的风景画带来了特别的吸引力，使他从法国和俄国的贵族阶层手中获得了一笔可观的财富。冬宫收藏着他的50多幅作品。该作品1920年来自国家博物馆基金会，曾由圣彼得堡的纳尔斯金收藏。

332
让-奥诺雷·弗拉戈纳尔
偷偷的吻
布面油画
45cm × 55cm

弗拉戈纳尔是布歇的天才学徒，也是洛可可风格的主要代表人物。对物体、人物、服装、光线和氛围的真实绘制，他是从严肃而深刻的夏尔丹那里学到的。画中的一切都蕴含着一种无与伦比的激情，一种自由和轻松的感觉，以及一种伟大的艺术技巧。这幅画于1895年被冬宫收藏，之前曾被华沙的波兰国王斯坦尼斯瓦夫二世收藏。

333
让-奥诺雷·弗拉戈纳尔
偷得的吻
布面油画
47cm × 60cm

这类场景充满了魅力和灵动，通过有力的笔触和精准的草图，画家描绘了沉浸在黑暗中闪烁的光，凸显了冲动的姿态，奢华的服饰和发红的脸颊。草图中故意为之的不完整性，“暴露”的色彩结构也是弗拉戈纳尔风格的特点之一，给构图留下了一种直接而富有表现力的印象。这幅画于1925年被圣彼得堡的尤苏波夫宫收藏。

334
让-巴蒂斯特·格勒兹
瘫痪病人
布面油画
115.5cm × 146cm

格勒兹是“启蒙现实主义”最著名的倡导者之一，他的绘画作品在当时的法国社会中引起了强烈的反响，而《瘫痪病人》是1763年巴黎展览中最能引起共鸣的作品。这部作品的成功得到了当时最权威的评论家、哲学家狄德罗的支持，尽管他知道格勒兹的画作单调乏味、平庸无奇，但他同时也欣赏这些画中崇高的道德感，他提议将这幅作品命名为《良好教育的成果》。因此，格勒兹具有道德意义的绘画被认为是一种宣言，宣告了平民的美德和法国贵族阶级的堕落。在这幅画中，这位出身低微的工人病重，身边家人无微不至地照顾着他，他被家人的关爱包围着。这幅画1766年由叶卡捷琳娜二世在狄德罗的建议下购买。

335
克劳德-约瑟夫·韦尔内
河岸边的暴风雨
1763年
布面油画
53cm × 79cm

在启蒙思想的影响下，对自然的崇拜于18世纪下半叶在法国社会中传播开来，引起了韦尔内和其他艺术爱好者们对山水风景画的极大兴趣。风景画家韦尔内最初是一名海军，他为收藏家勒·让德雷·达维莱斯创作了这幅油画。具有感染力的暴风雨和船只以及鲜活跳脱的颜色建立在微妙的色调变化和灰绿色、红棕色色调的对比之上，它们都为古典的构图染上了一丝浪漫的情感。该作品约1798—1803年被冬宫收藏。

336
让-路易斯·瓦尔勒
年轻的叶卡捷琳娜·阿列克谢耶芙娜·斯特罗加诺娃
布面油画
85cm × 68cm

瓦尔勒在圣彼得堡开启了他作为肖像画家的生涯，为宫廷和当地贵族工作，他的作品中流露出的温情伤感在当时很受欢迎。画中人物是叶卡捷琳娜·阿列克谢耶芙娜·斯特罗加诺娃（1769—1844年），著名贵族的女儿，也是宫廷的侍从和司仪I. 纳尔斯金未来的妻子。精准的平面轮廓及明亮的冷色调的风格取代了洛可可风格中变幻莫测的幻想，也预示着法国绘画中新古典主义的诞生。该作品约1919年被圣彼得堡的金斯堡收藏。

337
伊万·尼基奇·尼基金
幼时的伊丽莎白·彼得罗夫娜
约1712年
布面油画
54cm×43cm

这幅画描绘的是彼得一世的小女儿伊丽莎白（1709—1761年），可能是俄罗斯绘画艺术中的第一张儿童肖像画。画中的这个3岁小女孩穿着一件丝毫不显稚气的盛装礼服，披着一件用一个巨大的金纽扣扣住的浮夸貂皮斗篷，头发上还撒了粉。这幅肖像画的庄严显然被孩子眼中隐约可感觉到的一丝疲倦和悲伤所掩盖，也许是画家巧妙地抓住了恰当的时刻——在她眼泪快要流出来的时候——绘制的。该作品1941年被国家民族博物馆收藏，之前曾被戈拉科夫收藏。

338
伊万·叶卡夫勒维奇·维什尼卡夫
斯蒂芬妮达·斯蒂芬诺芙娜·雅克夫勒娃
1756年后
布面油画
90cm × 72cm

这位不朽的肖像画大师生活在18世纪中期，维什尼卡夫为俄罗斯绘画流派的形成做出了实质性的贡献。画中这位圣彼得堡商人的高贵妻子的肖像，可能创作于婚礼场合。这种典型的绘画元素与凸显在现实细节之中的洛可可艺术创作手法，与一种装饰性的宗旨相结合，如画中华丽的花卉刺绣和精致极薄的花边白裙，或奢华的珠宝耳环与点缀在顺滑秀发上的宝石装饰。这幅画于1941年被国家民族博物馆收藏，之前曾被雅克夫勒娃收藏。

339
阿列克谢·彼得罗维奇·安特罗波夫
费多尔·雅科夫列维奇·迪布扬斯基
1761年
布面油画
99.5cm × 76.5cm

迪布扬斯基是女沙皇伊丽莎白·彼得罗夫娜的神父，也是她那个时代最有学问的人之一，对帝国宫廷产生了巨大的影响。据说他在1742年为伊丽莎白和A. 拉祖莫夫斯基伯爵主持了秘密的婚礼。

迪布扬斯基被授予了崇高的头衔，这幅肖像画通过刻画他的睿智、坚定和权威的形象，体现出了严谨性和简洁性。

安特罗波夫在那个时代以其出色的圣像画、装饰画和珐琅彩饰微缩画而著称，他采用华丽的色调，是一种与宗教主题中强烈又谨慎的特征截然不同的精致色彩。这幅画于1932年来到博物馆，曾经被冬宫修复且由馆长N. 希多罗夫收藏。

340
伊万·彼得诺维奇·阿古诺夫
贵妇肖像
1760年
布面油画
60cm × 45cm

作为舍列梅捷夫伯爵农奴画家的儿子，阿古诺夫在18世纪活跃于俄国最著名的外国画家之一——G. 格鲁斯的身边完成了自己的学徒生涯。他的才华被他的奴隶身份和那些达官显贵客户的欲望所压制，但在这位画家最优秀的肖像作品中充满了温情又精致的抒情主义，就像这幅绘于他最辉煌、最巅峰时期的《贵妇肖像》中那样。画面中，脸颊和嘴唇柔和的粉红色调与这位贵妇发间的丝带和玫瑰花相呼应，玫瑰点缀着发型和服饰。画布的背景与披风的明亮色彩以及头发的灰调色彩和谐地结合在一起。这幅画于1956年来自郊区宫殿博物馆的仓储中心。

341
弗拉基米尔·卢基奇·博罗维科夫斯基
大公夫人埃琳娜·帕夫洛夫娜
1799年前
布面油画
72cm × 58cm

博罗维科夫斯基的绘画遗产是广泛而多样的，这位多产且技巧熟练的画家在肖像画的设计上做出了许多尝试，表达了他对人性和周围世界的文艺观点。画中描绘的是伟大的公爵夫人埃琳娜·帕夫洛夫娜（1784—1803年），沙皇保罗一世和玛丽亚·菲德洛夫娜的女儿。画家以高超的技巧呈现出以银蓝色调为主导的冷色调，高贵少女的脸上隐约笼罩着淡淡的忧伤，给这幅画带来了一种特殊的氛围。这幅肖像可能是在公爵夫人离开俄国之前画的，她在1799年嫁给了梅克伦堡的施维林王子。这幅画于1941年被国家民族博物馆收藏。

342
女孩肖像
布面油画
90.5cm × 72cm

这幅作品是由一位来自俄国乡村的画家创作的，显然与城市绘画的特点相去甚远——迷人的画面上点缀着鲜花，女孩手里拿着的东西，摆在她面前的桌子上的东西，装饰着花边领子和袖口的优雅格子裙，梳理得很顺滑的头发。在黑漆漆的深色墙壁衬托下，鹦鹉和笼子里小鸟的羽毛显得格外醒目。在画有整齐的几何图案的木地板上，一只小狗打着盹儿，一只装扮成小丑的小猴子在玩耍。这幅画于1941年被国家民族博物馆收藏。

343
德米特里·格里高利·耶维奇·列维茨基
米歇尔·尼基蒂奇·克莱谢特尼科夫
1776—1779年
布面油画
63cm×49.5cm

作为官方和私人肖像画的作者，列维茨基创作了描绘叶卡捷琳娜二世时代人物的一整条画廊的画作。画中人物是米歇尔·尼基蒂奇·克莱谢特尼科夫，一位杰出的政治家、军官，乌克兰许多城市的统治者，穿着有波兰装饰的将军制服，蓝色的丝带、圣安妮的十字架和斯坦尼斯洛斯的徽章，这些都是在他指挥扩大了新俄罗斯—波兰国家领土的战斗中获得的。平衡而清晰的构图，和谐的颜色，对于云纹材质及嵌满着宝石的垫肩的描绘都充分显示了艺术家的才华。这幅画于1941年被国家民族博物馆收藏。

344
费奥尔多·斯捷潘诺维奇·罗科托夫
女皇叶卡捷琳娜二世
1780—1790年
布面油画
263cm × 188cm

安哈尔特·泽尔布斯特的女儿，沙皇彼得三世的配偶，她下令发动宫廷起义之后成为俄罗斯女皇，被称为叶卡捷琳娜二世。画面中，在这位君王旁边，红色天鹅绒垫子上放着皇权的象征物，叶卡捷琳娜二世的右手拿着权杖，她面向一尊彼得大帝的半身塑像，上面写着箴言："开始了就要完成。"该作品1918年被冬宫收藏，之前曾被小冬宫的罗曼诺夫画廊收藏。

345
卡尔·路德维戈维奇（罗格维·扎哈洛维奇）·赫里斯廷克
年幼的阿列克谢·格里高利·耶维奇·博布林斯基伯爵
1769年
布面油画
90cm × 73.5cm

赫里斯廷克出生于圣彼得堡的一个德国家庭，他是一位敏锐而优雅的画家，他一生中都在俄国首都创作，并用他的天赋将俄罗斯绘画传统向前推进。这幅画是在从伊丽莎白时代的洛可可风格到叶卡捷琳娜时代的古典主义的过渡时期创作的，它以精准的设计而著称，虽然有点枯燥之味，但具有画家的典型特征，绘画的色彩也很精致。阿列克谢·格里高利·耶维奇·博布林斯基（1762—1813年）据传是女皇叶卡捷琳娜二世和伯爵格里高利·奥尔洛夫的私生子，之前在宫廷侍从V. 斯库林的家庭中长大，然后被 I. 贝特斯基所抚养，后来加入步兵军团，在生命的最后几年里他致力于农业、矿物学和天文学研究。这幅画于1941年被国家民族博物馆收藏，之前曾被彼得堡的博布林斯基收藏。

346
米娜·鲁基奇·克罗克尼科夫
男孩肖像
1780—1790年
布面油画
95cm × 73cm

冬宫中收藏的这位俄国画家的作品十分稀少，克罗克尼科夫在纪念绘画和肖像画领域是十分著名的。尽管画中男孩的性格描绘上有明显的浅薄之处，但这幅肖像画的突出之处在于它融合了淡紫色和粉色的色彩，并且在服装细节的描绘上特别谨慎。这幅画于1941年被国家民族博物馆收藏。

19 世纪：弗里德里希、莫奈、塞尚

米查尔·皮奥特罗夫斯基

法国大革命期间诞生了一种绘画，它几乎毫无革命性，相反地却很古典严肃。冬宫博物馆中收藏的典型代表作便是格罗那幅墨守成规的《过阿尔科莱桥的拿破仑·波拿巴》与大卫的《萨福与法翁》。

动荡和基础原则的颠覆催生了人们对稳定的真实渴望。革命主张将自由、民主和公正的古代思想付诸实践，此举将画家们推向了古代风格，从而建立起古代灿烂遗产与欧洲艺术间的直接联系。与此同时，德国的浪漫主义巨匠卡斯帕·大卫·弗里德里希所绘制的风景画中充满了对自然极其壮观景象的感动与惊叹，然而没有神秘的浪漫主义是不存在的，这位画家作品中的神秘气息随时间越发阴暗。《帆船之上》中的动人场景可以说是不可思议的，而《海上生月》却已然预示着些许戏剧性氛围，最后《面向港口露台上的姐妹》中的紧张氛围加剧，为观赏者营造了焦虑之感。至于其他德国浪漫主义者的作品中，紧张情形比较少且有时甚至并不存在。其中的许多画家在简单现实主义中追寻安宁和幸福，而另一些则效力于俄国宫廷，例如弗朗茨·克鲁格，以其不浮夸的精明才干开创出一个用肖像画反映贵族世界的坚实领域。而传承了英国肖像画传统的乔治·道在俄国也十分活跃，冬宫中的军事画廊便是他的成果，此外苏格兰女画家克里斯蒂娜·罗伯森的才华在俄国也受到了很多赞赏。

俄国的绘画在国际美术的土壤中逐渐成长，古典主义纯粹的线条结合了色彩的透明度，将维聂茨昂诺夫、特罗皮宁和布鲁诺夫送至比肩欧洲画家们的高度。还有一类绘画反映了俄罗斯所经历过的艰难社会冲突，遗憾的是冬宫并没有此类代表作品。

欧洲的影响到达了东方：在波斯，卡扎尔王朝统治下出现了一个极其有趣的绘画流派，主张将东西方美术传统相融合。画卷上出现的第一批大型画作，即统治者和朝臣的肖像画里，习惯于绘制装饰主义小细节的画家在规模宏大的画幅上以现实主义手法尝试着展现日常生活。其成果并不单是一幅“扩大的微型画”，而是一个有着惊人品质合成体的杰出范例：米尔-阿里的《法特赫-阿里沙·卡扎尔的肖像》，这幅画作便是欧洲官方严肃肖像画的东方版本，可与克鲁格和道的作品相比拟。传统不同，现实也相去甚远，而艺术的语言却几近相同。

遥远的日本反而不曾受到影响，当地画家们将轮廓、线条及颜色朴素且传统的形式与他们对不可察觉之物如叶片之颤动、微风之呼吸和波浪之潺潺的感知能力结合起来，这些特质随后也将影响西方世界的艺术概念。

法国的艺术变化愈演愈烈，在革命浪潮的影响下，它很快成了聚集不同趋势与流派最多的国家。冬宫内，风格精致的安格尔的代表作是《N. D. 古尔夫伯爵肖像》，而至于生动历史画作家德拉克洛瓦，乍一看其作品是几幅朴实的摩洛哥生活小画，然而它们不仅具有极高的艺术价值，更能体现出欧洲画家从东方尤其是穆斯林艺术中汲取养分的兴趣。冬宫展厅中用一系列不同的作品来体现“东方主义”，它所指的并不仅仅是对世界上某个特定地域的热爱，而是类似于那些时常集聚于沙龙的艺术家们所追求的“新”概念：历史绘画，风俗画，华服肖像，象征意义作品，轻浮场景与带有情欲的典故，含义丰富的人物形象，它们构成了一个巨大的宇宙，尝试同时满足公众的需求和画家的抱负，不过最终事与愿违。但如今其价值再次被发现，且得到了更多的重视。

德拉克洛瓦对摩洛哥人的研究显然揭示了另一种探索方向，而绘画本身的手法、方式及程序则成了实验的对象。由此绘画不再隐藏其自身秘密和作者在形式上的随意性，并已经毫不掩饰地摒弃了对现实的单纯复制。巴比松学派大师们的精彩画作为我们呈现了传递至背景那最初的真实：卢梭、多比尼、柯罗和杜普雷似乎想让观赏者沉浸于其风景画的迷雾、曲线与气流中，那是他们重造自然的画面。

巴比松学派的腼腆尝试在印象派手中不再踌躇，随光线变换的明丽色彩逐渐替换了原本的灰色调，色彩开始分解，随后重新组合以模拟自然，试图像日本人那样捕捉一瞬、一息、一闪。这实际上是一次“再创造”，而它被当时妒忌的固守传统的人得知后，引发惊慌导致了印象派被官方美术拒之门外，不过印象派强调自身的局外特性，也拒绝与其产生联系。如今看来，印象派显然并不是一次革命性的颠覆，而是一个重新思索欧洲与世界美术传统的新模式。至于它带给公众的震惊也并不曾持续太久，一种新风格、一个新名字必须在对立或者甚至是轰动的氛围里，才能占据艺术领域的主导地位。

那时诞生了借鉴新闻业之文体学的一种美术，人们从克劳德·莫奈的画作名称中汲取“印象”（L' impression）一词，创造了术语“印象主义”（impressionism）。这个新兴词是幸运的，画者根据他们看到的事物以及个人印象进行描绘，这一简单的概念曾一度广受欢迎。莫奈为他的画作引入了真实的光与空气，《花园中的夫人》充满着新鲜感，以色彩和鲜花传递出花园里炎热的感觉。他的花田、池塘同其著名的建筑景观画构成了一整个世界，其中色彩和光线的变换闪动赋予了所画事物全新的自然性。毕沙罗、西斯莱和布丹通过展现现实的多样性，给寻常风景画带来了不寻常的一面，一种哲学的态度加上能够匹敌照相术的高超技术，传递出更客观的事实。画家们接受了挑战，通过自己那些比照片更加生动、更真实可靠的作品，展示出他们能够做得更好，他们也努力在画中捕捉运动状态来实现这一点。如今冬宫里能找到的德加的天才之作《协和广场》，它于第二次世界大战结束之际辗转来到俄罗斯，单此画便可以写满整卷。它结合卓越的手法，近乎相片式地展示了一个珍贵时刻，以它对动态的渲染传达着一个永恒的画面。雷诺阿则使画上每笔都清晰可见，并与其他笔触融合在一起创造出一个多维画面，这与作者的美感和其急躁的性格是密不可分的。

接班印象派大师的是个人世界之伟大毁灭者与建设者们：塞尚、凡·高、高更。塞尚的风景画和静物画里具有一种几何学、一种吸引力、一种其本身的“构造”，但这位艺术家的世界与我们并非无关，他所构建的是一个变体，他能做的唯有使其更加生动和丰富。凡·高的疯狂似乎触动着紧张的神经，可它却又如此地充满美感与情感。剖析画家具有奉献精神的灵魂，我们会发现紧张感消退，而自己正沉浸于另一种氛围里，陶醉于情绪中。高更则似乎更加独特，他直接逃离至另一个世界，启用新的概念作画，画家创造的塔希提岛，又反过来创造了目前岛上的世界性形象。如今看来高更的装饰画并不真正显得比其同时代的作品更具异国风情，但塔希提岛这一主题为其增添了趣味性，激发了公众的好奇心，从而理解了作品背后画家想表达的种种深意。

意欲自行创立一个新世界，往往需要先摧毁习以为常的旧世界。因此西涅克通过系统地将一个整体化为很多个点，粉碎了惯常的色彩理念；而卢梭则是打破公认的设计概念，把直率引入了稚拙的美术形式中。

纳比画派的大师们也创造出了一个新宇宙，博纳尔的画往往如田园诗般甜美，能通过一树葡萄藤窥到事物，就像透过画家的双眼一般；丹尼斯的作品中视野清晰并无遮挡，但其多彩的色阶融合着绘画创造出一种透着神话与奥秘的特殊幻影。这份神秘是创造之谜，是人与上帝之间的竞争之谜，但无论是其问题或是答案都并非是全新的，艺术世界永远追寻着同样一些目标，而实现目标的方式则每每不同，却常常都是美妙的。

347
弗朗西斯科·德·戈雅
安东尼娅·扎拉特的肖像
约1810—1811年
布面油画
71cm × 58cm

戈雅是一位在18世纪和19世纪都非常著名的画家、雕刻家、绘图师，同时他也是一位重要的肖像画家。不甚年轻的大师在演员安东尼娅·扎拉特病重过世前不久绘制了这幅肖像，画中体现出委拉斯开兹和伦勃朗对戈雅的重要影响，为其画作平添了忧虑与热情。

寒冷的光线突出了安东尼娅魅惑面庞上那脆弱的美丽，这也反映出了她精神上可能存在的羸弱。那双巨大的黑眼睛中隐藏着多少火与痛！此作已经完全成为了一种心境上的浪漫主义肖像画。该作品由阿曼德·哈默于1972年捐赠。

348
卡斯帕·大卫·弗里德里希
海上生月
1821年
布面油画
135cm × 167cm

尼古拉·亚历山德罗维奇大公即后来的沙皇尼古拉一世，收集了弗里德里希的德国浪漫主义作品，后者的画作装点了这位皇帝和其夫人亚历山德拉的私人公寓。弗里德里希的私交好友瓦西里·祖科夫斯基是俄罗斯著名诗人，他曾担任法庭要职，还是皇位继任者亚历山大二世的教师。正因为有祖科夫斯基的推荐，冬宫得以收藏画家的一系列上乘佳作。1821年这位诗人受弗里德里希邀请到德累斯顿做客，之后他向皇后亚历山德拉描述了其友的最近一幅作品，据他讲这幅作品可为《帆船之上》一画做绝佳的垂饰，因此这幅画才得以出现在皇家住处中。该作品1928年由圣彼得堡附近的罗普申宫送达冬宫。

349
卡斯帕·大卫·弗里德里希
山中清晨
布面油画
135cm × 170cm

弗里德里希在自然界中追寻永恒运动状态的不间断交替，因此天空尤为吸引他。每年这位画家都会独自来到德国北部崎岖的吕根岛上，并且在暴风雨期间，即使遭遇大风猛烈冲击，他仍旧毫无畏惧地攀爬到峭壁的最险峻之处，冒着生命危险享受与自然的融合。尽管形式是理想化的概括，其风景画仍始终表现出一种浪漫主义热情，即与强大而恒久的美相比较，人类渺小得如同沙砾。该作品1958年由彼得宫城送达冬宫。

350
卡斯帕·大卫·弗里德里希
帆船之上
约1818—1820年
布面油画
71cm × 56cm

此画绘制于弗里德里希与妻子卡罗琳娜刚从吕根岛蜜月旅行归来之际。画家很可能并不曾在画中描绘出一个真实的地方，而是以一种诗意的遐想描绘着一对爱人共同航行在生命的海洋中，以及他们所看到的光明未来。海浪上的帆船是浪漫主义诗歌中最受喜爱的内容之一，这对年轻爱侣细细观察着美丽的城市，从地平线展开的金光将其照耀，而此处等待着这对爱人的某种东西只有他们才能靠近，体现出作者以想象创造出一个美好世界的理念。这幅作品在1820年由王位继承人尼古拉一世从艺术家的工作室购得，并将其放置在其妻子亚历山德拉的私人公寓中。该作品1958年由彼得宫城送达冬宫。

351
卡斯帕·大卫·弗里德里希
面向港口露台上的姐妹
布面油画
74cm × 52cm

此画是这位浪漫主义巨匠的一部经典之作，其中自然主义的细节同想象出的细节古怪地交织在一起。画面中，两位女士或许正幻想着远方的国家，又或许她们正沉浸于回忆一个再无法从海上归来的人。在她们面前，竖立着一座阵亡海军纪念碑，这个带着船锚的十字架是由作者发明且充满深意的重要细节，从未真实存在过。轮船的桅杆间耸立着两座哥特式塔楼，是德国浪漫主义绘画中的另一特色题材。哈勒市真正的建筑即圣母教堂和红塔，被弗里德里希融进了他以想象创造的风景中。该作品1958年由彼得宫城送达冬宫。

352
卡斯帕·大卫·弗里德里希
奥伊宾修道院的废墟
1820—1830年
布面油画
27cm × 21cm

德国浪漫主义者所偏爱的主题便是孤独的英雄，画中描绘的人物靠在窗边看向远方，沉浸于自己的所思所感之中，揭示了外部与内心之间一条特殊且纯粹的情感纽带。此画可追溯至弗里德里希那昙花一现的成名时期，德国对他转瞬即逝的关注是“因为他表达出了大多数人所逃避的孤独”，直到20世纪初画家才真正拥有了名气。该作品1958年由彼得宫城送达冬宫。

353
弗里德利希·奥韦尔贝克
艺术中宗教的胜利
1830—1850年
布面油画
145cm × 146cm

受祖科夫斯基委托，“拿撒勒人”画派领袖弗里德利希·奥韦尔贝克为未来的皇帝亚历山大二世创作了此幅单色缩小版画。此作品的内容相当复杂以至作者自行给出了书面评论，对其含义进行了解析。

严谨平衡且精心打造的拥挤构图分为两个部分：上半部分指天体，下半部分指地球，由位于中间的喷泉相连接。抱着圣婴的圣母手中所持的尊主颂是其最完美化身中“高级”艺术的象征，即诗歌。占据画卷中部的人物形象是作者最为欣赏的画家们，在他看来，这些画家在个人作品中诠释出艺术与上帝信仰的和谐统一，他们分别是拉斐尔、米开朗琪罗、莱昂纳多、杨·凡·艾克、胡伯特·凡·艾克、克拉纳赫、丢勒和尼古拉·皮萨诺。

354
卡尔·弗里德里希·莱辛
为亡女哭泣的皇室夫妇
1830年
布面油画
215cm × 193cm

作为杜塞尔多夫画派的知名代表，莱辛画就这幅作品之时年仅22岁。据推测，此画主题可能来自路德维希·乌兰特的浪漫主义诗歌《海上的城堡》，诗中吟咏的是圣彼得堡的一对父母失去他们唯一的女儿的痛楚。

355
弗朗茨·克鲁格
尼古拉·伊万诺维奇·萨尔特科夫亲王
1850年
布面油画
97cm × 79cm

画家作为柏林学派的典型代表，以其特别的准确性、严谨的设计、生动的色彩以及对细节的深入探究而闻名，是一位知名肖像画家，他在准确还原作画对象相貌的前提下仍能够进行修饰，使对方满意。他受上流贵族的委托，多次前往圣彼得堡为他们绘制肖像画以及在名门望族中极受欢迎的战斗场面画，他曾是尼古拉一世最为喜爱的画家。画中的萨尔特科夫亲王时年20多岁。该作品1924年来自国家博物馆基金会。

356
奥斯瓦尔德·阿亨巴赫
修道院花园
约1840年
布面油画
55cm × 73cm

奥斯瓦尔德于杜塞尔多夫艺术学院师从其兄长安德烈亚斯·阿亨巴赫，他常前往欧洲旅行，主要去意大利。在19世纪40年代他第一次逗留意大利期间，年轻的画家于罗马绘制出这幅浪漫且神秘的《修道院花园》。同其兄相比较，奥斯瓦尔德的绘画突出了一种更大的自由和丰富的情感，这使得他在其家乡城市艺术学院的同辈中间获得了很高的声誉，1863年后他在那里开始了教育生涯。该作品1922年由美术学院博物馆送达冬宫，原属库舍列夫画廊。

357
安德烈亚斯·阿亨巴赫
河上风光
1866年
布面油画
51cm × 62.5cm

这位德国画家是杜塞尔多夫学派最杰出的代表之一，1830—1840年该学派在德国、中欧及东欧广受欢迎。俄国画家也曾在这座城市求学，尤其是风景画家I. 希施金与A. 博戈列朱博夫。在17世纪荷兰现实主义绘画传统的影响下，本地画派将风景作为主要题材，与其相似的画派有法国同时期的巴比松学派。这些德国艺术家们的主要灵感来源便是本国的风景，以平淡的方式描绘了村庄、平原和丘陵的真实美感与诗意。该作品1948年由莫斯科的新西方美术国家博物馆送达冬宫。

358
威廉·莱布尔
熟睡的小摊贩
1869年
布面油画
44cm×64cm

莱布尔曾求学于慕尼黑美术学院，其绘画风格在19世纪下半叶倾向于巴黎的新潮流。事实上在19世纪60年代初，法国现实主义学派领袖居斯塔夫·库尔贝便来到了慕尼黑，而当时的莱布尔是其最热忱的崇拜者之一。1869年莱布尔前往巴黎，在那里他画下了这幅作品。该作品1921年由国家博物馆基金会送达冬宫。

359
安瑟尔姆·费尔巴哈
自画像
布面油画
92cm × 73cm

费尔巴哈师从著名的威海廉·冯·沙多夫，在杜赛尔多夫艺术学院学习，而后又求学于慕尼黑美术学院，同巴黎沙龙有一定联系。19世纪50年代，他前往巴黎并开始受教于托马斯·库图尔，后者即《颓废的罗马人》的作者，这幅画当年曾引起过不小的轰动。在德国，费尔巴哈以日耳曼史诗为灵感并致力于创作纪念性画卷，很快便名利双收。后来受巴黎波希米亚艺术的影响，画者迷恋上了戴大礼帽，穿红斗篷，在城市的街道上游荡，这使得本省公众心生反感以至于给他起了“魔鬼修士”的绰号，此自画像明显绘制于这一时期。该作品1919年由国家博物馆基金会送达冬宫，原属多布罗尼茨基的收藏品。

360
路德维希·克瑙斯
草地上的女孩
1857年
布面油画
50cm × 59cm

在19世纪后半叶的俄罗斯，克瑙斯是杜塞尔多夫学派中最受欢迎的画家之一。起先他住在巴黎，迷恋着巴比松学派著名大师的杰作，但影响他最深的却是库尔贝的作品。这幅画绘制于法国，在那里画者以研究实物为基础，努力将巴比松学派的作画方式化为己用，然而画中对细节的过度追求、细致的设计及一丝明显的感性主义色彩使得此画变为了德国毕德麦雅风格。该作品1918年由圣彼得堡的安尼科夫宫送达冬宫。

361
汉斯·冯·马里斯
喷泉庭院
布面油画
240cm × 162cm

这位德国著名的象征主义画家曾创作过一些纪念性的寓言主题画作。其作品往往充斥着难以解读的暗示，视觉上则满是意义含糊的象征符号，然而这幅画的不同之处在于紧凑的展现方式和细节组合中的折中主义，这些特点对于画者来说并非典型。画中的女士形象似乎取自17世纪一位荷兰画家作品中的人物，而孔雀、喷泉和宫墙则借鉴了文艺复兴时期的作品。此画是为圣彼得堡的斯蒂格利茨别墅所作。该作品1924年由国家博物馆基金会送达冬宫，1931年转让至莫斯科的新西方美术国家博物馆，后于1948年送还冬宫。

362
路易·加莱
渔夫一家
1848年
木板油画
39.5cm × 51.5cm

路易·加莱来自比利时南部的瓦隆，一个以共同根源与邻国法国相系的省份。1834年，他完成在安特卫普的学业后迁至巴黎，并进入著名浪漫主义画家阿里·谢弗的画室工作，不仅如此，他还受到了来自另一位沙龙艺术家保罗·德拉罗什的影响。同其法国偶像们一样，加莱主要绘制历史画，这幅《渔夫一家》成为此类美术风格的范例，这一风格在浪漫主义倾向的艺术家们的诠释下，被看作是理想化的，近乎英雄主义的关键。该作品1921年由圣彼得堡的戈尔恰科夫送达冬宫。

363
汉斯·马卡特
女人肖像
木板油画
120cm × 80cm

马卡特是奥地利最知名的肖像画家之一，他那华丽惊艳的肖像画可与出自巴黎沙龙最杰出画师之手的作品相媲美。画中女人的名字不为人所知，目录上此画以不同方式被命名：《T. M. 肖像》或是《戴伦勃朗帽的女士》。这幅画直到画家去世都保留于其画室，一直到19世纪末才在维也纳的拍卖会上售出。当时它极受欢迎且常被复制，M. V. 涅斯特洛夫曾绘制了其中的一版，后者被收藏于俄罗斯博物馆。该作品1920年由国家博物馆基金会送达冬宫。

365
费迪南德·霍德勒
湖
布面油画
44.5cm × 64.5cm

这位瑞士画家是欧洲象征主义最杰出的代表人物之一，其极具戏剧性的绘画深受德国表现主义者喜爱，他们将其看作是自己的直系前辈。自1892年起，画家加入了属于玫瑰十字会派别的巴黎印象主义沙龙。画家的纪念性作品中都充满着晦涩的典故、象征符号及奇异且哀伤的画面，而此风景画则是以一种缺乏光线的典型冷色调所绘制，或为一幅写实画。该作品1921年由圣彼得堡的加赞送达冬宫。

364
亚历山大·卡拉莫
橡树与风景
1859年
布面油画
173cm × 140cm

瑞士画家卡拉莫曾在巴黎、意大利和荷兰工作，他以描绘风景为主，特点在于雕琢细节和手法简洁，使人想起杜塞尔多夫学派风景画家的作品。卡拉莫非常受爱好此风格的收藏家们青睐，I. 希施金就是其画作的欣赏者之一。该作品1924年被圣彼得堡的萨克森·奥尔滕堡收藏，之后送达冬宫。

366
理查德·帕克斯·伯宁顿
诺曼底海岸边的船
布面油画
33.5cm × 46cm

伯宁顿，英国画家、水彩家，他一生中的大部分时间都在法国度过，而其美术造诣仍持平于同时代的英国画家们的艺术水准。此画中的诺曼底海岸是他在20多岁时最常画的主题之一，明亮的环境和潮湿的海岸空气成了这幅风景画的“主人公”。该作品1929年由圣彼得堡的阿尼奇科夫宫送达冬宫，原为亚历山大三世收藏。

367
托马斯·劳伦斯
艾米丽·哈丽特·韦斯利-波尔
木板油画
76cm × 63cm

据说，年迈的雷诺兹在提到劳伦斯时如是说道："他从我结束的地方起步。"在这位伟大的英国巨匠去世后，劳伦斯便被任命为宫廷画师，后于1820年当选为皇家艺术学院院长。生前就已经享誉欧洲的他，曾被人这样称赞，"罗马倾城出动去看他，其声誉已然可同斗兽场相比肩"。

在这幅成熟作品中，画者仍旧从雷诺兹时代的英国肖像画中汲取了很多经验，而不同之处则在于画中人物的情绪，此浪漫主义画作可能是为艾米丽小姐与拿破仑战争军官——未来的拉格兰勋爵的婚礼所绘。1814年，劳伦斯开始为反波拿巴主义者联盟的成员们绘制著名的肖像画。该作品1912年遵奇特罗沃遗嘱，被送至冬宫。

368
乔治·道
亚历山大·尼基蒂奇·塞斯拉文
1823年
布面油画
70cm × 62cm

这幅画为其中之一的333幅俄军将领肖像画是在沙皇亚历山大一世的要求下为冬宫的军事画廊所创作的，于1819—1829年由英国画家乔治·道同两位俄罗斯画家，分别是A. V. 波利亚科夫和V. A. 戈利科合作完成。1812年，亚历山大·尼基蒂奇·塞斯拉文是总司令巴克莱·德·托利的助手，后来指挥过游击支队。此肖像画是写实的，它那带着浪漫主义热忱的激动人心的画面，集中展示了战争之中俄罗斯人民所表现出的英雄主义和勇敢无畏。该作品由道的画室为军事画廊开幕仪式所绘，1826年送至冬宫。

369
乔治·道
亚历山大·谢苗诺维奇·缅希科夫
约1826年
布面油画
103cm × 78cm

缅希科夫是一位海军将领，也是“俄语言爱好者学术会谈”社团的创始人，该社团旨在通过外来术语修正其母语。同时他还是教育部长，因保守主义和其部门开启的严厉审查而出名。这幅肖像画于浪漫主义时代向公众揭示了人格的不可重复性。该作品1923年来自国家博物馆基金会。

370
克里斯蒂娜·罗伯森
玛利亚·亚历山德罗芙娜女大公
1849年
布面油画
249cm × 157cm

从1839年开始作画至1854年逝世于圣彼得堡，这位苏格兰女画家曾短暂地居住在俄罗斯。她为当地法院和贵族作画，获得过巨大却不甚长久的名气。这幅未来的亚历山大二世之妻的肖像是受尼古拉一世委托而绘制的，并被放置于小冬宫的罗曼诺夫画廊内。作者所钟爱的一系列元素尽数出现在了此画中：纤细的腰肢、柔软的双手、专注的目光、精妙绘制的丝绸……这幅作品是所谓“沙龙”美术的杰出范例，也是对尼古拉一世时期流行品位的清晰证明。该作品1925年通过国家博物馆基金会由圣彼得堡的尤苏波夫宫送达冬宫。

371
克里斯蒂娜·罗伯森
孩子和鹦鹉
1850年
布面油画
112cm × 104cm

克里斯蒂娜·罗伯森偏好绘制女性和儿童的肖像，在其稚拙的画面中，她知道如何突出可能会被赞赏的东西以打动孩子父母的心。她以风景代替压抑奢华的内室作为背景，为此画增添了魅力与新鲜感。遗憾的是我们并不知晓画中两个儿童的名字。该作品1938年通过国家收购委员会送至冬宫。

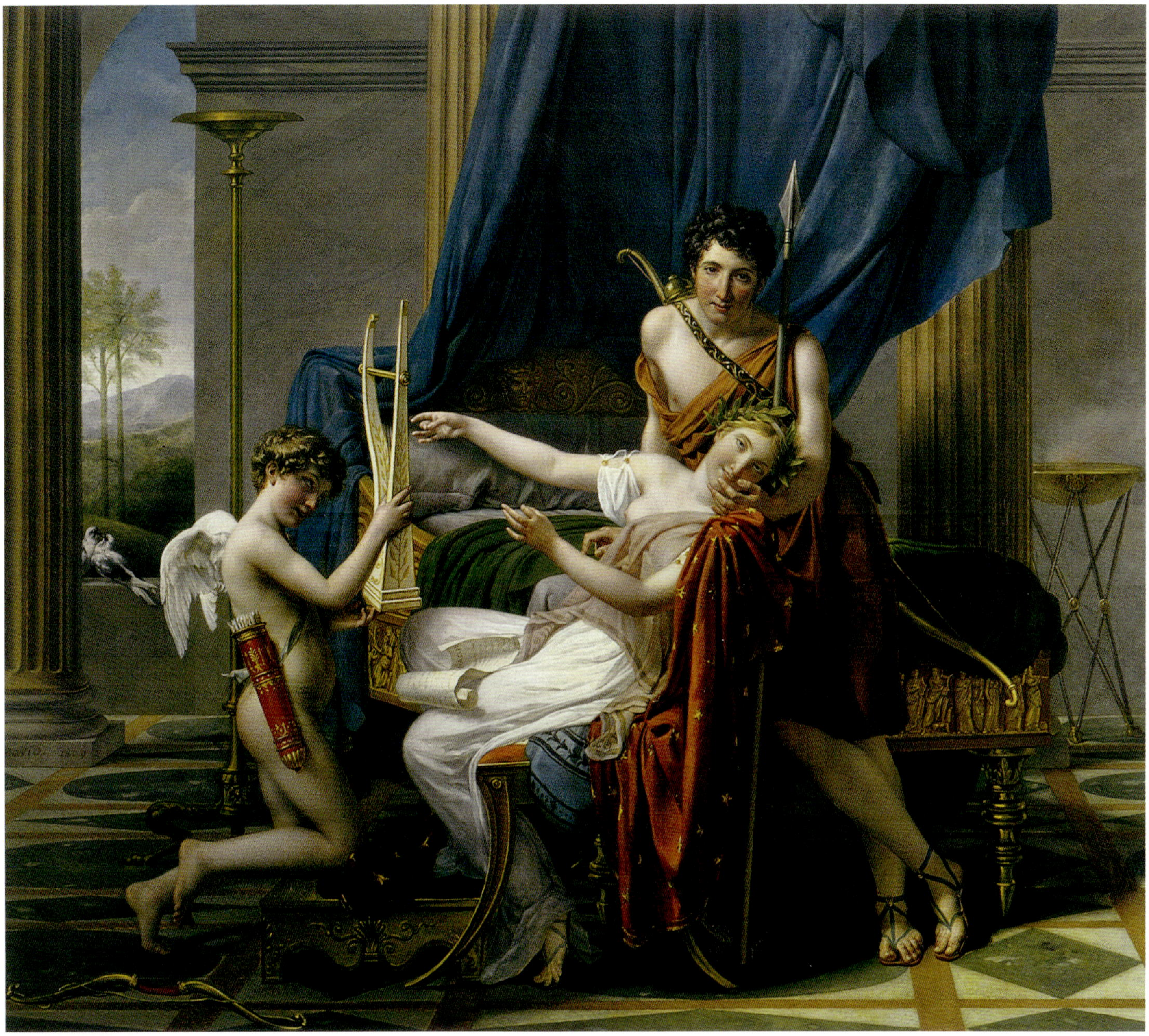

372
安东尼-让·格罗
过阿尔科莱桥的拿破仑·波拿巴
布面油画
134cm × 103cm

此画为1799年画作的复制品。雅克路易·大卫的得意门生格罗在画中描绘了拿破仑·波拿巴的胜利时刻，即1796年11月15—17日，这位年轻的法国军队指挥官在维罗纳附近的阿尔科莱桥上对抗奥地利军队的战役中取得胜利。与许多同时代的画家一样，画家狂热崇拜拿破仑，曾跟随他前去意大利观战。在阿尔科莱桥战役期间，当时胜利已经倾向于奥地利方，拿破仑攥紧旗帜亲自上阵冲杀，大大激励了军心从而扭转了战争的局势。该作品原为圣彼得堡的N. 列赫滕别格斯基公爵收藏，1924年通过国家博物馆基金会送达冬宫。

373
雅克-路易·大卫
萨福与法翁
1809年
布面油画
225.3cm × 262cm

这幅画是尼古拉·尤苏波夫亲王委托大卫这位法国新古典主义著名领袖所作。希腊诗人萨福是新古典主义画家们首选的女主人公，她爱上了一个名叫法翁的青壮男子，后因无法忍受单相思的苦楚而自杀。大卫曾对古典艺术进行研究，使得此画从主题、主人公衣物甚至到家具的一切都保有着古典主义典范的精神。不过，这幅严肃且壮观的画卷上那对私语的鸽子，便更适合出现在精致轻浮的洛可可作品中。该作品1925年由圣彼得堡的尤苏波夫宫送达冬宫。

374
弗朗索瓦·杰拉德
约瑟芬·博阿尔内
1801年
布面油画
178cm × 174cm

约瑟芬（1763—1814年）在她的第二段婚姻里嫁给了拿破仑·波拿巴，成为了法国的皇后。她在位于巴黎附近马尔梅松的宅邸露台之上时，师从大卫的著名肖像画家杰拉德使她于画中流芳百世。这种新型的肖像画显露出新古典主义风格，有意削减了前一时期类似作品中的奢华和繁杂的细节处理。该作品原为圣彼得堡的N. 列赫滕别格斯基公爵收藏，1919年通过国家博物馆基金会送达冬宫。

375
安–路易·吉罗代
自画像
1795年
布面油画
59cm × 46cm

吉罗代是大卫最有天赋的门生之一，但也是其中最固执的一个。此幅自画像中完全不曾体现该时代的理性风格，这位新古典派画家将自己描绘得好似一个浪漫主义英雄，肖像本身似乎是以私人目的绘制的，并没有一些引人侧目的细节出现。画中的吉罗代身着家居便服，也不曾理想化地修饰自身轮廓，反而突出了他富于表达的无规律性。该作品1923年由国家博物馆基金会送达冬宫，原为戈尔查科夫收藏。

376
皮埃尔·纳西斯·盖兰
莫菲斯与伊丽丝
1811年
布面油画
251cm × 178cm

这位新古典主义画家的作品一度特别受到巴黎沙龙的欣赏。盖兰是浪漫主义大师杰里柯和德拉克洛瓦的老师，而这两位都曾卸下了新古典主义基础教义为其戴上的镣铐。这幅画的主题借鉴了古代神话：彩虹幻化的女神伊丽丝从一片云上朝着熟睡的莫菲斯飞去，睡神床上所装饰的浮雕呈现了《荷马史诗》第十四篇中的场景。该作品1925年由圣彼得堡的尤苏波夫宫送达冬宫。

377
皮埃尔-保罗·普吕东
纯真喜欢爱情胜过财富
1804年
布面油画
243cm×194cm

普吕东这一纪念性的画卷尽管同新古典主义作品有着明显相似之处，但其主题的选择和诠释上有着更大的自由。画家的寓言画以色彩细腻、基调柔和为特点，其中总是满溢了优雅与精致。这幅作品被认为是由对过去几个世纪美术的引证和追忆所组成的，财富之神与爱神的形象使人想起古代高贵庄严的浮雕，而在那对恋人脚边嬉闹的金色鬈发小天使仿佛是直接从柯雷乔画中切下来的一样。尽管如此，此寓言画并没有成为官方风格下一个冰冷的装饰性标本，相反它却充满了真实且令人心悸的情感。普吕东这幅毋庸置疑的杰作之上有着其女学生康士坦娰·梅耶尔的签名，而每一处都昭示着它是大师赠予自己情人的礼物，并且这位情人曾帮助他对画面进行过一些细节处理。该作品1925年由圣彼得堡的尤苏波夫宫送达冬宫。

378
伊波利特·德拉罗什
戴克里先时代的基督教殉道者
1853年
布面油画
73.5cm × 60cm

德拉罗什是其所处时代最幸运的画家之一，即便到了浪漫主义时期也依然受公众喜爱，其名望于19世纪中叶达到了顶峰。他画中的主题往往很有吸引力，而其作画方式则以设计精确与摒弃繁杂细节为特点。画家如此表述自己的作品：“一个年轻的罗马妇女因拒绝参加祭祀假的神而被判处死刑，被捆住双手扔进了台伯河；太阳由死气沉沉的阴郁河面升起，而两个基督教徒则观察着漂过他们面前的殉道者遗体……”该作品1924年通过国家博物馆基金会，由圣彼得堡的萨克森·奥尔滕堡送达冬宫。

379
让-奥古斯特-多米尼克·安格尔
N. D. 古尔夫伯爵的肖像
1821年
布面油画
107cm × 86cm

安格尔是新古典主义画派中最负盛名的画家，而即使自称为新古典主义真实教条的守护者，他也无法在一个绘画时代近乎落幕之际为其注入新生。冬宫内收藏的这位法国画家唯一一幅作品，无疑是最经典的肖像画范本之一，画家成了一位创新者并达到了真正的卓越。精确且充满表现力的设计，仔细塑造下高雅得当的色彩集合，一同为画作赋予完美的古典形式。然而在当时的肖像作品中，这种人物所呈现的复杂性并不常见，并且在浪漫主义出现之前，需要通过明显的保守性来体现人物所感受到的折磨。该作品1922年来自圣彼得堡的纳里希那的收藏。

380
斐迪南-维克多-欧根·德拉克洛瓦
猎狮的摩洛哥人
1854年
布面油画
74cm × 92cm

德拉克洛瓦是法国浪漫主义的代表人物，冬宫博物馆中收藏着他的两幅绘画后期的袖珍画。神秘的东方主题一直吸引着浪漫主义艺术家们的遐思，德拉克洛瓦曾于1832年去阿尔及利亚和摩洛哥旅行，而20年过后摩洛哥人直接且强大的形象仍继续在其作品中回响。

这幅画的场景中同样充满了动态与活力，德拉克洛瓦选择的并非此事件的高潮阶段，而是枪响起前几秒的时刻，那一瞬间感官的紧张程度将到达顶点。画者以快速且流畅的手法、激烈而粗糙的笔触将紧张激烈的场景表现得淋漓尽致。该作品1922年由美术学院博物馆送达冬宫，原属于圣彼得堡的库舍列夫画廊。

381
斐迪南-维克多-欧根·德拉克洛瓦
备鞍的摩洛哥人
1855年
布面油画
56cm × 47cm

在这幅画中，德拉克洛瓦重新启用了其青年时期的水彩作品《备鞍的摩洛哥人》中的主题与构图，用色彩诠释了他在后期去阿尔及利亚和摩洛哥旅行的感受与印象。马鞍上的血红色块，阿拉伯人身穿带有色彩反射的白衣，同背景里金棕色的骏马和风景中绿色调的深浅晕染形成了明亮色彩间的对比，在鲜明的对比和动态的手法间产生了一种尖锐的紧张感。该作品1922年由美术学院博物馆送达冬宫，原属于圣彼得堡的库舍列夫画廊。

382
霍勒斯·委尔内
自画像
1835年
布面油画
47cm×39cm

作为著名风景画家克劳德·约瑟夫的外甥，历史画家卡尔的儿子及学生，霍勒斯·委尔内天才般地将学院派基础同浪漫主义的主题和氛围相结合，甚至还包含了异域风情。1828—1835年，画者曾居留罗马并担任法国学会会长，正是在此处他画下了这幅自画像，赠予了其朋友也是俄罗斯收藏家帕维尔·费曾伯爵。冬宫博物馆拥有委内尔的许多作品，其中一些是在尼古拉一世的委托下绘制的，他曾三次邀请画家来到圣彼得堡，分别是在1836年、1842年和1843年。

383
阿里·谢弗
拉文纳战役中加斯东·德·富瓦之死
布面油画
38cm × 46cm

阿里·谢弗同德拉克洛瓦一样都师从盖兰，也属于浪漫主义画派，同学院画派那些古老题材相对立，善于叙述国家历史上的动乱事件。远离当时法国人的真正兴趣，是浪漫主义的基本原则之一。这件素描完成于他精心制作一幅大型画卷之前，后者收藏在凡尔赛博物馆。素描所描绘的是意大利战争中的一刻。路易十二的外甥加斯东·德·富瓦即内穆尔公爵是一位有才干的指挥官，在拉文纳战役中大败意大利军队，而自己却失去了生命。该作品1922年由美术学院博物馆送达冬宫，原属于圣彼得堡的库舍列夫画廊。

384
乔治・米歇尔
磨坊风景
布面油画
52cm × 77cm

米歇尔是一位精致且富有诗意的风景画家，他将17世纪荷兰风景画家们的教诲融入了自己的浪漫主义情怀中。他只在巴黎及其周边地区作画，将蒙马特山在画中展示出来。他在写生时往往会选择大自然充满戏剧性的特定时刻。通往丘陵的道路与磨坊是蒙马特司空见惯的元素，但画中的它们被暴风雨的光线照亮，带有强烈的明暗对比，并且以不安的浪漫主义精神变换了形状。该作品1920年来自国家博物馆基金会，原为戈尔查科夫收藏。

385
让–莱昂・杰罗姆
贩卖女奴
布面油画
92cm × 74cm

这幅画是杰罗姆的得意之作，1884年于沙龙的展览一结束该作品就被俄国沙皇的兄弟谢尔盖・亚历山德洛夫斯克大公买下，并赠予妻子。此画的另一个版本现收藏于巴尔的摩。这幅作品突出了绘画的绝佳精巧，然而在印象派反对学院派与沙龙美术的斗争中，印象派坚定的支持者埃米尔・佐拉对于这幅画的作者——学院派的中流砥柱之一杰罗姆“激情”地说道：“这是一幅灵巧的画作，一个被呈现得些许模棱两可的主题，一件时髦的商品……此处忽视的是热情，热情是真正的画家所拥有的强大动力。”该作品1930年来自古董协会，原为费多罗芙娜女大公的收藏品。

386
让-莱昂·杰罗姆
假面舞会散场
1857年
布面油画
68cm × 99cm

此画是19世纪中期浪漫主义学院派的典型范例，杰罗姆曾是代表人物之一。这位才华横溢的大师对时代精神甚是敏感，他明白如何将学院派和“新”当代美术整合在一起。古典主义清晰的构图与设计因色彩晕染变得柔和，微妙的明暗对比传递出清晨那凉雾蒙蒙的氛围，而大胆的明亮色彩则强化了所发生之事的戏剧性的感觉。在1857年沙龙展出时，这幅画大获成功，以至于杰罗姆将其出售给奥马尔公爵后，还为N. 库舍列夫·贝兹博罗科伯爵绘制了一幅复制品。该作品1922年由美术学院博物馆送达冬宫，原属库舍列夫画廊。

387
莱昂-约瑟夫·弗洛伦丁·伯纳特
山中
1870年
布面油画
78.5cm × 121.5cm

作为19世纪下半叶法国学院画派的代表人物，伯纳特的画作形式和时代主题一向遵循坚实的古典主义原则。这幅画绘制于1870年，画家刚从耶路撒冷、君士坦丁堡和埃及的旅行中归来，旅行中触动了画家的并不是对东方的浪漫激情，而是关于自然、人种、风俗和习惯几方面的比较以及进行清晰调查与近乎民族志般的兴趣。画中粗犷的明暗对比、严谨设计下的裸露山脉和阳光下干裂的空地，加之近景处静止的形象，共同塑造出一个庄严的、近乎英雄般的场景，同时也符合古典主义精神。该作品1948年由莫斯科的国立新美术博物馆送达冬宫，曾藏于拉姆扬采夫博物馆，最初则属于莫斯科的私人收藏家收藏。

388
朱尔斯·约瑟夫·莱菲博瑞
山洞中的玛利亚·玛达莱娜
布面油画
71.5cm × 113.5cm

对于这位富有天赋的沙龙画家来说，画中忏悔的女性形象只是一个托词。画中强调了对裸露躯体精准的描绘和对肉欲的表现，阴沉背景被稍稍晕染以削弱女性身体炫目的洁白，加之它多层含义及朴素细节的美感，这一切都迎合了19世纪下半叶资产阶级和贵族阶层的欣赏品位。1876年在沙龙展览后，这幅画立刻就被亚历山大·杜马斯之子购得，他去世后画作被送往圣彼得堡参展，1896年时尼古拉斯二世在展会上将其买下，于1926年送达冬宫。

389
弗朗索瓦·佛意蒙
泽纳达·尼古拉耶夫那·尤苏波娃公主
1894年
布面油画
125.5cm × 94cm

佛意蒙是一位肖像画家、流派画家及史学家，在19世纪晚期于沙龙推崇者之中颇具名气，他曾受法国大革命与拿破仑帝国时代的启发，以轻浮主题创作了一些优美画作。同样他在沙皇的宫廷中也获得了极大的成功，其于1894年逗留俄罗斯期间完成了这幅公主的肖像，公主以美貌闻名于整个圣彼得堡。泽纳达是费利克斯·苏马罗科夫-埃尔斯顿的妻子，而她的儿子便是那位著名的费利克斯·尤苏波夫伯爵，他曾是刺杀格里高利·拉斯普京的其中一员。该作品1946年由国家民族志博物馆送达冬宫，原为圣彼得堡的尤苏波夫宫收藏。

390
弗朗兹·克萨韦尔·温德尔哈尔特
伯爵夫人奥尔加·爱斯佩罗夫纳·苏瓦洛娃
1858年
布面油画
130cm × 97cm

这位德国画家在弗里堡艺术学院与慕尼黑学院完成学业后，于1834年定居巴黎，成了法国沙龙中最杰出的肖像画家之一。他任路易·菲利浦的宫廷画师，1853年起又为拿破仑三世皇帝作画，也曾效力于普鲁士和英格兰宫廷，并且为沙皇和圣彼得堡的贵族绘制过数目繁多的作品。此肖像画中的女子是宪兵队长P. A. 苏瓦洛夫的夫人，这幅画在画家的作品中独树一帜，为了达到精致的效果，以冷色调的装饰为特点。该作品1925年由圣彼得堡的苏瓦洛夫宫送达冬宫。

391
皮埃尔-埃提昂-蒂奥多·卢梭
诺曼底市集
木板油画
29.5cm × 38cm

卢梭是19世纪中期法国的一位杰出现实主义者和风景画家，他画中所表现出的美既不像古典主义发明或是升华出来的，也不似浪漫主义以情绪将其改造，而是一种自然的真实美感。青年时期的卢梭可能于1832年的诺曼底旅行期间绘制了这幅风景画，画中他尝试通过观察自然以传递生动之感，以密集细小的笔触勾勒出了房屋轮廓，仿佛伸手可触般地再现了砖石墙结构，覆着苔藓的石头和木制窗框，用色彩的明暗晕染真实呈现了北部暗淡的光线顺着老旧的墙和屋顶划过，为其染上金色的暖色调。该作品1922年由美术学院博物馆送达冬宫，原属库舍列夫斯卡亚画廊。

392
皮埃尔-埃提昂-蒂奥多·卢梭
桥和风景
木板油画
28cm × 36cm

卢梭在枫丹白露附近的巴比松村画下了这幅风景画，在那里他度过了生命中的大部分时间，而也正是在那里，美术家们一边共享着观念，一边如卢梭一样对着风景写生。卢梭首先以密集且快速的细小笔触将风景主题色彩固定住，接着使其整合至丰富且无定性，由此才能在树干粗壮、叶片繁茂之景象间，在潺潺溪水间，在小木桥上方掠过的层云间，得以保留光线、空气和生命动态中的自然之感。该作品1923年由国家博物馆基金会送达冬宫，原属戈尔恰科夫于圣彼得堡的收藏。

393
居勒·杜普雷
风景和牛
1850年
布面油画
90cm × 117cm

尽管杜普雷并没有在巴比松绘制过风景画，但是在其他地方，他恰恰是巴比松学派最重要的大师之一。受卢梭的影响，他掌握了“室外”绘画的方法，但在选择自然元素方面，他有着自己的偏好。杜普雷热爱太阳，被其明烈鲜亮的色彩和光线变幻所吸引。画中的母牛并不只是简单的风景元素，而是由现实主义画家向古典风景画和学院派的拥护者发出的一种挑战。该作品1922年由美术学院博物馆送达冬宫，原属库舍列夫斯卡亚画廊。

394
维吉勒·那西斯·迪亚兹·德·拉·佩纳
林间小径
约1850—1860年
木板油画
29cm × 53cm

19世纪50年代初期，迪亚兹开始创作东方与神话主题的浪漫画作，他成为巴比松学派的一分子，醉心于室外绘画。他在现实主义风景画中总是保留着一丝浪漫主义，写生时试图在自然界中寻找贴近其个人偏好的主题，而他最喜爱的主题是一片浓密的林地，闪烁的光线穿过叶片将其照亮。色彩的激烈对比、深色阴影和闪光的高亮、色调密实的结构都是画中的重要元素，以再现一种特殊的神秘氛围，并且表达出法国自然界简单缩影背后所蕴藏的含义。该作品1925年来自国家博物馆基金会。

396
让-巴蒂斯特-卡米耶·柯罗
沼泽中的树
1855—1860年
布面油画
25.5cm × 38cm

著名风景画家柯罗的风格接近巴比松学派，不过他在接触此学派很久之前就已经开始了“室外”作画。此外，他虽赞同追求现实主义，但也并没有忘记古典主义传统。他擅长神话主题作品和装饰画，同时也是一位值得一提的肖像画家。根据卢梭所说，若巴比松学派追求以自然形式实现客观的“生命启示”，那么从柯罗作品雾蒙蒙的空气中，平静水面上的淡淡反射中，忸怩绿叶的闪闪柔光中，能发现来自画家灵魂那奔放的回声。该作品1922年由美术学院博物馆送达冬宫，原为索莫夫于圣彼得堡的收藏。

395
康斯坦·特罗荣
去集市的路上
1859年
布面油画
260.5cm × 211cm

特罗荣在巴比松学派画家中占有特殊的地位，他于1839年同卢梭和杜普雷结为好友后加入其中。在他们的建议下，特洛荣致力于动物画和风景画，既研究巴比松学派作品，还探究波特等17世纪荷兰动物画家的经验，为此他甚至于1847年专程前往荷兰。这幅画以细腻的色彩效果，逼真地描绘了动物和散发着夜间雾气的冷冷晨光。该作品1922年由美术学院博物馆送达冬宫，原属库舍列夫斯卡亚画廊。

397
让-巴蒂斯特-卡米耶·柯罗
湖边风景
1865—1870年
布面油画
47.5cm × 35cm

这幅画是冬宫藏品里柯罗所作最杰出的风景画之一，在其描绘丛林和左侧的土地时，画家通过大片厚重的色彩对比形成不对称的构图，而天际的透明感则由右侧开始同地平线上的水融为一体，这些都呈现出了随意的感觉和自然的真实性。但更为重要的是，画中银灰色调极微妙的渐变构建出极为丰富的色彩范围，结合细小笔触的新绘画技巧，帮助画家重现了一个生机自然的诗意宇宙。该作品1930年由莫斯科的普希金博物馆送达冬宫。

让-巴蒂斯特-卡米耶·柯罗
湖边风景(局部)

398
夏尔-弗朗索瓦·多比尼
瓦兹河岸
约1858年
布面油画
25.5cm×41cm

多比尼也是一位巴比松学派的追随者，他的绘画方法是从头至尾对着实物进行室外作画，而不像同一学派的其他画家最后是在画室内完成绘画。为此他设法获得了一艘船，用来沿着塞纳河和瓦兹河航行，此画便是在这个非常特别的画室中绘制的。该作品1919年来自奥夫赞尼科娃于圣彼得堡的收藏。

399
欧仁·布丹
沙滩
木板油画
23.5cm × 33cm

在巴比松学派画家们的影响下，风景画家布丹主要描绘的是其家乡诺曼底的大海与沙滩。他了解如何以细小的彩色笔触来表现咸咸的海风的感觉，以及如何通过勾勒轮廓，以一片柔和的银色范围呈现海与天的交汇，再加上少许浅色痕迹以增添生动感。布丹的风景画给青年时的克劳德·莫奈留下了强烈的印象，他是莫奈的第一位老师，给予他实际的指导和于勒阿弗尔沙滩上“室外”作画的初期经验。后来，布丹反过来又受到了莫奈的印象主义影响。该作品1968年被圣彼得堡的阿尔特曼收藏。

皮埃尔–奥古斯特·雷诺阿
演员珍妮·萨马丽的肖像（局部）

400
皮埃尔–奥古斯特·雷诺阿
演员珍妮·萨马丽的肖像
1878年
布面油画
174cm × 101.5cm

珍妮·萨马丽是一位法兰西剧院的演员，雷诺阿在出版商乔治·查潘蒂埃的家中与她结识，这位出版商的妻子曾委托画家为自己的孩子绘制肖像画以展示于客厅。出于同样的目的，雷诺阿也为珍妮作了肖像画。为了营造节日氛围，当时时兴的日式屏风、地毯和棕榈叶都出现在了画家平日朴素的画室中，粉色衣裙更是将这位女演员衬托成了世界明星。然而绘画风格依旧是纯粹的印象派：铅白颜料混杂着不同形状的粉色、蓝色和绿色笔触，人物形象的轮廓则是模糊的，烘托出一种环境虚无之感。以红黄绿三色绘制的蓬松刘海、微张的嘴唇和妆饰过的双眼都传递出了珍妮的真实形象，如画家之子让·雷诺阿所说，“既像她去往蒙马特市场之时，又像她夜晚在剧院中扮演女王角色的时候，保留了她的那份真实自然”。该作品1948年由莫斯科的新西方美术国家博物馆送达冬宫，原为莫洛佐夫收藏。

401
皮埃尔-奥古斯特·雷诺阿
持鞭男孩
1885年
布面油画
107cm × 75cm

此画是参议员古戎委托雷诺阿为其第四子所绘制的肖像画之一，画中的男孩身着节日盛装，手持小马鞭，仿佛是持剑的西班牙王子。服饰上的白色是通过其身旁花园中的蓝色、粉色和黄色的反射组合而成。委托人强调所作的肖像画中人物面部必须清晰，于是画者做出让步，使其画中人物面部和轮廓的线条被清晰地勾勒了出来；另一方面更是作者对其友人安格尔的致敬。该作品1948年由莫斯科的新西方美术国家博物馆送达冬宫，原为莫洛佐夫收藏。

皮埃尔-奥古斯特·雷诺阿
持鞭男孩（局部）

Renoir.

402
皮埃尔-奥古斯特·雷诺阿
持扇姑娘
1881年
布面油画
65cm × 50cm

这幅画的模特是阿尔丰西娜·富尔奈斯，她是巴黎莎度餐厅老板的女儿，该餐厅曾是印象派画家、作家、音乐家和演员们的聚集地。然而画中这位神秘的陌生姑娘从她那双杏眼开始，就几乎没有任何与那位富尔奈斯的相似之处，画中色彩的纯粹提醒着我们雷诺阿年轻时曾从事陶瓷绘画的经历。

黑色的头发是由红色和蓝色绘制而成，雷诺阿认为如白色一样，黑色在自然界中是不存在的。该作品1930年由莫斯科的新西方美术国家博物馆送达冬宫，原为莫洛佐夫收藏。

403
克劳德·莫奈
吉维尼的草地
1888年
布面油画
92cm × 80cm

1883年春，莫奈在吉维尼购置了一处宅邸，位于塞纳河支流埃普特河旁，直至去世他都定居在那里，周围的田野便成了其绘画中反复出现的主题之一。莫奈在铺满花草的蒙蒙雾霭上捕捉到极尽巧妙的色彩的深浅晕染，并以细致的笔触创造出了这一精致的马赛克画。看着此画，保罗·塞尚的话语便浮现于脑海中："莫奈仅仅只有一只眼睛，可我的上帝，那是多棒的一只眼睛！"该作品1934年由莫斯科的新西方美术国家博物馆送达冬宫，原为舒金收藏。

克劳德·莫奈
花园中的夫人（局部）

404
克劳德·莫奈
花园中的夫人
1867年
布面油画
80cm × 99cm

这幅作品创作于勒阿弗尔附近的圣阿德雷斯，画家的亲戚在那里拥有一处庄园，莫奈的主题来自这些奇妙的诺曼底花园中的一座，花园中草坪如丝绒地毯，其上星星点点的是灌木丛和花坛中盛开的小花。

此画架构于古典派法则之上，垂直轴线的树干和红色花坛明确出场景的中心。灌木丛所代表的背景和侧景被阳光照亮，主角则是画中的女人。不同寻常之处在于其色彩清亮且纯净，阴影中的女士身上那件白色衣裙不是以灰调上色而是蓝色，彩色的阴影曾是印象派绘画的基本特质之一。该作品1930年由莫斯科的新西方美术国家博物馆送达冬宫，原为舒金收藏。

405
克劳德·莫奈
蒙特热龙的花园
1876—1877年
布面油画
173cm×193cm

1876年夏，莫奈到印象画派赞助人欧内斯特·霍斯佩德位于巴黎附近的蒙特热龙的宅邸做客。在友人的请求下，画家以花园之景为其住处的客厅创作了一些装饰画（其中两幅在冬宫博物馆，而第三幅藏于奥赛博物馆）。这几幅近乎正方形的大型画卷在构图及绘画手法上与印象画派并无分别。花园一隅似乎是画家偶然间发现的，其细碎的笔触体现出了清晨的美妙，万物都浸染在露水之中，大自然的颜色更显纯净。该作品1948年由莫斯科的新西方美术国家博物馆送达冬宫，原为莫洛佐夫收藏。

克劳德·莫奈
蒙特热龙的花园（局部）

406
克劳德·莫奈
罂粟花田
1887年
布面油画
59cm × 90cm

19世纪80年代，莫奈经常描画吉维尼周边的罂粟花田。大片的红罂粟和绿草连成波浪，生动地体现出当地多风的气候。在以红绿蓝三种颜色交替的笔触间，画家找寻到了一种绝妙的和谐，而且这也是19世纪美术史上的第一次发现：一幅画的审美价值并不取决于它所描绘的内容。该作品1948年由莫斯科的新西方美术国家博物馆送达冬宫，原为莫洛佐夫收藏。

407
阿尔弗雷德·西斯莱
塞纳河上新城——拉加仑风光
1872年
布面油画
59cm × 80cm

拉加仑曾是巴黎附近受到印象画派青睐的地点之一。西斯莱将古典画结构与印象派手法相结合，场景与侧幕体现出了作者师从美术教授C. 格莱尔时所受的影响，而此处空间透视的规则却被跳过了，因为画者是在户外完成的这幅风景画，他画下的便是自己所看到的。背景里突出的不是浅蓝色的深度，而是白色的屋墙和太阳照射下的红房顶。西斯莱明亮且充满阳光的绘画因铺了一层淡淡的忧郁而变得优雅。评论家阿尔芒·西尔维斯特曾评价西斯莱在印象派圈子中是“最和谐且最不定的”。该作品1948年由莫斯科的新西方美术国家博物馆送达冬宫，原为舒金收藏。

卡米耶·毕沙罗
法兰西剧院广场（局部）

408
卡米耶・毕沙罗
法兰西剧院广场
1898年
布面油画
65.5cm × 81.5cm

19世纪的最后十年里，毕沙罗经常绘制城市景观。距罗浮宫不远，位于塞纳河右岸上的广场得名于巴黎最古老的歌剧院——法兰西剧院。出于对城市生活的兴趣，画家选择的都是非常热闹的地点，他从一个高处的观察角度出发，通过密集的色彩斑点表现出了动态的人群与生动的光线。该作品1930年由莫斯科的新西方美术国家博物馆送达冬宫，原为舒金收藏。

409
保罗·塞尚
弹钢琴的女孩
约1869年
布面油画
57.8cm × 92.5cm

这幅画里塞尚描绘的是他的母亲和长姐玛丽在其父位于普罗旺斯的房屋中。以歌剧《唐豪瑟》题词是出于他对瓦格纳的热情，其音乐与塞尚完善其古典主义架构和色彩浓密度息息相关。垂直轴线由沙发扶手构成，其两侧两位女性的位置对称，钢琴与L形的扶手椅则完整了构图。其姐姐的形象是先用线条打造轮廓，后施以铅白颜料和灰色阴影，看起来仿佛人体模型。从一开始，画者的首要目标就是对形态的表达。该作品1948年由莫斯科的新西方美术国家博物馆送达冬宫，原为莫洛佐夫收藏。

410
保罗·塞尚
戴帽自画像
约1873年
布面油画
53cm × 39.7cm

这幅自画像绘制于印象画派首次画展的一年前。塞尚带着他那尖尖的深色胡子和警觉的目光，于1861年由普罗旺斯抵达巴黎，在这座城市他开始接触未来艺术的颠覆者们。即便在那时，他绘画中的独特品质已然十分明显：缺少了印象派画家们的明亮用色和细小笔触，深色颜料层次粗糙地在画布上铺开，而面部轮廓则如同雕塑，以暖调色彩晕染。塞尚并不是将物体溶解在光线和色彩的点点微光中，而是想展现出物体的材质与形态。该作品1930年由莫斯科的新西方美术国家博物馆送达冬宫，原为莫洛佐夫收藏。

411
保罗·塞尚
埃克斯附近的大松树
1895—1897年
布面油画
72cm×91cm

这是塞尚最喜欢的主题之一。“你可记得阿尔克河岸上的那棵松树，它那茂密的树冠延伸于其脚下的深渊之上？”埃米尔·佐拉曾在信中问他，“那棵松树以其枝条保护我们的躯体免受太阳的怒火。啊，愿众神庇护它，让它远离樵夫致命的打击……”。画中纯粹的色彩呈现出普罗旺斯那明亮的光线与微风清徐之感，两者体现出塞尚靠近于印象画派的风格，然而树冠作为构图的中轴线体现出的立体感，连同伸展着的树枝围绕中间部分形成一个绿色框架，这两者展现的则是画家的古典主义情怀，正如他自己所说，他想“由写实画至普桑派”。该作品1948年由莫斯科的新西方美术国家博物馆送达冬宫，原为莫洛佐夫收藏。

412
保罗·塞尚
马恩河岸
1888年
布面油画
65.5cm × 81.3cm

塞纳河及其支流马恩河周围的风光是印象画派的经典主题，于此塞尚以他自己的方式进行诠释。河岸上的别墅使人想到儿童的积木块，而每棵树的圆形轮廓都由一种冷绿色调的深浅晕染呈现，并不因反射而破碎，还有那静止的大片水域显得极其浓密。塞尚对自然的短暂状态并不太感兴趣，正如17世纪的普桑所为，追求的是永恒之美。该作品1930年由莫斯科的新西方美术国家博物馆送达冬宫，原为莫洛佐夫收藏。

413
保罗·塞尚
帷幔、水瓶和盛水果的盘子
1894—1895年
布面油画
55cm×74.5cm

塞尚的这幅静物画仿佛是一个古典构图作品，此处桌子的平面代表着场景，甚至还配有幕布，而水果和水瓶则是演员们。塞尚用橙色的斑点将水壶环绕起来，强调了橙子居中的位置，而每颗橙子都是一个紧实的球体，以红色、橙色和黄色的笔触描绘而成。在其去世前两年，塞尚首次向画家埃米尔·伯纳德表达了他自己的信念："若你们想学习绘画，便要从最简单的东西开始：球体、圆锥和圆柱。"该作品1930年由莫斯科的新西方美术国家博物馆送达冬宫，原为莫洛佐夫收藏。

414
保罗・塞尚
穿蓝衣的女人
约1900年
布面油画
90cm × 73.5cm

我们并不知晓画中模特是谁，也许是画家的妻子或是管家布莱蒙德夫人。塞尚在晚年经常描画坐着的人像，对他而言将人物外形作为绘画主题的时候，那么其静止不动的姿势是非常必要的，且人物个性并不能与其形象的重要性相提并论。画家用蓝色刻画了女人的胸部和双臂，赋予艺术完整性。印象派画家通常一次性完成一幅画，而塞尚不同于他们快速的工作方式，他需要模特坐着数十次才可完成肖像。该作品1948年由莫斯科的新西方美术国家博物馆送达冬宫，原为舒金收藏。

415
文森特·凡·高
埃顿花园的记忆
1888年
布面油画
72cm × 92cm

在法国南部的阿尔勒时，文森特回想起了荷兰的埃顿村，他父母曾在那里居住。这幅画描绘了侍弄花草的荷兰农妇和远景处的一片白菜田。明亮的色彩与小阳伞上的红色阴影则是来自普罗旺斯的炫目日光。这幅作品能够反映出凡·高居留巴黎期间所受到的影响，溢出视野的构图使人想起印象派的画作，红与蓝之间和绿与橙之间的对比则是借鉴了修拉和西涅克的点画法。他以精练的笔触和近乎浮雕的方式在粗糙层次中勾涂色彩，赋予作品以特殊的表现力。该作品1948年由莫斯科的新西方美术国家博物馆送达冬宫，原为舒金收藏。

文森特·凡·高
埃顿花园的记忆（局部）

416
文森特·凡·高
老村舍
1890年
布面油画
60cm × 73cm

这幅画绘制于画家在奥维尔河畔去世的两个月前，他住院后其兄弟于此陪伴着他。蓝天下的稻草农舍体现了近乎田园诗意的主题，然而浓墨重彩的颜色和长长波动的笔触都给人一种不安之感。所有线条——草地的波浪、房上的屋檐、山丘的脊线——都倾斜着向上延伸，厚重的层层铅白颜料铺满了划过丘陵上方的云层，自然中几乎透出隐隐的威胁感。凡·高正是在此处开枪自杀。该作品1948年由莫斯科的新西方美术国家博物馆送达冬宫，原为莫洛佐夫收藏。

417
文森特·凡·高
灌木
1889年
布面油画
72cm × 92cm

此幅风景画绘制于圣-雷米医院的花园中，凡·高在阿尔勒第一次神经衰弱后住进此医院。“自我来到这里，这废弃的花园给了我一些可以加工的东西”，他曾对其兄弟如此写道。花园的这个角落似乎是画家偶然发现的，但正是于此揭示出了他所经受的心理折磨。印象派典型的色彩明暗变化是不存在的，文森特以同一种绿色色调绘画，将此种颜色的笔触同白色笔触交替，使得灌木变成了一个能呼吸能活动的生物。该作品1930年由莫斯科的新西方美术国家博物馆送达冬宫，原为舒金收藏。

418
保罗·西涅克
马赛港
约1906—1907年
布面油画
46cm × 55.5cm

画中描绘的是位于马赛港入口处的圣让堡。同一尺寸的细小笔触创造出一种马赛克式的绘画，此技巧被称为点画法（来源于法语中point一词），这种画法的主要代表人物便是修拉与西涅克。粉色、蓝色、绿色和淡紫色斑点给景象增添了不真实感，直到它几近变为一个幻想、一个梦。西涅克偏好新印象主义，尽管其绘画与印象派已经几乎没有了任何共同之处。该作品1930年由莫斯科的新西方美术国家博物馆送达冬宫，原为莫洛佐夫收藏。

419
亨利·卢梭
卢森堡花园里的肖邦纪念碑
1909年
布面油画
38cm × 47cm

亨利·卢梭被定义为稚拙派画家，他作画时并不使用线性透视架构法则或是人像法则，而他的画笔于此创造出一个童话般的花园，通过似花边般的金合欢、手持多彩的小伞，衣衫华贵的贵夫人们引出了欢乐的氛围。卢梭的绘画在当时并不被官方美术展馆所接纳，只有自由人美术展馆接受了他的画作，因为那里并不存在评审团。然而在20世纪初，青年画家们重拾起对其作品的兴趣，在他的画作里发现了丰富的想象与表达。该作品1934年由莫斯科的新西方美术国家博物馆送达冬宫，原为舒金收藏。

保罗·高更
塔希提田园（局部）

420
保罗·高更
塔希提田园
1893年
布面油画
86cm × 113cm

这幅画可以被认为是《理想》三联画的一部分。这幅三联画还包括《曾经》和《滑稽》。画中有两个女人，一位吹奏笛子而另一位静静地听着。在专述塔希提一书中，高更用了整整一章来讲述这一乐器。他于1892年12月底完成了此画后，为其附上了1893年的日期。高更在布列塔尼生活时期的画作中便已经出现了色彩饱满的大型色块绘画，但是热带地区的异国情调与他更相契合，且完善了他的风格。立于树后的女孩的视线固定之处并不明确，充满着神秘，作者为追寻这份神秘，舍弃文明开化的巴黎而来到太平洋岛屿上的原始世界。该作品1948年由莫斯科的新西方美术国家博物馆送达冬宫，原为莫洛佐夫收藏。

保罗·高更

我们向何处去？（局部）

421
保罗·高更
我们向何处去?
1893年
布面油画
91cm × 72cm

高更在此画中呈现了一个日常生活的普通场景，他当时正追寻着理想化的美，终于在这位塔希提岛女性身上找到了，从她宽阔的肩膀、结实的身体、面部的原始特征、饱满的嘴唇、宽大的鼻子及一双特别的杏眼中发现了他所求的理想美。“我为这些溪流旁的金色躯体深深着迷”，画家在塔希提岛写道。画布上那金色、红色、粉色和绿色的斑点构成了一条装饰地毯，也许画中的那位模特便是他在大溪地的第一任妻子特胡拉，是她将画家带入了当地的传说世界之中。该作品1948年由莫斯科的新西方美术国家博物馆送达冬宫，原为莫洛佐夫收藏。

422
保罗·高更
甜蜜遐思
1894年
布面油画
73cm × 98cm

这幅作品画于高更短暂居留巴黎期间，当时画家期盼着能在法国获得艺术上或经济上的认可，从塔希提一路去到那里。然而这趟旅行并不幸运：他并不曾收到金钱，打架中还受了伤，直到去世都未能愈合。悲病交加之时，他创作了此画以唤回那远方美丽岛屿的氛围。由此能发现其中一些先前画作的细节，如《塔希提田园》中的花朵，《如何，你嫉妒吗？》中的女人的坐像（藏于莫斯科普希金博物馆）以及多次重复的风景。近景处两个青年的形象与基督教的象征意义相关联，其中一个头上环绕着光环，另一个则是以夏娃作为参考。这幅画的名字在毛利语中听起来像一段神秘的旋律。该作品1931年由莫斯科的新西方美术国家博物馆送达冬宫，原为莫洛佐夫收藏。

423
保罗·高更
我们是谁?
1898年
布面油画
73cm × 92cm

高更曾是第一批欣赏岛上居民原始艺术表现力与纪念性的欧洲画家之一。对他而言古代偶像是激起原住民恐惧的神圣力量的体现。画中雕塑的阴影下，一个小小的人形轮廓僵硬地立于稻草棚旁。树上光秃秃的枝头蜿蜒如蛇，凸显了阴沉氛围。如同高更后期的所有作品，此画明暗不一且凹凸不平，画家实际上是直接于未上底漆的粗糙布面上作画（有助于将颜料紧密黏合在画布上并使色彩更明亮）。该作品1948年由莫斯科的新西方美术国家博物馆送达冬宫，原为舒金收藏。

保罗·高更

椅子上的向日葵（局部）

424
保罗·高更
椅子上的向日葵
1901年
布面油画
72cm × 91cm

这幅作品被认为是赠予凡·高的礼物，高更曾与他一同在阿尔勒度过数月，而凡·高则在他们共同生活的小屋墙壁上画下了许多束向日葵，作为太阳和幸福的象征。与其好友所用之强烈且生动的色彩大相径庭，高更的向日葵显得枯萎，鲜少花瓣，因为它们代表着画者丧失了那些曾在阿尔勒拥有过的价值观。以肉眼看向一朵花便不难想起画家奥迪隆·雷东那神秘和象征意义的画面以及查尔斯·波德莱尔那些关于自然界如何“以不拘的目光审视凡人”的言论。该作品1931年由莫斯科的新西方美术国家博物馆送达冬宫，原为舒金收藏。

425
皮埃尔·博纳尔
巴黎之夜
1911年
布面油画
76cm×121cm

博纳尔出生于巴黎近郊，在这座他所熟知的城市中他最喜爱这激动人心的热闹街头。画中，沉浸于薄暮灯光里，城市的人行道与赶着归家的人群都以一种温暖的色调呈现，近景处的人物形象被画布边缘切割，不免使人想起印象画派的片段式构图。博纳尔了解如何从前人处汲取所需，由此他以红色和蓝色两片色块描绘了花车，便是借鉴了高更的装饰性语言。然而此画中作者的主要绘画特点直接体现于对路人的表现中，那活泼的绘画风格凸显了他曾作为《白色讽刺时评》杂志插画师的经验，他所作的封面闻名于整个巴黎。该作品1948年由莫斯科的新西方美术国家博物馆送达冬宫，原为莫洛佐夫收藏。

426
皮埃尔・博纳尔
货运列车与风景
1909年
布面油画
77cm × 108cm

画家描绘的是塞纳河平原的风光，从这条为印象画派所偏爱的河流中博纳尔学到了很多东西。画中河道旁的铁路跟随着它的方向而延展。构图便建立于水平带上，沿着它们铺开了葡萄园、河流、地平线以及那一条乌云密布的狭长天空，风景几乎占满了整幅画卷，画家参阅的是日本版画的全景画法，它启发了20世纪早期追寻表现力的艺术家们。因此博纳尔在其归属的纳比派中曾被称为“日本人”。列车将动态印于此风景画上，它是这幅法国北部自然缩小画中唯一的当代生活元素。该作品1930年由莫斯科的新西方美术国家博物馆送达冬宫，原为莫洛佐夫收藏。

427
皮埃尔·博纳尔
巴黎一角
1905年
纸板油画
51cm×51cm

画家以其个人的抒情风格，描绘了城郊这座半塌的房子及其木栅栏，他使用背景画板的黄色描绘树木与地面上的锈色斑点，加之灰蓝色表现天空及围栏。在这雾蒙蒙的氛围里，贴于栅栏上的红色招贴画碎片格外鲜明。该作品1948年由莫斯科的新西方美术国家博物馆送达冬宫，原为莫洛佐夫收藏。

428
皮埃尔·博纳尔
篱笆之后
1895年
纸板油画
31cm×35cm

画面中，支撑画面的棕色色调，辅以百叶窗的蓝色与雪上的天蓝色阴影，营造出其背景与风景的氛围。画家又在女人衣服上添上一抹细碎的红色小斑点，以此明确了构图中心，同时也未曾破坏整体忧郁的气氛。篱笆的线条横向贯穿整幅画布，呈现出一种精致的装饰性图样。同所有纳比派画家一样，博纳尔从事多种艺术，为新艺术风格的诞生做出了贡献。该作品1934年由莫斯科的新西方美术国家博物馆送达冬宫，原为莫洛佐夫收藏。

429
皮埃尔·博纳尔
地中海沿岸三联画
1911年
布面油画
407cm×149cm（左）
407cm×152cm（中）
407cm×149cm（右）

1911年，莫洛佐夫委托画家绘制一组三联画，用来装点其莫斯科宅邸的楼梯平台。三幅画由半柱分隔，描绘同一景观，即圣特罗佩的一座花园及其海景。此幅构图基于古典模式，具有场景、侧景与背景。博纳尔为完成这一装饰画，采用了概括性的色彩，通过由深绿色到银色再到粉色这种极微妙的色彩深浅变换加以点缀，细小的碎片笔触营造出充满活力的光线感，前景内的人物是画者描绘个人内心的典型标志。该作品1948年由莫斯科的新西方美术国家博物馆送达冬宫，原为莫洛佐夫收藏。

430
莫里斯·丹尼斯
被普赛克的美貌所诱惑的爱情，凡人崇拜、维纳斯妒忌的无辜对象
普赛克故事，组画第一幅
1908—1909年
布面油画
394cm × 269.5cm

1907年，莫洛佐夫请丹尼斯创作13幅系列画以装饰他在莫斯科宅邸中的音乐厅，画作灵感来源于阿普列乌斯的《金驴记》。也许是在其喜爱的画家贝亚托·安杰利科的影响下，丹尼斯为这一整组画选择了粉色、天蓝色的色彩范围。画面的上半部分以葡萄树和爱神盘旋于空中的形象构成一种拱形，风景则是绘制于马焦雷湖实际草图的基础之上。从裸体形象的表现与处理衣物褶皱的方式中，作者所受古典绘画的教育可得一窥，而溪流表面的色彩斑驳及华丽花边则使人想起新艺术风格的典型装饰，丹尼斯便是该风格的创始人之一。这组画是20世纪法国美术纪念性作品中最重要的代表作之一。该作品1948年由莫斯科的新西方美术国家博物馆送达冬宫，原为莫洛佐夫收藏。

431
莫里斯·丹尼斯
母亲与孩子
约1890—1900年
布面油画
46.5cm × 39cm

丹尼斯是一位遵循教规的天主教徒，从儿时起他在日记中便透露了从事宗教绘画的意愿，以至他在纳比派群体中被称为“美丽圣像的纳比派人”。画家在他的时代描绘着圣母和圣子的肖像主题：母亲与其妻玛舍常常为他充当模特，背景人物的形象参考的是16—17世纪的画作。画家选择了一个生动的传统蓝色，既作为一种装饰性成分，同时也具有象征意义。丹尼斯和纳比派与法国象征主义诗歌密切相关。该作品1948年由莫斯科的新西方美术国家博物馆送达冬宫，原为莫洛佐夫收藏。

432
莫里斯·丹尼斯
探访
1894年
布面油画
103cm × 93cm

玛丽探访伊丽莎白这一传统主题被丹尼斯搬到了一家剧院的舞台上。主要角色们立于舞台之上，摆出演员的典型姿势，花朵交织起的格子网架将布景与出彩的装饰性背景隔开。作品与剧院的联系对画家来说再自然不过了，纳比派不仅充当音乐家也充当戏剧导演，而且丹尼斯还是一位舞台设计师。这幅画里出现了画家表达其内心世界的标志：以梯田为背景让他回想起曾住在巴黎附近圣日耳曼昂莱的风光，而两位女性的侧面像则与其妻玛舍相似。该作品1934年由莫斯科的新西方美术国家博物馆送达冬宫，原为舒金收藏。

433
爱德华·维亚尔
室内人物
1893年
纸板油画
52cm × 79cm

画面背景的黄色透过薄薄一层蓝灰色调，营造出一种淡雾之感。此处画家使用细小笔触作画，赋予空气灵动的感觉。维亚尔描绘的是他母亲在巴黎圣奥诺雷街上的女性束身衣工作室的场景，工作日结束后那里时常聚集着纳比派的青年画家们，这间工作室承载着关于讨论和梦想的回忆，它们在这里不断进行交织。维亚尔懂得如何为这幅内景画染上一层淡淡的感性色彩。该作品1930年由莫斯科的新西方美术国家博物馆送达冬宫，原为舒金收藏。

434
菲利克斯·瓦洛东
冬
1904年
纸板油画
61.5cm × 56cm

这位瑞士画家描绘的是其位于巴黎布洛涅森林附近的公寓，他在17岁时由洛桑迁至巴黎，画家在其友人中有着“外国纳比派”的绰号。画家对细节的关注可能源自19世纪瑞士的自然主义，如画中描绘的缝纫篮、画框和梳妆台上的小盒子，然而镜中反射的构图、精确构造的线性透视、镀金绿色色调的微妙和谐着中央区域的粉色，都显示出画者所接受的古典派教育。镜中映出了挂于墙上的艺术品，明显能辨认出是出自19世纪末杰出的雕刻师即画家本人之手，那些木刻画取自其《乐器》系列。该作品1921年被圣彼得堡的查森收藏。

435
菲利克斯·瓦洛东
风景
1903年
纸板油画
67cm × 103.5cm

此画绘于法国北部诺曼底的一个小村庄，瓦洛东经常在那里消夏避暑。这幅风景画用横向流淌的一条河流架构于古典派模式上，其特点是色彩夸张的明亮度，水面上的波纹晕痕和用生动的细小笔触描绘的树冠，这些都赋予画面一种装饰性。阳光照射下的母牛让人回想起儿时的木制小玩具。纳比派中最具智慧者之一便是瓦洛东，与很多同时代画家一样，画家的灵感有着许多不同的源泉，也包括了天真派画家的美术。该作品1921年被圣彼得堡的查森收藏。

436
弗里茨·陶洛
夜晚
布面油画
61cm × 82cm

陶洛是欧洲屈指可数的著名画家之一，他同时还涉猎书画、刻印与文学创作。画家于哥本哈根和卡尔斯鲁厄完成学业，在那里他开始以现实主义手法绘制风景画，风格偏向于杜塞尔多夫学派。由于画家曾居住法国多年并在那里成长，因此他的作品以色彩丰富且和谐以及微妙的自然感风格而闻名。来自毕沙罗与西斯莱的影响在此幅风景画中显而易见。该作品1948年由莫斯科的新西方美术国家博物馆送达冬宫，原为莫洛佐夫收藏。

437
艾伯特·埃德费尔特
洗衣妇
1893年
布面油画
97cm × 128cm

这位芬兰杰出画家的作品在俄罗斯家喻户晓，冬宫博物馆藏有其画作整整九件。画家在其祖国完成了他的学徒生涯，后于安特卫普皇家艺术学院和著名画家让-莱昂·杰罗姆在巴黎的画室进修。19世纪末，埃德费尔特参加了在圣彼得堡举办的俄罗斯和芬兰画家的展览，他的画作在法国也很受欢迎。他主要的兴趣是提取最真实的一类场景，深深受到其同胞日常生活的启发。该作品1930年来自俄罗斯博物馆，于1898年购于圣彼得堡一场俄罗斯与芬兰画家的展览上。

438
歌川丰国
捕萤
木版画
98.2cm × 35.4cm
138.5cm × 46.5cm（附框）

日本的江户时代是城市文化与浮世绘繁盛的时代。歌川丰国是19世纪初期最杰出的浮世绘大师之一，这幅作品遵循的正是典型的描绘女性美的主题。画家的名号举国闻名，曾师从歌川画派创始人，之后本人也成为学派领袖，以夸张的木版画而出名。画中，女性形象以其优雅的动作姿态让人痴迷，柔和的色彩氛围与稍稍上色的背景并无附加任何细节，营造出厚重的阴暗感，用些许矫饰的手法展开了一种近乎戏剧性的表达。

歌川丰国
捕萤（局部）

溪斋英泉
盛开的樱花树下的花魁（局部）

439
溪斋英泉
盛开的樱花树下的花魁
木版画
100.3cm × 37.2cm
138.5cm × 46.5cm（附框）

画家的灵感来自反映“美女”在“欢乐居所”的世界，其主要人物是一些名妓（花魁），她们不仅因为美貌还因为修养深厚而颇具名望。这幅画的出众之处在于其装饰细节：和服装饰丰富，设计奇妙且细节精准再现，色彩深浅不一且组合繁复。画面的象征意义为在至盛的繁茂中传递着一种美感，同时又因人物同日本樱花般花期短暂且转瞬即逝，从而透露出淡淡的忧愁。

440

米尔–阿里

法特赫–阿里沙·卡扎尔的肖像

1809—1810年

布面油画

253cm × 124cm

米尔–阿里是最著名的波斯宫廷画家之一，他是几幅法特赫–阿里沙·卡扎尔的肖像的作者，书中的这幅是卡扎尔王朝肖像画的一个绝佳范例。尽管受到了欧洲绘画的影响，然而基于阿契美尼德王朝和萨珊王朝的权力理想跃然纸上：闪亮宝石点缀着的精美华服，高冠与佩刀，拿着权杖的手的姿态，这一切都展示了波斯的复兴、君主的伟大与其王权性质。形态的平面塑造、精确的设计、色彩的对比、全面的装饰性与对习俗的关注都强化了这一感觉。该作品1932年由加特契那行宫送达冬宫，可能曾属于A. 萨尔特科夫，他曾于1838年在波斯旅行。

441

卡尔·帕夫洛维奇·布鲁诺夫

尼古拉·阿列克塞维奇·奥乔特尼科夫的肖像

1827年

布面油画

75cm × 60.5cm

俄罗斯学院主义的代表人物布鲁洛夫结束皇家美术学院的学习后，于1822—1835年，他的才能在意大利得以提升，并可谓近乎完美。他在那段时期完成的肖像画被保留下来的很少，因此其主要的历史与艺术价值便在这幅肖像画中得以体现，画中人物是皇家枪骑兵卫队中尉。此画作呈现出精美的色彩氛围与精湛的艺术表现，更是对贵族青年形象的浪漫演绎。该作品1941年由国家民族志博物馆送达冬宫，原为奥乔特尼科夫收藏。

442
瓦西里·安德烈耶维奇·特罗皮宁
佩拉吉娅·伊万诺夫娜·萨博斯尼科娃的肖像
1826年
布面油画
88.5cm × 66.5cm

佩拉吉娅是来自阿斯特拉罕一位著名商人的妻子，此商人为实业家、文艺事业资助人和收藏家，当时他曾拥有莱昂纳多那幅大名鼎鼎的《持花圣母》，后经手柏诺瓦家族，1914年由尼古拉斯二世为冬宫购得。此画绘制于特罗皮宁完善个人流派及艺术手法的时期。画家创作了表现商人们及其家人形象的整体画作。作者一方面通过这些肖像画发展了这一流行于18世纪的特殊画类，另一方面也巧妙抓住了19世纪前30年商业环境的新趋势。该作品1941年由国家民族志博物馆送达冬宫，曾被圣彼得堡的迈斯纳收藏。

443
阿列克谢·架甫洛维奇·维聂茨昂诺夫
米查尔·阿列克桑德洛维奇·冯维辛的肖像
1812年
羊皮纸粉彩画
51.5cm×41.3cm

维聂茨昂诺夫是一位古典派画家，是乡村生活田园风光的著名画派创始人，他起初是一位大有前途的肖像画作家。以其对粉彩画技巧的精准掌握，他于19世纪头十年创作了一系列卓越的同时代人物肖像画。在其优秀的作品之中，最精致和浪漫的便是肖像画，画中人物是知名剧作家的侄子，北方秘密协会的活跃领袖，在1825年参与十二月党人起义后被判处了12年的强制劳动。该作品1954年由圣彼得堡革命博物馆送达冬宫。

20 世纪：马蒂斯、毕加索、康定斯基、马列维奇

米查尔·皮奥特罗夫斯基

由于历史原因，冬宫博物馆内20世纪的绘画只展示了截止到1930年的作品，但均是从众多杰作中脱颖而出的。冬宫博物馆内收藏着20世纪的代表性绘画，也是欧洲艺术演进的基础之作：如马蒂斯的《舞蹈》与《音乐》、毕加索的《三个女人》、康定斯基的《构图六号》和马列维奇的《黑色正方形》。马蒂斯是其所处时代的一位极具代表性的画家，其画作中表现生活享乐的装饰主义实为对历史阴暗的反抗。在冬宫博物馆的展厅里，与他早期作品一同陈列的是一系列闪光的藏画，它们的作者均在艺术史领域追随着马蒂斯的足迹，其中凡·东根的作品是体现这位高产艺术家风格的最突出者之一，德朗、弗拉曼克、芒更和杜飞的系列作品也具有与之相当的代表意义。马蒂斯诸多杰作中最重要的特点是于平面上呈现的明亮颜色，有着一种自然的力量，来源于光和色彩的碰撞，好似一缕阳光般令人陶醉的碰撞。

在其绘画艺术中，马蒂斯无数次创作出刻画人间天堂的作品，传输了几个世纪地中海式“生活享乐”的乐观主义。其摩洛哥史诗画卷《阿拉伯咖啡馆》，是对南方国家的哲学性冥思的具象化，《红色中的和谐》是生动装饰图案的范例，而《画者一家》中则出现了一块色彩活泼的地毯。至于巴比伦雕塑的悲惨纪念意义，充斥着源自孤独个体间关系的压迫感，而《舞蹈》与《音乐》则建起了一个幸福的梦。人性的整体艺术体验于其中被转化、夸大，“敲击”现代人的心灵并灌输着和平的思想。若说凡·高的形象被认为是疯狂的，而马蒂斯则有着相反的影响。

20世纪的绘画艺术可以被划分为两大“巨匠”——马蒂斯与毕加索。西班牙艺术家实现且扩展了世界绘画的传统，在雕刻中加入了体积形态，用隐喻的方式来说，如若马蒂斯的出发点以天堂为代表，那么之于毕加索，其起始点则是地狱。他的整个宇宙弥漫着悲惨的感觉：《喝苦艾酒的女人》中的孤独；《农妇》中粗犷的悲剧性；《贝内特·索勒的肖像》里微妙的忧郁。各个作品中神话般的悲剧可追溯到其“分析”立体主义时期，这些悲剧共同构成了神与泰坦巨人间的争斗，类似于装饰在帕加马祭坛上的浮雕，却全无乐观主义的影子。在其“综合”立体主义作品中，于消解与重组之间产生了精彩的杰作，而其中却隐藏着一丝悲剧性的冷笑。

代表着受苦的古老基督教传统在德国表现主义艺术家的绘画中重生，遗憾的是冬宫并没有相关收藏，但我们仍可以欣赏其前人托马和冯·施图克的作品以及汉斯·根德的画作。

不过冬宫的自豪之处在于表现主义之子的绘画，如瓦西里·康定斯基，感性抽象主义之父，其画作旨在表现内心与本质的感受。他反自然主义的艺术概念与对纯语言的研究是现代绘画进步的重要基石，在绘画开始国际化之时，他可能是第一位体现19世纪与20世纪迥殊之处的画家。

《构图六号》是一幅伟大的抽象著作，在形象与抽象的界限间使人惊叹入迷，而它却近乎教科书般地展示了抽象艺术是如何于情感的高度客观性中诞生。这幅画有两个题目：其一是《洪水》，所指不仅是元素的激怒，还形象地暗喻了波浪、雨水、一艘船和太阳。这些暗喻均远离文学性，成为疯狂混乱中自我表现的元素，它们并非由自然而是由画家之手创造的。事实上也正是画家本人建立了此混沌的根源，而非上帝，这便是第二个题目《构图六号》的出处，即艺术家本人的创作之一。

康定斯基激烈的画风被莫兰迪的“形而上学”的景物画所平息，这是冬宫中首次出现的超现实主义作品。而另一幅20世纪的著名作品为馆藏锦上添花——马列维奇的《黑色正方形》，它也是画者生前的最后一幅画作。

《黑色正方形》是唯有艺术巨匠方可作出的一个宣言、一纸公告和一份声明，画中存在着如此多的哲学性，因此即便作为抽象画，它也必须被视为一份文学作品。它是宇宙的黑洞，亦是世界文化的沙漠，是对太阳的胜利，也是优雅艺术的典范。它是“圣像”的清晰示例，其本身并不代表任何东西，然而却能助力于审视创作的深度，它终究是一个框架创造，因为可怕的宇宙才是画者之杰作。20世纪的两大艺术阵营：马蒂斯、毕加索与康定斯基、马列维奇组成了两条相对立的平行线，沿着前人车辙，后续的所有艺术作品都可以被分门别类，这些作品目前并不在冬宫。不过通过《黑色正方形》，人们可以领会艺术作品在其历史意义中结束的象征，即对自身的复制。如此一来目前冬宫的系列藏品可称得上是完整的，包含了从奇妙的《法尤姆肖像》到《黑色正方形》那永恒空虚的众多绘画作品。

此外，参观者们可自由地对画作进行解读。这一精彩系列的存在本就是为了唤起理性与感性的全新感受和反思。

444
乔治·莫兰迪
静物
布面油画
51cm×57.5cm

莫兰迪是20世纪最重要且最受喜爱的意大利画家之一，出生于博洛尼亚，并在这座于20世纪初就成为意大利新兴艺术中心之一的城市度过了一生。莫兰迪曾在博洛尼亚学院接受过古典艺术培训，但青年时期的他就对塞尚及其他一些19世纪末的法国创新画家的作品充满热情。从1918年起，他与形而上绘画团体一同展出作品，主要绘制风景和静物。该作品1948年由位于莫斯科的新西方美术国家博物馆送达冬宫，为1931年在米兰与G. 斯克内维尔以俄罗斯画家的作品作为交换而得。

445
乔治·莫兰迪
形而上静物
1918年
布面油画
71.5cm × 61.5cm

这幅作品绘制于莫兰迪热忱于乔治·德·基里科画作风格的时期，后者为一种绘画新理论即形而上画派的创始人。根据这一理论，艺术家不应以直接的方式来描绘物体，而是以间接的方式，即通过潜意识渗透实现真实场景的展现。德·基里科主张，一切深刻的东西都是神秘的，既是神秘的也是未知且尚未探索的，由此在这幅静物画中，莫兰迪以看似随意的手法将司空见惯的物品表现得如此神秘与不寻常。该作品1948年由位于莫斯科的新西方美术国家博物馆送达冬宫，为1931年在米兰与G. 斯克内维尔以俄罗斯画家作品作为交换而得。

446
伊格纳西奥·苏洛亚加
矮人格雷戈里
1908年
布面油画
187cm × 154cm

矮人格雷戈里是谁？这个巨大的皮囊里装的全是葡萄酒吗？重点是它们很重，根本无法抬起。这位天赋异禀的设计师与画师苏洛亚加，他的名气在19世纪末就已经越过了其故乡西班牙的边界。这幅画是当时最具代表性的画作之一，也是一个此类艺术和表达能力的明晰范例。如过去伟大的大师们一样，苏洛亚加画大众所爱的人物，但矮人格雷戈里同其“祖先们”相比是多么不同，他们被命运或自然所剥夺，却仍拥有着高贵且富足的灵魂！画中描绘了阿维拉的卡斯迪亚诺城那连绵且坚不可破的城墙，格雷戈里白色衬衫上突出的高亮为这富有张力的画布带来令人不安的氛围。该作品1934年从莫斯科的新西方美术国家博物馆送达冬宫，原为里沙布辛斯基收藏。

447
弗朗茨·冯·伦巴赫
女儿玛丽昂的肖像
布面油画
94cm × 71cm

冯·伦巴赫自诩19世纪晚期最著名的德国肖像画家，他将自己的地位同伟大的伦勃朗相提并论。他实为一位机敏的画家，能够领悟所绘模特的特点，其作品有着美丽的色彩。他的绘画手法尤其精妙，而他的艺术却被局限在德国境内，而他也没有追求在国际上的名望。该作品1948年由莫斯科的新西方美术国家博物馆送达冬宫。

449
弗朗茨・冯・施图克
争夺女人
1905年
木板油画
90cm × 117cm

冯・施图克是德国象征主义最主要的代表人物，慕尼黑分离派的领袖，也是一位才华横溢的美术学院教师。此画主题在当时世纪相交之际十分流行，反映了尼采的狂热个人主义观点，在野蛮暴力的推动下克服了社会的反对。近乎原始无约束地描绘自然的本能不再是画家、诗人和作家们的禁忌，他们渴望摆脱过于正式的道德压迫，尤其是在19世纪的德国。这幅画也以众多变体而著名，是施图克当时为满足其推崇者的委托所作。该作品1948年由莫斯科的新西方美术国家博物馆送达冬宫。

448
汉斯・托马
亚当与夏娃
1897年
布面油画
110cm × 78.5cm

出身于农民家庭的托马，始终保留着直率以及亲近大自然的自发性。这些特质深受一些教养优良、文雅精致的友人和画家赏识，他们从其艺术作品中看到了粗犷、强烈、真正的德国性格。他也曾致力于艺术杂志的图案与插图领域，绘画方面他受到了德国中世纪传统艺术的启发。该作品1926年来自国家博物馆基金会。

450
海因里希·埃姆森
处决
1919年
布面油画
109.5cm × 135cm

埃姆森的作品深受“Die Brücke”（桥）的影响，“桥”是于1905年出现在德累斯顿的首个德国表现主义者协会。粗糙、不协调的色彩，变形、扭曲的线条以及用社会背景为主题，都是这一群体绘画特立独行的表现方式。经常前往俄罗斯的埃姆森是个激进的左派分子。该作品1948年由莫斯科的新西方美术国家博物馆送达冬宫。

451
海因里希·坎本东克
自然中的人与动物
布面油画
95cm × 65cm

1911年坎本东克加入了康定斯基在慕尼黑创立的表现主义团体，名为“Blaue Reiter”（蓝色骑士），后来他放弃了用于彩色玻璃和陈设品上的装饰艺术，迁居至最偏远的乡下。这幅画反映了画家对原始天堂的梦想，作品中上帝创造的所有生物都以自然简朴的方式共存。坎本东克于1933年移居荷兰，任教于阿姆斯特丹美术学院。该作品1948年由莫斯科的新西方美术国家博物馆送达冬宫。

452
汉斯·根德
郊区闪电
1933年
布面油画
76cm × 94cm

究其一生，根德受到了来自“桥”的最主要的几位代表人物的重大影响，其中包括基尔希那、赫克尔和穆勒。这幅作品是在德国国会大厦火灾前不久绘制的，画家当时并不知道等在他祖国面前的是什么，他以其惊人的表现力描绘出了德国即将陷入的阴郁悲惨氛围。根德之后被征募进纳粹军队，曾在苏联作战被俘，战争结束后定居于德累斯顿，在那里他成了德意志民主共和国的重要画家。该作品1959年由画家遗孀莱娅·根德捐赠。

453
威廉·拉契尼特
桥
1922年
木板油画
45cm × 66cm

拉契尼特是第一次世界大战后的一位著名画家，当时一种沉静、精细、扁平且刻意简化的“新物质性”风格取代了表现主义者们扭曲并戏剧化的绘画。不同于表现主义者明确清晰地否认社会，这些艺术家将生命的悲剧性和孤独感隐藏在其作品表面下，或是以刻薄讽刺的手法描绘现代生活。这一潮流受到了德国艺术新受众们的广泛认可，尤其是富裕的中产阶级，但他们并不能体会到这些作品背后深层的情感底蕴。该作品1948年由莫斯科的新西方美术国家博物馆送达冬宫。

454
洛克威尔・肯特
格陵兰海岸
1931年
木板油画
86cm × 112cm

肯特集画家、作家、诗人、旅行家于一体，他被美国20世纪初期的著名大师罗伯特・亨利所栽培，后者是“垃圾箱学派”团体的创始人。最初肯特时常听罗伯特・亨利教学，其受教者们每日便是绘制城市景观的缩小画，甚少入胜之处。但肯特却向往着陡峭且浪漫的北部，于是他放弃画家专业转而成了水手和猎户，搬去了格陵兰岛的海岸，那里他所发现的自然充满着和谐与安宁，成了他的灵感源泉。该作品1964年来自画家的赠送。

455
洛克威尔·肯特
龙虾渔夫
1955年
布面油画
72cm × 112cm

20世纪60年代，肯特向苏联赠送了2000多件作品，分散于国内一些主要博物馆中，单是冬宫就藏有26件，同时他的书籍也被翻译成了俄文。这位画家时常到访莫斯科、圣彼得堡和西伯利亚的一些城市，他认为苏联的社会制度是当代世界有效组织的一个范例，而且他反对资本主义，并不希望其作品被收藏在自己的祖国，即美国。该作品1964年来自画家的赠送。

456
徐悲鸿
湖上
1932年
纸上中国彩墨画
150cm × 82cm

徐悲鸿是一位著名的中国画家，他有着独特的创作类型与风格。他在完成祖国的学业后，20多岁便留居巴黎接触国际艺术，始终追求将祖国的传统与欧洲绘画技巧结合起来。画中芦苇丛中的鹅这一传统主题带着生动活泼的气息，画者选择较低的观察点，避免了对细节的过分关注，并通过线条表现力暗示对明暗关系的塑造。在对大自然一瞥的描绘里，显而易见的画面达到了惊人的效果，使人感觉似乎听到振翅欲飞的鸟类扇动芦苇发出的沙沙声，而其后则是让人感觉一望无际的宇宙。该作品于1934年被冬宫收藏。

左图
457
齐白石
虾
1924年
纸上中国水墨画
135cm × 33.5cm

艺术大家齐白石的这幅名画已然成为20世纪中国绘画的经典之作。画家仔细观察了水下世界，仿佛使用了放大镜观看一般。纤细的线条精准地描绘出小型动物的触角，而其中的一大部分看起来好似在不停游动。画家巧妙运用了各种色调的中式水墨，有些部分都稀释成了类似灰珍珠的颜色，而纸张上的中性白背景色营造出一种水的透明质感。精致的签名丰富了构图，使之更加完整。该作品于1934年被冬宫收藏。

右图
458
潘天寿
荷
约1930—1940年
纸上中国水墨画与彩墨画
173cm × 58cm

紧密排列的竖直条带构造出茎与叶的交织，人的视线不会立刻从似落非落的花瓣上转到莲花本身。大大的花冠被有意置于很高的位置，是为将动线传递至靠下的水面，淡淡的水墨描绘出花瓣与叶，又或是它们的倒影。构图基于一个非常低的观察点，似乎要将观赏者推入浓密树丛以感知荷花的大小。数世纪以来，荷花都是中国最重要和最有意义的象征之一。该作品于1934年被冬宫收藏。

459
莫里斯·德·弗拉曼克
塞纳河风光
约1905—1906年
布面油画
54.4cm × 65.5cm

此处描绘的是塞纳河畔，弗拉曼克在那里度过了他的童年时光。出身于音乐家庭的他，从年轻时就靠教小提琴课和在小酒馆演奏谋生，后凭一腔热情投身于绘画，并不曾系统学习。弗拉曼克作品的特点是使用纯净颜料，有时他甚至将颜料直接挤在画布上，伴着蓝色、红色、黄色和白色生动的垂直笔触，船体的红色在河流背景的映衬下闪耀，使颜色传达着生命力与快乐的感觉。得益于其不拘一格且自然朴素的绘画风格，弗拉曼克成为了以马蒂斯为领袖的野兽画派最“狂野”的代表。“什么是野兽派？”弗拉曼克曾回忆，“是我……是我的蓝色、我的红色、我的黄色，是我那些纯净的不曾混杂色调的颜色。”该作品1948年由莫斯科的新西方美术国家博物馆送达冬宫，原为莫洛佐夫收藏。

460
莫里斯·德·弗拉曼克
塞纳河上的城市
约1907年
布面油画
80cm × 99cm

1906年塞尚的展览激起了画家强烈的感受，在他的演讲中仍然可以看到明显的古典影子，但弗拉曼克的新手法并不曾效仿传统。从这幅描绘查图苏附近风景的画中可以看出，鲜艳的颜色已消失，色彩范围降至蓝绿色的冷调。而且笔触痕迹也不复存在，油性液体颜料在此如水性颜料一般延展。红色房顶和浅色屋子似乎从内向外点亮了风景，其中仍存在着画家在尝试作画过程中所感受到的快乐。该作品1948年由莫斯科新西方美术国家博物馆送达冬宫，原为舒金收藏。

461
莫里斯·德·弗拉曼克
风景与山丘上的房子
1920—1930年
布面油画
33cm × 41cm

1925年弗拉曼克在距沙特尔不远处买下一座农场，在那里安度余生。也许此作品呈现的便正是那处房产，他的一些朋友在农场庞大且简朴的构造中看到了画家本身性格的影射。无际的旷野与天空中，画笔颜料以或倾斜或水平的形式排列在小屋周围，而小屋则由一抹红色和些许白色斑点组成。以绿色与黄赭色两种色调展开着无尽的深浅变换，弗拉曼克用笔刷尖端将色彩层层铺开，表现出激烈的绿意与气流颤动。于此人们又能重新感受到其早期作品中那火烈的气性、着色的力度和闪光的人格。晚年时期的弗拉曼克曾写道：“说起来我先是个野兽派，再是个塞尚人；你们如何称呼都可以，只要在前面加上弗拉曼克就可以了。”该作品于1972年被冬宫收藏。

462
安德烈·德朗
勒阿弗尔港
1905—1906年
布面油画
59cm × 73cm

去往英国之时，德朗常常途经勒阿弗尔，虽然此画表现的是这一法国北部的重要港口，但其鲜艳纯粹的色调却让人想起南部风光。1905年的夏天，德朗和马蒂斯逗留在地中海岸，于此他们深受曾居住在蔚蓝海岸的点画家西涅克的教导，开始了互补色法则的运用。德朗以靠近蓝色来强调红色，靠近绿色以加强橙色，然而此风景画的色阶还不足以与马蒂斯的着色力分庭抗礼。从天蓝到灰色天空再到绿色山丘，这一微妙过渡传达了诺曼底的意境，建立在垂直线条上的构图和沿斜线画海岸的透视法都是德朗受过古典学派教育的固有体现。而类似草图的手法、不曾上底色的表面、点状的窗户和水中的倒影则暗暗显示出了德朗不羁的画风，他在那个时代同马蒂斯一起，被称为一头野兽。该作品1930年由莫斯科新西方美术国家博物馆送达冬宫，原为舒金收藏。

463
安德烈·德朗
树丛
约1912年
布面油画
116cm × 81cm

这幅风景画可能是画家在普罗旺斯所画速写的基础之上绘制的。沙丘的弯曲线条塑造出一种波浪般的节奏支撑起树木的垂直线条，树干与树冠的风格造型则说明他受到了塞尚的影响，由位置居中的那棵树能够明显分辨出其垂直轴线体现的古典派构图。然而德朗的这些树以自己的方式神秘存在着，根部隆起抬起了泥土，伸长的树枝给人一种它们于近在咫尺之处生长的视觉效果。画家曾说他看不出人与树之间的差别：两者都是历经出生、成长，最后死亡。该作品1948年由莫斯科新西方美术国家博物馆送达冬宫，原为舒金收藏。

464
安德烈·德朗
普罗旺斯港
1913年
布面油画
140cm × 89cm

1913年，德朗与弗拉曼克一同前往法国南部，而这幅画并无南方鲜亮的色彩，画家反倒将空间留给了“哥特式”风格，他喜欢这种立体感、色彩甚至绘画技巧。所有轮廓都如同哥特式建筑一般伸长，而松树的曲线使人联想到了教堂大门。这幅画与戏剧舞台相类似，有着大量的布景和侧幕，因而细节处理的连贯性能被自然地接受。方块状房屋让人联想起毕加索，树冠的形状则是乔托的绘画手法，近景处的一簇簇花草好似法式千花毯。在那个时代极具智慧的画家们中，如何能在不模仿的前提下向其他大师学习，德朗了然于心。他对于戏剧性手法的偏好使他后来在剧院的工作表现十分出色，而且曾有芭蕾和歌剧以其草稿为基础进行排演。该作品1948年由莫斯科新西方美术国家博物馆送达冬宫，原为舒金收藏。

465
安德烈·德朗
黑衣女孩
1914年
布面油画
114.5cm × 88cm

这幅作品是一个女孩的肖像画经多次变体后的结果，德朗以一种简洁的风格突出了模特的个性，规避了所有偶然和瞬时因素的影响。线条与色彩塑造了一个清晰的古典派结构，扶手、椅背上的圆形与女孩交叉的双臂形成闭环，而在其头部与衣领的轮廓处也重复出现了这一现象。

此肖像画所散发出的寒意并不是偶然的，设计的僵硬线条和面部棕色的色调都加强了木质雕刻的静止感。这位模特位于画面中央，而她周围则环绕着大片空荡，表现出的孤独感符合了当时战前德朗的心情，“愈往前行，我就愈发孤独”，他如是写道。该作品1948年由莫斯科新西方美术国家博物馆送达冬宫，原为舒金收藏。

466
安德烈·德朗
拿报纸的男人肖像
1914年
布面油画
160.5cm × 96cm

我们很难将这样一幅画定义为肖像画：其面部同整个躯体一样都是粗略一画，纤细双腿慵懒地垂着，形状不明确的手臂微微弯曲，让人感觉此画是出自儿童或孩子气的画家之手。而当战争真实地威胁到一个男人头上时，他的个人特征便失去了意义，因此作为芸芸众生之一，这位不知名的“骑士”就好似一个人体模型，迫在眉睫的灾难并没有给他留下任何得救的希望。此画中色彩阴郁的部分占据了报纸清晰的区域，上边集中着画中男子对祸事降临的等待。该处起初粘贴着真实的报纸，德朗费了长时间的工夫才换成了其象征性的代表图案。该作品1948年由莫斯科新西方美术国家博物馆送达冬宫，原为舒金收藏。

467
凯斯·凡·东根
戴黑帽的女人
约1908年
布面油画
100cm×81cm

这不只是一幅女人的肖像画，而是画家所追求的理想。宽檐帽和绿色披肩为模特增添了远离时代的一面。有位记者曾经讲述过他被这位荷兰画家在画室中接待之时的怪异之感：墙面上悬挂着同一人的肖像画，挤满了画室，然而画中的一切都比现实生活中更清晰，也更有表现力，就好似人物在反过来模仿着他的肖像画，而不是肖像画在写实人物。该作品1931年由莫斯科新西方美术国家博物馆送达冬宫，原为舒金收藏。

468
凯斯·凡·东根
红色舞娘
1907年
布面油画
99cm × 80cm

充斥半幅画面的橙红色显示了凡·东根对野兽派的推崇，同张画布上不同形状和大小的笔触，以粗犷的手法与充分的动势传递出了旋转中舞裙的动态，同时白色袜带上的点点绿斑又加强了红色的光彩。1907—1908年，画者经常在曼德拉马戏团为其画作找寻主角，那是他在蒙马特时与朋友毕加索喜欢一同前往的地方。蒙马特是巴黎一区，画者在其祖国荷兰完成学业后便于该处定居。色彩的力量和流畅的绘画手法是凡·东根与马蒂斯的相似之处。该作品1948年从莫斯科的新西方美术国家博物馆送达冬宫，原为里沙布辛斯基收藏。

469
阿尔贝·马尔凯
雨天，巴黎圣母院
1910年
布面油画
81cm×65cm

这幅风景画绘制的是由圣米歇尔码头19号公寓窗户望出去的景色，此间公寓是1908年马蒂斯在伊斯莱穆利欧购置一处房产后留给马尔凯的（后来他又住回了同一栋楼的更低楼层），两位画家经常在同一角度观察这一全景。马尔凯从印象派那儿学会了观察自然，而区别是他不分裂色彩，而是整合色彩。这位艺术家可以被看作是巴黎阴天里的抒情歌者，生动的路人形象、潮湿柏油路面上行人的倒影，连同驳船上边的烟雾无不透露着生活的气息。该作品1930年由莫斯科新西方美术国家博物馆送达冬宫，原为莫洛佐夫收藏。

阿尔贝·马尔凯
雨天，巴黎圣母院（局部）

470
阿尔贝·马尔凯
汉堡港
1909年
布面油画
68cm × 81cm

粉红暖调轻舐屋墙，地平线为汉堡港这一剖面印上了一种非常特别的光线。粉色与灰色笔触的横向交替营造出了海上细浪涟涟之感，同时船体鲜红则彰显着画家马尔凯野兽派的出身。画家本人经常旅行，专注于风景画且尤其偏好有水的风景，他大部分风景画的特点是有一个高出地面的视点，以便于整合构图与色彩。该作品1948年由莫斯科新西方美术国家博物馆送达冬宫，原为舒金收藏。

471
阿尔贝·马尔凯
那不勒斯海湾
1909年
布面油画
61.5cm × 80cm

这幅画中所使用的绘画手法非常朴实无华，蓝色兼和了海与天，前景处分别用绿与白的笔触，以印象派的手法使其纯净色发生变化，船只则是被黑色所包围。其色彩的唯一目的就是创造光线，这点是马尔凯最接近其他野兽派画家的地方。一些评论家曾强调其色彩从不炫目，将他定义为群体中最不浮躁的一位。该作品1948年由莫斯科新西方美术国家博物馆送达冬宫，原为莫洛佐夫收藏。

Manguin

473
劳尔·杜飞
赛船会
1936年
布面油画
54cm × 80.8cm

英吉利海峡上的这个小港口是杜飞偏爱的主题。画面中，灰色的大海与天空带来一种色彩暗淡的感觉，而这主要是阴天的原因。实际上杜飞是一位出众的色彩画家，能够将任何简单的主题转化为装饰性的主体，同时他也是一位陶瓷和布料装饰画家，经常与巴黎的造型师们进行合作。该作品于1998年被冬宫收藏。

472
亨利–夏尔·芒更
卡瓦列雷的早晨
1906年
布面油画
81.5cm × 64.5cm

此画中描绘的是画家的妻子珍妮，她是画家所有画作中的模特。画中色彩给人一种景色被光线穿透的感觉，似水彩画一般以粉色、蓝色与紫色进行巧妙晕染。芒更通过一个特别的多彩色阶将其发现的地中海之美奇妙地展现出来。一位画家传记的作者写道，野兽派首先代表着马蒂斯和马尔凯的友谊，同他们一起前去了莫罗的画室。然而接近野兽派，首先是要通过色彩表现光线的渴望，“若说我们做了什么有用的事”，芒更如是说道，“就是增强了绘画中光线的力量。”该作品1948年由莫斯科新西方美术国家博物馆送达冬宫，原为舒金收藏。

474
阿希尔-埃米尔-奥东·弗里茨
鲁昂的房顶与大教堂
1908年
布面油画
119cm × 95.5cm

弗里茨出生于勒阿弗尔，这座城市对他而言充满了魅力，并且通过这幅画展现了出来。画家选择了一个非常高的视角，由此大教堂灰色的哥特式尖塔在老城狭窄的巷道上方耸立着，与红色房顶形成了鲜明对比。正是凭借这一对比而非色彩的力量，画家塑造出了阴天里光线的感觉。画面中的一切都是规矩的，画者如火的性情只通过其描绘白云的手法体现出来，白云在灰色天空的映衬下发着光。“我们曾追求同阳光一样的颜色”，弗里茨在谈到自己野兽画派初期作品时这样说道。该作品1948年由莫斯科新西方美术国家博物馆送达冬宫，原为舒金收藏。

475
奥古斯特·沙博
小镇广场
1910年
布面油画
77cm×107.5cm

画中是阿尔勒附近小镇格雷福森的广场，作者在此度过了他的一生，且距其祖父的田产不远。湛蓝的天空，南部骄阳下褪了色的白色地面与黑色阴影对比鲜明，表现出了普罗旺斯炫目的阳光。于此画家发现了“南方”色彩的特殊性，即表现此处如此强烈的光线是不需要使用红色的。其色彩是在广阔的平缓区域整合而成的。1905年，由于正在服兵役，沙博无法与马蒂斯和其他的巴黎朋友一同参加秋季沙龙展览，不过从1907年起，他的作品就开始同别的一些野兽派画作一起展出了。该作品1948年由莫斯科新西方美术国家博物馆送达冬宫，原为莫洛佐夫收藏。

476
路易斯·瓦尔塔
紫色礁石
1901年
布面油画
65cm×81cm

20世纪初期，瓦尔塔曾长期在地中海沿岸工作，由此结识了雷诺阿和西涅克，但此时并未受到点画法的影响。画中礁石上的紫褐色暖调与大海的蓝色冷调间的对比实际上并没有达到点画派互补色的强烈程度。瓦尔塔用大笔刷铺开颜料，以多样的形状描绘出了海浪翻涌及回卷的场景。当时画家就已经形成了自己的艺术个性，大胆的色彩与流畅的手法使其成了野兽派最耀眼的画家之一。该作品1948年由莫斯科新西方美术国家博物馆送达冬宫，原为莫洛佐夫收藏。

477
亨利·马蒂斯
陶瓷器与水果静物
1901年
布面油画
39cm × 46.5cm

这幅静物画完成于马蒂斯找寻其个人绘画倾向的时期，离开美术学院的他继续在职业学院中学习，同时深受塞尚、高更和凡·高的影响。此画来自他们的影响显而易见：马蒂斯用黄色、绿色及红色笔触勾勒水果的形状追随的是塞尚的教导；以鲜亮颜色的装饰性区域填充陶瓷器的轮廓追随的是高更的教导；使用大笔刷作画，则是追随凡·高不受所画物体形状约束而延伸笔触的手法。照这些特点，作者似乎是想在此画中尝试这些后印象派大师们的每一种手法。该作品1934年由莫斯科新西方美术国家博物馆送达冬宫，原为舒金收藏。

478
亨利・马蒂斯
天台上的妇女
1907年
布面油画
65cm × 80.5cm

画中马蒂斯描绘的是他当时居住在地中海沿岸的邻居科利尤尔的妻子。画中可感受到西涅克点画法的影响，作者使用了相邻的互补色相互加强的法则，用红色的轮廓线环绕着绿色的丘陵，而绿色的轮廓线勾勒出粉色的栏杆和橙色的裙子。这幅画使人联想到1905年的秋季沙龙，马蒂斯与其朋友们的画作激起同时代人们的关注。评论家路易・沃克赛尔在该场景下写下一篇《一场纯粹的色彩狂欢》，文中将他们与凶猛野蛮的兽类相较，并使用了"野兽"一词，而后这个词便成了这群画家的团体名称。该作品1948年由莫斯科新西方美术国家博物馆送达冬宫，原为舒金收藏。

479
亨利·马蒂斯
咖啡壶、玻璃瓶与水果盘
1909年
布面油画
88cm×118cm

此画中最重要的元素是有着鲜明装饰的天蓝色桌布，作者先前绘制《红房间》时也使用这种方法作为画面亮点。此布料覆盖着屏风和桌子，马蒂斯将空间缩小为单一涂色的平面。咖啡壶和果盘的暖金色区域确定出了画的中心，蓝色与黄色间的对比强化了色彩的鲜艳，使得此画成为了装饰性绘画的杰作。编织于朱伊小镇的这匹天蓝色布料仍一直留在马蒂斯的画室里。在给画家的一封信中，舒金曾称这是一幅“迷人的”静物画。该作品1931年由莫斯科新西方美术国家博物馆送达冬宫，原为舒金收藏。

480
亨利·马蒂斯
仙女与萨梯
1909年
布面油画
89cm × 117cm

此画是受舒金委托而作，与《生活之乐》一起，成了画家开始于1905年黄金时代史诗的一部分。此画的基础是一个理想化的古代形象，体现在纯净自然的围绕下，自由人之间的自然关系。这些神话人物是狄俄尼索斯的欢乐同伴，即仙女与萨梯，作者将他们与自由、音乐、戏剧动作联系在一起。裸体形象以圆润的弧线轻柔地打出轮廓，而人物似乎在随着舞蹈的韵律自然从容地活动。萨梯接近仙女的样子就好像一幅被悬挂起来的画面，此形象共同组成了一个金字塔形，马蒂斯通过最大程度上的简化整合设计与常规的绿色、蓝色和粉色笔触，用新美术的语言诠释了古典派绘画。该作品1948年由莫斯科新西方美术国家博物馆送达冬宫，原为舒金收藏。

481
亨利·马蒂斯
画者一家
1911年
布面油画
143cm × 194cm

这张让人眼花缭乱的肖像装饰画是受舒金委托完成的，画中是在伊斯莱穆利诺住所的马蒂斯一家人。地板上的东方地毯、沙发上的刺绣、壁纸、壁炉前部，甚至连马蒂斯夫人的花裙都一起组成了一个装饰性的平面，而背景突出了三个色彩区域：除了上述的整体，还包括孩子们的红色服装和玛格丽特的黑色衣裙。

众所周知，马蒂斯的灵感源自他在1910年一场摩纳哥穆斯林艺术展上看到的波斯微型画，也可能是这些中世纪的法国挂毯扮演着实现装饰性目的的角色。其子的身型位于壁炉前，这说明了马蒂斯构图的中心符合古典派比例，也展示了他的学术底蕴。该作品1948年由莫斯科新西方美术国家博物馆送达冬宫，原为舒金收藏。

亨利·马蒂斯
画者一家（局部）

482
亨利・马蒂斯
舞蹈
1909—1910年
布面油画
260cm × 391cm

舒金委托马蒂斯完成了《舞蹈》与《音乐》两幅画，作为黄金时代史诗的一部分，用于其莫斯科住所的楼梯墙壁上。“我一边哼唱着曾在加耶特磨坊听过的一首曲子，一边在四米的画卷上创作了我的《舞蹈》”，画家当时仍沉浸在对当地人“法拉朵拉”舞的震撼之中。其画笔的语言十分精练：三种颜色分别对应的是大地、天空与赤裸的身体。笔下的设计是必不可少的，单单以一条线来表现人物的形态、比例和动态。“你是注定要来简化绘画的”，大师古斯塔夫・莫罗曾这样预言马蒂斯。该作品1948年由莫斯科新西方美术国家博物馆送达冬宫，原为舒金收藏。

483
亨利·马蒂斯
音乐
1910年
布面油画
260cm × 389cm

《音乐》中人物传递出的安宁感同《舞蹈》中无拘束的动作形成了鲜明对比。马蒂斯反复修改了人物的姿势与排布，并去除了多余的细节以达到其预期的效果。此画中惊人的原始本质具有欺骗性，画者以极致简洁的笔触将每个人的姿势展现得一览无余，构成了一种几何构图，其中在小提琴手以及右侧两个坐姿人物的垂直线之间，长笛演奏者与歌者之间画出了一条清晰的对角线。三种基本颜色间的平衡营造出画卷上的和谐。该作品1948年由莫斯科新西方美术国家博物馆送达冬宫，原为舒金收藏。

484
亨利・马蒂斯
红色中的和谐
1908年
布面油画
180cm × 220cm

此画是在比隆酒店（现为罗定博物馆）的大型画室中完成的，透过窗户可以瞥见花园。当马蒂斯作画的时候，树上正开放着花朵，与此同时却下起了雪，在这一情形下画家制造了这一装饰性效果，其主题取自常用于静物画的蓝色布料。整理餐桌的女服务员部分重复地出现在马蒂斯的绘画作品中，从他师从莫罗之时起，他就将此类图案转变为单纯的装饰性元素了。作画过程中，作者曾调整过色彩，先由青绿色改为蓝色，后又到红色。该作品1948年由莫斯科新西方美术国家博物馆送达冬宫，原为舒金收藏。

亨利·马蒂斯
阿拉伯咖啡馆（局部）

485
亨利·马蒂斯
阿拉伯咖啡馆
约1913年
布面胶画
176cm×210cm

这幅画是作者基于1912—1913年在摩洛哥旅行所得的印象而绘成的。M. 松巴是如此描述他在作者画室所看到的这幅画："左上方的人物身着红色衣服，旁边那个穿着蓝色衣服，然后其他人都是身着黄色；我们能通过其面孔、眼睛、嘴巴的特征区分他们，而且高处那位正抽着烟斗。"

创作期间，马蒂斯修改过这幅画，留下三种颜色：青绿色用来描绘地上的毯子和玻璃瓶中的水，中性灰色作为衣服的颜色，最后黄色用在躯体上。其简洁性突出了每种色彩的美感及装饰精髓，舒金写信给马蒂斯表示他喜爱这幅画胜过其他任何一幅，而且每天都要欣赏上一个小时。该作品1948年由莫斯科新西方美术国家博物馆送达冬宫，原为舒金收藏。

486
亨利·马蒂斯
穿蓝色衬衫的年轻女子
1939年
布面油画
35.4cm × 27.3cm

马蒂斯将这幅画赠予了莉迪亚·尼古拉耶夫娜·德列克托斯卡哈，从20世纪30年代直到作家去世，她一直担任着画家的秘书、助理和模特。在他们合作期间，马蒂斯为其创作了许多张肖像画。他通常的工作方式是飞快地打草稿以避免让人一直静坐，他对这位模特有着如此深的了解，以至作者几乎将其画为了一个公式：稍稍不对称的鹅蛋脸，眼睛的间距很宽，高眉毛与细长的鼻子，能让人立刻认出莉迪亚的面孔。此肖像画很简单，但其独特的轮廓与和谐的色彩赋予了这位画中人物以魅力。该作品1971年由L. N. 德列克托斯卡哈捐赠。

487
亨利·马蒂斯
马蒂斯夫人
1913年
布面油画
145cm × 97cm

马蒂斯在离巴黎不远的伊斯莱穆利诺为其妻艾米丽绘制了这幅肖像，就在他用从舒金处得来的钱购买的宅邸花园中，然而画里并没有出现任何景观背景，就像通常的自然主义画派一样。底色的色调是略带闪亮的浅蓝色，搭配上短衫与扶手椅的绿色，烘托出环境的空洞感，面部线条是简略的，他不曾使用明暗对比而使得形态与色彩铺于平面。而与马蒂斯同时代的人，尤其是诗人纪尧姆·阿波利奈尔和路易·阿拉贡，他们则主张肖像画应当传达一个真实巴黎女郎的优雅与魅力。这一印象是通过优美的姿势、微微倾斜的头部，时尚的帽子和无意中跑在肩后的黄色围巾体现的。马蒂斯曾说完成这幅肖像画需要模特上百次地坐在那，当然，保持简单并不容易！这是舒金购买的最后一幅作者签名的画作。该作品1948年由莫斯科新西方美术国家博物馆送达冬宫，原为舒金收藏。

488
巴勃罗·毕加索
两姐妹
1902年
布面油画
152cm × 100cm

这幅作品可追溯到画家的“蓝色时期”，在其中毕加索表现了极端禁欲主义并表达出了强烈的悲剧性。用一层模糊、沉重且密致的色彩，他创造出两个女性形象被紧锁在一个巨大的拱形中，与阴沉拱顶压迫的力量对比鲜明。其文学性主题是两姐妹在监牢中见面的场景，一个是修女，另一个是娼妓，这是饱含深意的绘画隐喻。著名的思想在此画中得到表达，即在这个冰冷且黑暗的世界中，唯有接近与相互支持能够给予被剥削者抵抗的力量，该思想在公理意义上是新的也是现代的。该作品1948年由莫斯科新西方美术国家博物馆送达冬宫，原为舒金收藏。

巴勃罗·毕加索
两姐妹（局部）

489
巴勃罗·毕加索
贝内特·索勒的肖像
1903年
布面油画
100cm × 70cm

贝内特·索勒是毕加索年轻时在巴塞罗那结交的友人之一，他是一名裁缝，但同时也是一名诗人，更是画家们的朋友，并且在自己的能力范围内为他们提供实质性的帮助。毕加索在"四只猫"咖啡馆认识了他，青年画家和加泰罗尼亚诗人们在那儿相聚，探寻着艺术的新道路。蓝色特别的深度与强度为这幅肖像画营造了一种充满黑暗戏剧性的氛围，一个冷酷的深渊，从中显露出来的人物轮廓带着一张消瘦、有灵气且紧张的面孔和艺术家特有的优雅双手，那是一个经受痛苦的遭受打击的悲剧性形象。好像画家已经感受到了等待着其友人的命运一般，友人后来真的自杀了。该作品1930年由莫斯科新西方美术国家博物馆送达冬宫，原为舒金收藏。

490
巴勃罗·毕加索
喝苦艾酒的女人
1901年
布面油画
73cm × 54cm

这幅作品也出自"蓝色时期"，当时年轻的画家结束了在皇家马德里的学习，并且在巴塞罗那得到了关注，他开始常常前往巴黎，在那里他很快就成为美术先锋派最有趣的人物。这幅画的主题灵感来源于图卢兹·劳特累克的画作，然而却是以原创的方式呈现。画中多变的色彩被毕加索以西班牙风格手法削弱成一种黑暗且严肃的冷蓝色调。其构图及设计简洁，对女性形象大胆地变形，画中人物将自己缩紧成一团且被无情地紧逼至一个角落，都强化了画面的戏剧性程度。该作品1948年由莫斯科新西方美术国家博物馆送达冬宫，原为舒金收藏。

Picasso

491
巴勃罗·毕加索
静物与花瓶
1906年
布面油画
38.5cm × 56cm

这幅画绘制于约1904年毕加索创作的一个短暂时期，通常被称为“玫瑰”时期，当时作者决定定居在巴黎。此时他走进了所谓巴黎学派的环境，与不同国籍的画家接触，试图体验新的艺术形式。在印象派与蒙马特艺术环境的影响下，即便同样生活在巴黎，毕加索的作品中开始出现渐渐变暖的粉红色调，同时密集的蓝色则被一种透明柔和的绘画所替代。年轻时的极端主义与前一时期的强硬态度逐渐地让位于一个更明亮且开阔的世界观。该作品1948年由莫斯科新西方美术国家博物馆送达冬宫，原为舒金收藏。

492
巴勃罗·毕加索
杯子、花瓶和书
1908年
布面油画
55cm × 46cm

自1907年起毕加索开始往立体主义过渡，此时他对静物画产生了兴趣。他寻求新的手法来表现这种形式感，表达了画家对于构建现象本质的思考。毕加索效仿著名的塞尚公式，即让各种形态重回三个基本形状——圆锥、球形和立方体，他注意到原始艺术接近于伊比利亚与非洲的流行雕塑艺术，不加任何多余细节，表达着本质的生命感受。正是这种近乎神秘的对于物体本质的感受触动了毕加索，画家以彩色的形式寻根究底地揭露出寻常简单物件的内部结构。该作品1930年由莫斯科新西方美术国家博物馆送达冬宫，原为舒金收藏。

493
巴勃罗·毕加索
农妇
1908年
布面油画
81cm × 65cm

这幅画是拉鲁-德布瓦村子里女房东的肖像，1908年秋季毕加索曾在那里居住，此画的风格是“分析”立体主义。为了表达模特的个性，作者构建人物形象时强调了首要原则，简单的几何形状中包含着人类特征的独有性。对比鲜明的色彩（地面与天空）形成了一种浓密且黏滞的物质，笔直的双腿、粗短的手臂，几乎没有的脖子以及像是直接安在躯体上的小脑袋一同架构出这副沉重的大型躯体。冬宫还收藏着这幅画的第二个版本，描绘的是这位农妇的半身像。该作品1948年由莫斯科新西方美术国家博物馆送达冬宫，原为舒金收藏。

494
巴勃罗·毕加索
持扇的女人
1908年
布面油画
150cm × 100cm

这是毕加索“分析”立体主义作品中最值得一提的其中一幅。对比鲜明的大片色块组成了一个壮观的女性形象，她坐于扶手椅之上，所有的角度都向外靠至画布的边缘，而向内却是闭塞紧缩的。由此揭示了此类女性的本质，因自身自然结构而受到谴责，导致了其个体的突出与孤独。袒露胸脯的晚礼服和手中的扇子诠释着此画的第二标题，也明确了画中人物的情绪特点。半开的扇子是结构中显现的唯一元素，是为摆脱限制的一种尝试，在西班牙传统中意为不言而喻的“幽会邀约”。该作品1934年由莫斯科新西方美术国家博物馆送达冬宫，原为舒金收藏。

495
巴勃罗·毕加索
三个女人
1908—1909年
布面油画
200cm × 185cm

此画是毕加索的绘画中以立体主义手法对非常重要的女性传统形象所进行的诠释。三个女性人物是古典美术的三大女神，作者从一个厚重的彩色材料表面，采用一种近乎原始且生机勃勃的材料，以粗糙的笔触和大片色块赤裸裸地展示了她们激动的躯体，那简单而切实的真相。虽然它们仍不算女性美具象化的理想形式，但在其势不可当的演化进程中，是一个令人不安且无可预知的萌芽。该作品1934年由莫斯科新西方美术国家博物馆送达冬宫，原为舒金收藏。

496
巴勃罗·毕加索
拿曼陀林的女人
1909年
布面油画
91cm × 72.5cm

音乐主题在立体派时期的毕加索的作品中占据显要位置，他最喜爱的乐器就是弦乐器，即典型的西班牙流行乐器。画中曼陀林脆弱的形态加上弹琴女郎的形象结构，为整体构图上鲜明且反复无序的韵律建立了基调。立体主义之于毕加索并不是形式领域内的尝试，而在于形式本身，以最完整的方式表达出生命的概念。该作品原为舒金收藏。

497
巴勃罗·毕加索
小提琴和吉他
1913年
布面油画
65cm × 54cm

20世纪初，毕加索的“分析”立体主义被“综合”立体主义所取代，并非是当时构建结构基础的几何结构，而是它们的碎片形态，直观地从物体本身抽象出的几何元素和谐地在布面油画上表现出象征符号。它们是以一个单一的结构综合而成，一个由画家创造出的联合、隐喻的全新现实，由一种统一的韵律汇集起来。被画框所限制着，这世界似乎收缩到了这个狭小的空间，其间充满了西班牙吉他柔和的声响与小提琴悠扬的乐曲。该作品1948年由莫斯科新西方美术国家博物馆送达冬宫，原为舒金收藏。

498
巴勃罗·毕加索
绿茴香酒瓶与酒杯
1912年
布面油画
31.7cm × 23.2cm

在这幅“综合”立体主义的作品中，毕加索重新拾起了其初期画作的主题，真正地整合了一个客观同时又非常个人化的景象，这一场景能够追溯到他曾在蒙马特度过青年时光期间的一家巴黎咖啡馆。寻常物品的碎块，比如放着酒瓶与酒杯的小茶几，雨中被打湿了的窗玻璃上映出的街边广告，都从画中的房间收集进了其内心世界里，如同模糊的记忆碎片一样。该作品1948年由莫斯科新西方美术国家博物馆送达冬宫，原为舒金收藏。

FILS

499
瓦西里·康定斯基
穆尔瑙风光
1908年
布面油画
33cm × 44cm

而立之年，康定斯基决定前往慕尼黑，在美术学院教师、德国著名象征主义画家冯·斯图克的画室继续当艺术学徒。很快这位俄罗斯画家就成了激进表现主义画派协会“Blaue Reiter”（蓝色骑士）的精神领袖。此风景画作于上巴伐利亚的穆尔瑙小镇，仍属于形象画派的领域，画家尝试了一个生动且浓重的色系可能达到的表现力，展现了他绝妙的用色天赋。该作品1948年由莫斯科新西方美术国家博物馆送达冬宫。

500
瓦西里·康定斯基
冬
1909年
布面油画
70cm × 97cm

这幅画揭示了一个递进的过程，即由主题的直接再现，转为对自然形态进行递增的风格化及抽象化的过程。画中物体看起来像是简要的色彩草稿，而康定斯基并没有完全削去现实情景的展现，黑色线条的垂直律动能使人想起在皑皑雪山中清晰显现的那些昏暗且光秃秃的树干。该作品1948年由莫斯科新西方美术国家博物馆送达冬宫。

501
瓦西里·康定斯基
构图六号
1913年
布面油画
194cm × 294cm

在20世纪的艺术大家中，康定斯基是抽象主义的创始人之一，他将其个人抽象作品区分为“即兴创作”，观察自然激发出灵感的“印象创作”，以及最具重要性并完整表现其个人美术概念的纪念性“构图创作”，这幅画就是后者中最佳作品之一。康定斯基将画家的创作过程比作乐谱写作，区别只是作曲家利用声音进行创作而画家则是通过色彩与线条。这位俄罗斯艺术家定义了这幅画色彩关系的“灵魂触手”，即“琴键”。眼睛为琴锤，而灵魂则是带着许多琴弦的钢琴（因此色彩是通过眼睛触及的灵魂）。根据其理论，音乐旋律可以通过色彩来表达：黄色接近小提琴的声音，蓝色则为大提琴，酱红色是低音提琴。因此在《构图六号》中响彻着庄严而悲怆的交响乐，由蓝色、黄色及红色构成的色调和声完成。该作品1948年由莫斯科新西方美术国家博物馆送达冬宫。

502
卡米西尔·赛文洛维奇·马列维奇
黑色正方形
1929—1930年
布面油画
79.5cm × 79.5cm

《黑色正方形》是20世纪俄罗斯和国际先锋派主要代表作之一。目前已知的有四个版本：第一个版本（位于特列季亚科夫画廊）马列维奇画于1915年，将画家们所提出的至上主义理论进行了具象化，这位提出终止“艺术之重复”的画家，为创造“直观思想”开辟了道路。与白色背景对比强烈的黑色正方形是一个象征，一个马列维奇及其学生和追随者的至上主义系统的原始元素，为此15年间这位大师不断地回溯这一主题，然而他从不曾复制四版本之中任何一个，而是在每次绘制新版本时做出尺寸、色彩深浅、手法及构图的不同尝试。藏于俄罗斯博物馆的第二个版本绘于大约1923年，绘于1929年的第三幅如今仍留在特列季亚科夫画廊。冬宫内这一版本时间更晚，可被看作是画者的病中遗嘱，疲于争斗与不被理解，由此终结了这位伟大的至上主义“破坏传统家”。马列维奇将年份1913附于画幅背面并不是出于偶然，该年份标志的是20世纪美术新浪漫主义时代的开端。该作品2003年由波塔宁慈善基金会出资，俄罗斯联邦文化部购买并送至冬宫。

参考文献

Tutte le sezioni, a parte l'ultima, sono in ordine cronologico. Le sezioni "Mostre" includono i cataloghi in cui la pittura è rappresentata in parte o totalmente.

CATALOGHI DELLE COLLEZIONI DI PITTURA DELL'ERMITAGE

[Munich E.], Catalogue des tableaux qui se trouvent dans les Galeries et dans les Cabinets du Palais Impérial du Saint Petérsbourg, [San Pietroburgo] 1774.

Imperatorskij Ermitaž. Katalog kartin. Sost. G.V. Vagen. Red. B.V. Kene, Spb. 1863.

Koehne B. de, Ermitage Impérial. Catalogue de la Galerie des tableaux, San Pietroburgo 1863.

Kene B. fon, Imperatorskij Ermitaž. Catalog kartinnoj galerei (Ermitage imperiale. Catalogo della pinacoteca), Spb. 1869-1892. č. 1. Italia e Spagna. 1869, 1885, 1888. č. 2. Germania. 1870. 1884, 1887. č. 3. Inghilterra, Francia e Russia. 1885, 1892.

Koehne B. de, Ermitage Impérial. Catalogue de la Galene des tableaux, San Pietroburgo 1869-1887. Vol. 1. Les écoles d'Italie et d'Espagne. 1869, 1887. Vol. 2. Les écoles germaniques. 1870, 1885.

Vol. 3. Les écoles Englaises, francaise et russe.

1871, 1887.

[Brjuiningk E.-Somov A.], Imperatorskij Ermitaž. Katalog kartinnoj galerei (Ermitage imperiale. Catalogo della pinacoteca). č. 1. Italia e Spagna.

Spb. 1889.

[Bruiningk E.-Somoff A.], Ermitage Impérial. Catalogue de la Galerie des tableaux. T. 1. Les écoles d'Italie et d'Espagne, San Pietroburgo 1891.

[Somov A.], Imperatorskij Ermitaž. Katalog kartinnoj galerei (Ermitage imperiale. Catalogo della pinacoteca). Spb., 1892-1897. č. 1. Dipinti italiani e spagnoli. 1892, 1895. č. 2. Dipinti olandesi e tedeschi. 1893, 1897. č. 3. Dipinti inglesi, francesi e russi. 1895, 1897.

[Somov A.], Imperatorskij Ermitaž. Katalog kartinnoj galerei (Ermitage imperiale. Catalogo della pinacoteca). Spb. 1900-1908.

T. 1. Dipinti italiani e spagnoli. 1901.

T. 2. Dipinti olandesi e tedeschi. 1902.

T. 3. Dipinti inglesi e francesi 1900, 1908.

Somof A., Ermitage Impérial. Catalogue de la Galerie des tableaux, San Pietroburgo 1891-1909.

Part 1. Les écoles d'Italie et d'Espagne. 1891, 1899, 1909.

Part 2. Ecoles neérlandaises et école allemande.

1895, 1901.

Vol. 3. Ecole anglaise et école francaise. 1903.

Kratkij katalog kartinnoj galerei Imperatorskogo Ermitaža (Breve catalogo della pinacoteca dell'Ermitage imperiale). Spb. 1900, 1902, 1903, 1907, 1908, 1911, 1914, 1916.

[Lipgart E.K.], Imperatorskij Ermitaž. Katalog kartinnoj galerei (Ermitage imperiale. Catalogo della pinacoteca). T. 1. Dipinti italiani e spagnoli. Spb. 1912.

Gosudarstvennyj Ermitaž. Otdel zapadnoevropejskogo iskusstva. Katalog živopisi (Museo Ermitage. Sezione Europa occidentale. Catalogo della pittura). A cura di V.F. Levinson- Lessing. L.; M., 1958.

T. 1. Italia, Spagna, Francia, Svizzera.

T. 2. Paesi Bassi, Fiandre, Belgio, Olanda, Germania, Austria, Inghilterra, Svezia, Danimarca, Norvegia, Finlandia, Ungheria, Cecoslovacchia.

Gosudarstvennyj Ermitaž. Zapadnoevropejskaja Živopis'. Katalog (Museo Ermitage. La pittura dell'Europa occidentale. Catalogo). A cura di V.F. Levinson-Lessing. II ed. L., 1976-1981.

T. 1. Italia, Spagna, Francia, Svezia. 1976.

T. 2. Paesi Bassi, Fiandre, Belgio, Olanda, Germania, Austria, Inghilterra, Svezia, Danimarca, Norvegia, Finlandia, Ungheria, Polonia, Romania, Cecoslovacchia. 1981.

Gosudarstvennyj Ermitaž. Sobranie zapadnoevropejskoj Živopisi: Naučnyj katalog (Museo Ermitage. La collezione della pittura europea: catalogo scientifico). In 16 voll. M., Firenze, 1981.

Piotrovslij B.B., Ermitaž. Istorija i kollekcii (Ermitage. La storia e le collezioni), 1981 (Volume introduttivo).

T. 1. La pittura italiana. XIII-XVI secolo/T.K. Kustodieva. 1994.

T. 2. La pittura veneziana. XIV-XVIII secolo/I.D. Fomičeva. 1992.

T. 5. La pittura olandese. XV-XVI secolo/N.N. Nikulin. 1989.

T. 10. La pittura francese. XVIII secolo/I.S. Nemilova 1985.

T. 11. La pittura francese: inizio e metà del XIX secolo/V. N. Berezina. 1983.

T. 12. La pittura francese. Seconda metà del XIX-XX secolo/A.G. Barskaja, A.G. Kostenevič. 1991.

T. 13. La pittura inglese del XVI-XIX secolo/L.A. Dukel'skaja, E. P. Renne. 1990.

T. 14. La pittura tedesca e austriaca. XV-XVIII secolo/N. N. Nikulin. 1987.

T. 15. La pittura tedesca e austriaca. XIX-XX secolo/B. I. Asvarišč. 1988.

The Hermitage. Catalogue of Western European Painting. In 16 vol. Mosca-Firenze, 1982.

Piotrovsky B., The Hermitage. Its history and collections, Londra, 1982 (introductory volume).

Vol. 1. Italian painting: Thirteenth to sixteenth centuries/By T. Kustodieva, 1994.

Vol. 2. Venetian painting: Fourteenth to eighteenth centuries/By T.D. Fomichova, 1992.

Vol. 4. Spanish painting: Fifteenth to nineteenth centuries/By L.L. Kagane, 1997.

Vol. 5. Netherlandish painting: Fifteenth to sixteenth centuries/By N.N. Nikulin, 1989.

Vol. 10. French painting: Eighteenth century/By I.S. Nemilova, 1986.

Vol. 11. French painting: Early and mid-nineteenth century/By V.N. Berezina, 1983.

Vol. 12. French painting: Mid-nineteenth to twentieth centuries/By A.G. Barskaya, A.G. Kostenevičh, 1991. Vol. 13. British painting: Sixteenth to nineteenth centuries/By L.A. Dukelskaya, E.P. Renne, 1990.

Vol. 14. German and Austrian painting: Fifteenth to eighteenth centuries/By N.N. Nikulin, 1987.

Vol. 15. German and Austrian painting: Nineteenth and twentieth centuries/By B.I. Asvarishch, 1988.

MOSTRE PRESSO L'ERMITAGE

Vrangel' N.N., Podrobnyj illjustrirovannyj katalog vystavki russkoj živopisi za 150 let (1700 -1850) (Catalogo illustrato della mostra su 150 anni di pittura russa. 1700 -1850). Spb. 1902.

"Starye gody" (Anni passati). Catalogo della mostra [Spb.], 1908.

Sto let francuzskoj živopisi (1812-1912).

(Cento anni di pittura francese. 1812-1912).

Mostra organizzata dalla rivista "Apollon" e dall'Istituto francese di San Pietroburgo. Catalogo a cura di N. Vrangel', S. Makovskij. Spb. 1912.

Vrangel' N.N., Pamjati Petra Petroviča Semenova-Tjan-Šanskogo (In memoriam di Petr Petrovič Semenov-Tjan-Šanskij). Catalogo della mostra [Pg., 1914], Pervaja Ermitažnaja vystavka (La prima mostra dell'Ermitage). Pb. 1920.

Katalog vystavki kartin Rannego Vozrozdenija v Italii (Catalogo della mostra di quadri del primo Rinascimento italiano). Saggio introduttivo di.

A. Benua. Pb. 1922.

Vystavka živopisi XIX veka (Mostra di pittura del XIX secolo). Catalogo. [A cura di F.F. Notgaft], Pg., 1923.

Vremennaja vystavka pamjatnikov iskusstva i kul'tury, ostavavšihsja v Leningrade vo vremja blokady (Mostra temporanea dei monumenti artistici e culturali rimasti a Leningrado durante l'assedio). Catalogo, L., 1945.

Vystavka proizvedenij Rembrandta i ego školy v svjazi s 350-letiem so dnja roždenija (Mostra delle opere di Rembrandt e della sua scuola per il 350 anniversario della nascita). Catalogo. A cura di V.R. Vippera, V. F. Levinsona-Lessinga. M., 1956.

Pol'Sezann (1839 -1906) (Paul Cézanne 1839 - 1906). Mostra per i cinquant'anni dalla morte. Catalogo a cura di A.G. Barskaja. L., 1956.

Zapadnoevropejskij pejzaž XVI-XX vekov.

Živopis', grafika, prikladnoe iskusstvo (Il paesaggio dell'Europa occidentale dal XVI al XX secolo.

Pittura, grafica, arte applicata). Catalogo a cura di V. N. Berezinaja. L., 1959.

Kuznecov Ju.I., Adrian von Ostade. Catalogo. L., 1960.

Vystavka kartin i risunkov russkih hudožnikov načala XIX veka iz sobranija F. F. Notgafta (Mostra di dipinti e disegni di autori russi dell'inizio del XIX secolo dalla collezione F.F. Notgaft). Catalogo a cura di A.V. Pomarnackij, G.A. Princeva. Testi di V.F. Levinsona-Lessinga. L., 1962.

Živopis' srednevekovogo Vostoka (La pittura dell'Oriente medievale). Catalogo della mostra.

L., 1967.

Anri Matiss. Živopis', skul'tura, grafika, pis'ma (Henry Matisse. Pittura, scultura, grafica, epistolario). Mostra dedicata al centenario della nascita del pittore. Mosca-Leningrado. Saggio introduttivo di A. Izergina. L., 1969.

Rembrandt, ego predšestvenniki i posledovateli (Rembrandt,

predecessori e seguaci). Per i 330 anni dalla morte del pittore. Catalogo della mostra.
Testi di E.Ju. Fehner, I.V. Linnik. L., 1969.
Fransua Buše (1703-1770). Pittura, grafica, arte applicata. Catalogo della mostra. L., 1970.
Vatto i ego vremja (Watteau e il suo tempo). Pittura, grafica, arte applicata. Catalogo della mostra. Testi introduttivi di I. Nemilova, N. Birjukova. L., 1972.
Iskusstvo portreta (L'arte del ritratto). Catalogo della mostra dalla collezione dell'Ermitage. L., 1972.
Podrobnyj illjustrirovannyj katalog vystavki russkoj portretnoj živopisi za 150 let (1700-1850).
(Catalogo illustrato della mostra dedicata a 150 anni di ritrattistica russa. 1700-1850). L., 1972.
Vystavka pamjatnikov, restavrirovannyh v Ermitaže (Mostra dei monumenti restaurati all'Ermitage). Catalogo. L., 1973.
Karavadžo i karavadžisty. Vystavka kartin iz muzeev SSSR (Caravaggio e i caravaggisti. Mostra dei quadri dei musei sovietici). Catalogo a cura di S.N. Vsevoloskaja, I.V. Linnik. L., 1973.
Živopis' impressionistov (La pittura degli impressionisti). Per il centenario della prima mostra del 1874. Catalogo della mostra. A cura di G. Barskaia. L,, 1974.
Kaspar David Fridrih i romantičeskaja živopis' ego vremeni (Caspar David Friedrich e la pittura romantica del suo tempo). Catalogo della mostra a cura di B.I. Asvarisč et al., L., 1974.
Iskusstvo Vizantii v sobranijah SSSR (L'arte di Bisanzio nelle raccolte dell'Urss). Catalogo della mostra a cura di A.V. Bank, M.A. Bessonova. M., 1977.
Paolo Veroneze. Per i 450 anni dalla nascita. Pittura, scultura, grafica, arte applicata dalle collezioni dell'Ermitage. Catalogo della mostra a cura di I.S. Grigor'eva, T.D. Fomičeva, S.O. Androsov. L., 1978.
Nemeckaja pejzažnaja živopis' XVIII veka. Iz fondov Ermitaža (La pittura di paesaggio tedesca del XVIII secolo dai fondi dell'Ermitage). Catalogo della mostra a cura di. N.N. Nikulin. L., 1978.
Rubens i flamandskoe barokko (Rubens e il barocco fiammingo). Catalogo della mostra a cura di M.Ja. Varšavskaja. L., 1978.
Jakob lordans, 1593-1678. Catalogo della mostra a cura di N.I. Gricaj, Ju.I. Kuznecov. L., 1979.
Fajumskie portrety v Ermitaže (I ritratti del Fayyum all'Ermitage). Catalogo della mostra a cura di A.Ja. Kakovkin. L., 1979.
Anton Rafael' Mengs. Catalogo della mostra dedicata ai 200 anni dalla morte del pittore.
A cura di N.N. Nikulin et al. L., 1981.
Koscova A.S., Sto ikon iz fondov Ermitaža.
Živopis' Russkogo Severa XIV-XVIII vv (Cento icone dall'Ermitage. La pittura della Russia settentrionale nei secolo XIV-XVIII). Catalogo della mostra L., 1982.
Pikasso, 1881-1973. Catalogo della mostra.
Testi di Kostenevič
et al. M.; L., 1982.
Necke i japonskaja gravjura iz sobranija S.P. Varšavskogo (Nezke e le stampe giapponesi della collezione S.P. Varšavskij). Catalogo della mostra.
A cura di M.V. Uspenskij, E.Ju. Varšavskaja. L., 1983.
Gjuber Rober i arhitekturnyj pejzaž. vtoroj poloviny XVIII veka (Hubert Robert e il paesaggio architettonico della seconda metà del XVIII secolo). Pittura, grafica. Per i 250 anni dalla nascita di Hubert.
Robert. Catalogo della mostra a cura di I.S. Nemilova, I.N. Novosel'skaja, M.D. Dvorina et al., L., 1984.
Muril'o i hudožniki Andalusii XVII veka v sobranii Ermitaža (Murillo e i pittori andalusi del XVII secolo nella collezione dell'E.). Catalogo della mostra. A cura di L.L. Kagane. L., 1984.
Inter'er v russkoj živopisi XIX-XX veka (Gli interni nella pittura russa del XIX-XX secolo). Catalogo della mostra a cura di A.G. Pobedinskaja. L., 1985.
Nemeckaja i avstrijskaja živopis' XVIII veka iz fondov Ermitaža (Dipinti tedeschi e austriaci del XVIII secolo dai fondi dell'E.). Catalogo della mostra. A cura di N.N. Nikulin. L,, 1986.
Portretnaja živopis' v Rossii XVIII veka iz sobranija (La ritrattistica in Russia nel XVIII secolo). Catalogo della mostra a cura di I.G. Kotel'nikovoj. L., 1987.
Rossija-Francija. Vek Prosvesčenija: Russko- francuzskie kul'tumye svjazi v XVIII stoletii (Russia- Francia. Il secolo dell'illuminismo: i rapporti culturali russo-francesi nel XVIII secolo). Catalogo della mostra. L., 1987.
Kustodieva T.K., Ital'janskaja živopis' XIII-XV vekov (La pittura italiana dei secoli XIII-XV).
Catalogo della mostra. L., 1989.
Gogen. Vzgljad iz Rossii (Gauguin. Uno sguardo dalla Russia). Catalogo della mostra a cura di A.G. Kostenevič, A.S. Kantor-Gukovskaja. M., 1990.
Koscova A.S., Pobedinskaja A.G. Russkie ikony XVI-načala XX veka s nadpisjami, podpisjami i datami (Icone russe dal XVI all'inizio del XX secolo, datate e firmate). Catalogo della mostra. L., 1990.
Vizantija. Balkany. Rus'. Ikony konca XIII-pervoj poloviny XV v (Bisanzio. I Balcani. La Rus'. Icone dalla fine del XIII alla prima metà del XV secolo). Catalogo della mostra. M., 1991.
Afonskie drevnosti. (Antichi monumenti del monte Athos). Catalogo della mostra dalle collezioni dell'E.
A cura di V.N. Zalesskaja, Ju.A. Pjatnickij, I.N. Uhanova. Spb. 1992.
Asvarišč B. I., Kuševelskaja galereja: Zapadnoevropejskaja živopis' XIX veka (La galleria Kušelev: la pittura dell'Europa occidentale nel XIX secolo). Catalogo della mostra. Spb. 1993.
Ekaterina Velikaja. Russkaja kul'tura vtoroj poloviny XVIII v (Caterina la Grande. La cultura russa della seconda metà del XVIII secolo).
Catalogo della mostra. Spb. 1993.
Morozov i Ščukin-russkie kollekcionery. Ot Mone do Pikasso (Morozov e Ščukin, collezionisti russi.
Da Monet a Picasso). Saggio introduttivo di A.G. Kostenevič. Kel'n, 1994.
"Nikolaj i Aleksandra": Dvor poslednih russkih imperatorov. Konec XIX-nač. XX veka ("Nicola e Alessandra ": la corte degli ultimi imperatori russi. Fine XIX-inizio XX secolo). Catalogo della mostra.
A cura di E. Anisimova, I.B. Arapova, B.I. Asvarišči et al., Spb. 1994.
Kostenevič A.G., Nevedomye šedevry: francuzskaja živopis' XIX-XX vekov iz častnyh sobranij Germanii (Capolavori inaccessibili: la pittura francese del XIX-XX secolo da collezioni private tedesche). Catalogo della mostra. Spb., 1995. (Edizioni in inglese, spagnolo, italiano, tedesco, francese, giapponese).
Adamova A.T. Persidskaja živopis' i risunok XV-XIX vekov v sobranii Ermitaža (Dipinti e disegni persiani dal XV al XIX secolo). Catalogo della mostra. Spb. 1996.
Koscova A.S., Pobedinskaja A.G. Russkie ikony XVI-načala XX veka s izobraženiem monastyrej
i ih osnovatelej (Icone russe dal XVI all'inizio del XX secolo con immagini di monasteri e dei loro fondatori). Catalogo della mostra. Spb. 1996.
Petr I i Gollandija: Russko-gollandskie hudožestvennye i naučnye svjazi (Pietro e l'Olanda. I rapporti artistici e scientifici russo-olandesi). Catalogo della mostra. Saggio intrduttivo di M.B. Piotrovskij. A cura di S.O. Androsov. Spb. 1996.
Asvarišč B.I., "Soveršenno modnyj živopisec": Franc Krjuger v Peterburge ("Un pittore assolutamente di moda Frantz Kruger a Pietroburgo"). Catalogo della mostra. Spb., 1997.
Uspenskij M.V., Kuniesi i ego vremja.
Japonskaja gravjura XIX veka. Škola Utagava (Kunyosi e il suo tempo. Stampe giapponesi del XIX secolo. La scuola Utagava). Catalogo della mostra. Spb. 1997.
S beregov Temzy na berega Nevy. Šedevry iz sobranija britanskogo iskusstva v Ermitaže (Dal Tamigi alla Neva. Capolavori dalla collezione d'arte britannica dell'E.). Catalogo della mostra.
A cura di B. Allena e L. Dukel'skoj. Spb. 1997.
Asvarišč B.I., Kartinnaja galereja A.M. Gorčakova. Catalogo della mostra dedicata ai 200 anni dalla nascita Sua Altezza Cancelliere A.M. Gorčakov. Spb. 1998.
Gricaj N.I., Geroičeskie apofeozy Rubensa: Eskizy Rubensa iz sobranij Gosudarstvennogo Ermitaža (Le apoteosi eroiche di Rubens: i bozzetti di Rubens dalle collezione dell'E.). Pietroburgo e Antica Pinacoteca di Monaco. Catalogo della mostra. Spb. 1998.
Kustodieva T.K., Proizvedenija školy Leonardo v sobranii Ermitaža (Opere della scuola di Leonardo nella collezione dell'E.). Catalogo della mostra.
Spb. 1998.
Nikulin N.N., Jakob -Filipp Hakkert. Catalogo della mostra. Spb. 1998.
Poi' Sezann i russkij avangard načala XX veka (Paul Cézanne e l'avanguardia russa dell'inizio del XX secolo). Catalogo della mostra. A cura di. A.G. Kostenevič. Spb. 1998.
Russkie žitijnye ikony XVI-načala XX veka (Icone russe dei santi dal XVI all'inizio del XX secolo). A. S. Koscova, A.G. Pobedinskaja. A cura di M.B. Piotrovskogo. Spb. 1999.
Zemnoe iskusstvo-nebesnaja krasota. Iskusstvo islama (Arte terrena-bellezza celeste. L'arte islamica). Catalogo della mostra. A cura di M.B. Piotrovskij.
Spb. 2000.
Koscova A.S., Roždestvo Hristovo. Russkie ikony konca XV-XVII vekov v sobranii Ermitaža (La Natività di Cristo. Icone russe dalla fine del XV al XVII secolo nelle collezioni dell'E.). Catalogo della mostra.
Spb. 2000.
Sina]. Vizantija. Rus'. Pravoslavnoe iskusstvo s 6 do načala 20 veka (Sinai. Bisanzio. Rus'. L'arte ortodossa dal VI al XX secolo). Catalogo della mostra. A cura di O. Baddlej, E. Brjunner, Ju. Pjatnickogo. Spb. 2000.
"Učenaja prihot": Kollekcija knjazja Nikolaja Borisoviča Jusupova

(Il "ghiribizzo" ammaestrato: la collezione del principe Nikolaj Borisovič Jusupov). Catalogo della mostra, [in 2 voll.]. A cura di V.A. Mičina. A cura di A.A. Babin et al., M., 2001.
Kostenevič A.G., Klod Mone. Vystavka kartin iz muzeev Rossii, Zapadnoj Evropy, Soedinennyh Štatov (Claude Monet. Mostra di dipinti da musei della Russia, dell'Europa Occidentale e degli Stati Uniti). Catalogo della mostra. Spb. 2002.
Nikolaj I i Novyj Ermitaž (Nicola I e il nuovo E.). Catalogo della mostra. A cura di M.B. Piotrovskij.
Spb. 2002.
Kustodieva T.K., Sny gotiki i Renessansa.
Sienskaja živopis' XIV-pervoj poloviny XVI veka (Sogni gotici e rinascimentali. La pittura senese del XIV-inizio XVI secolo). Catalogo della mostra.
Spb. 2002.
Genuja v Ermitaže. Živopis i risunok XVI-XVIII vekov iz sobranij Genui i Gosudarstvennogo Ermitaža (Genova all'Ermitage. Dipinti e disegni dal XVI al XVII secolo dalle collezioni genovesi e dell'E.). Catalogo della mostra. Milano, 2002.

MOSTRE DELLA COLLEZIONE D'ARTE DELL'ERMITAGE PRESSO MUSEI RUSSI

Pervaja peredvižnaja vystavka (La prima mostra itinerante). Prospetto a cura di R.M. Haj et al., 1939-1940.
Živopis Flandrii i Gollandii XVI-XVIII vv. Peredvižnaja vystavka iz fondov Ermitaža (Dipinti fiamminghi e olandesi del XVI-XVIII sec. Mostra itinerante dai fondi dell'E.). [Catalogo], L., 1971.
Gollandskaja živopis' XVII veka v sobranii Gosudarstvennogo Ermitaža (La pittura olandese del XVII sec. nella collezione del Museo E.).
Catalogo. Tallin 1976.
Zapadnoevropejskaja živopis' XVIII iz sobranii Ermitaža (La pittura dell'Europa occidentale dal XVIII sec. dalle collezioni dell'E.). Catalogo a cura di I.B. Bušmina et al., Irkutsk 1986.
Zapadnoevropejskaja živopis' XVII-XVIII iz sobranii Ermitaža (La pittura dell'Europa occidentale dal XVII al XVIII sec. dalle collezioni dell'E.). Catalogo della mostra. (1989-1990; Volgograd ecc). M., 1990.
Ermitaž spasennyj: vystavka proizvedenij iz kolekcii Gosudarstvennogo Ermitaža, posvjaščennaja 50-letiju Pobedy v Velikoj Otečestvennoj vojne (L'Ermitage salvato: mostra delle opere dalle collezioni del museo E. dedicata al cinquantenario della Vittoria della II guerra mondiale). Album- catalogo. (1995; Ekaterinburg). A cura di I.B. Arapova et al. Introduzione di M.B. Piotrovskogo. Spb., 1995.
"Morskim sudam byt": K 300-letiju Rossijskogo flota ("Viva la flotta marinara! " : per i 300 anni della flotta russa). Catalogo (1996; Kaliningrad). A cura di G.V. Vilinbahov et al., Spb., 1996.
Drevnjaja Kazan' (L'antica Kazan'). Catalogo della mostra (1999; Kazan'). A cura di M. Kramarovskij, G. Miroljubova et al., Spb., 1999.
Ermitaž: Muzej i kollekcii (Ermitage: il museo e le collezioni). Catalogo. (2002; Lipeck).
A cura di E.B. Anan'ič, E.A. Anisimova, S.O. Androsov et al., Spb., 2001.

MOSTRE DELLA COLLEZIONE D'ARTE DELL'ERMITAGE ALL'ESTERO

Meisterwerke der Ermitage Leningrad: Französische Maler des 17. und 18. Jalirhunderts. Sonderausstellung. Katalog. Dresda, 1967.
100 målningar och teckningar från Eremitaget: Västeuropeisk konst från 1500-1700-talen. Utställning (1968; Goteborg). Katalog. S. Vsevolozskaja et al., Red. I. Novoselskaja. Leningrado, 1968.
Meisterwerke aus der Ermitage, Leningrad und aus dem Pushkin-Museum Moskau. Ausstellung. Katalog. Dresda, 1972.
Malarstwo francuskie XVII-XX w. ze zbiorow Ermitažu. Wystawa. Katalog. Przygot. A. Barskaja, W. Berezina, I. Nemilova et al., Varsavia, 1973.
De Genève a l' Ermitage. Les collections de Franqois Tronchin. Exposition. [Catalogue].
Ginevra, 1974.
Master paintings from the Hermitage and the State Russian Museum, Leningrad. Exhibition. (1975-1976; Washington etc.). [Catalogue]. Washington, 1975.
Pinturas maestras de los Museos Estatales del Hermitage y Ruso, Leningrado. Exposicion. [Catalogo], Messico, 1976.
L'Ermitage a Milano. Dipinti italiani dal XV al XVIII secolo. Mostra. [Catalogo], Milano, 1977.
Master paintings from the Hermitage Museum, Leningrad. Exhibition (1977, Tokyo/Kyoto). [Catalogue], Introd. B.B. Piotrovsky. Tokyo, 1977.
La peinture impressionniste et post- impressionniste du Musée de l'Ermitage. Exposition. [Catalogue]. Par A. Barskaya. Le Havre, 1978.
Treasures from the Hermitage collection: "Danae" by Rembrandt and the Scythian gold works. Exhibition. [Catalogue]. Tokyo, 1978.
USSR. Old master paintings. Exhibition. (1979- 1980; Melbourne/ Sydney). [Catalogue]. By M. Varshavskaya et al., Sydney, 1979.
Jean-Honoré Fragonard. Exhibition. (1980; Tokyo/Kyoto). [Catalogue]. Tokyo, 1980.
Tesoros del Ermitage. Exposicion. Catalogo. Red. por L. Kagané, I. Linnik, K. Semionova. Madrid, 1981.
Rembrandt from the collections of the Hermitage Museum. Exhibition. [Catalogue], Tokyo, 1982.
17th centure Dutch and Flemisli paintings and drawings from the State Hermitage, Leningrad. Exhibition. [Catalogue], Tokyo, 1983.
La Madonna Benois di Leonardo da Vinci a Firenze. Il capolavoro dell'Ermitage in mostra agli Uffizi. [Catalogo], Testi di M. Alpatov, T. Kustodieva, C. Pedretti. Firenze, 1984.
Rembrandt i jego uczniowie: Obrazy i ryciny: Arcydziela Ermitažu. Wystawa. Katalog. Varsavia, 1984.
Arte ruso siglos XVII a XX. Museo del Ermitage. Exposicion. [Catalogo]. G.A. Miroliubova, O.M. Ioannesian. Bogotà, 1985.
Proizvedenija zapadnoevropejskih masterov iz sobranija Ermitaža (Opere dei maestri europei nelle collezioni dell'E.). [Catalogo della mostra]. T.K. Kustodieva, I.S. Grigor'eva. Sapporo, 1985.
Meesterwerken uit de Hermitage, Leningrad: Hollandese en Vlaamse schilderkunst van de 17-e eeuw. Tentoonstelling. [Catalogus], Aut. N. Babina, I. Gritsai, I. Linnik et al., Rotterdam, 1985.
Antwerpse meesters uit de Hermitage, Leningrad. Tentoonstelling. [Catalogus]. N.P. Babina, N.I. Gritsai et al., Antwerpen, 1986.
Impressionisi to early modern paintings from the USSR: Works from the Hermitage Museum, Leningrad and the Pushkin Museum of Fine Arts, Moscow. Exhibition. (1986; Washington etc.). [Catalogue]. Introd., cat. entries A. G. Kostenevičh, M. Bessonova. Los Angeles, 1986.
Deutsche Malerei aus der Ermitage. Ausstellung. Katalog. Von M. Garlowa, B. Aswarischtsch. Amburgo, 1987.
Impressionisten und Post-Impressionisten aus sowjetischen Museen II. Ausstellung (1987; Lugano).
A. Kostenewitsch, M. Bessonowa, E. Georgiewskaja. Lugano; Milano, 1987.
Masterpieces of Western European art from the Hermitage, Leningrad. Exhibition catalogue.
Notes by S. Androsov, I. Artemyeva, N. Babina et al., Leningrado, 1987.
Proizvedenija zapadnoevropejskih masterov XIX-XX vekov iz sobranija Ermitaža, Vystavka. [Katalog], B. I. Asvarišč, Ju.A. Rusakov. Sapporo 1987.
A masterpiece from the Soviet Union: Rembrandt's "Holy Family with angels". Exhibition. [Catalogue], Toledo (Ohio), 1987.
Barbizon School, Impressionist, early modern paintings from the Hermitage Museum. Exhibition. [Catalogue]. Texts by A. G. Kostenevičh, A.S. Kantor-Gukovskaya et. al., Tokyo, 1988.
(Idem Kyoto, 1988; Nagoya, 1988).
Dutch and Flemish paintings from the Hermitage. Exhibition (1988, New York/ Chicago). [Catalogue], Forew. by B. Piotrovsky. New York, 1988.
French paintings from the USSR: Watteau to Matisse. Exhibition. [Catalogue]. Auth. A.A. Babin et al., Londra, 1988.
Masterpieces from the Hermitage, Leningrad: Western European art of the 15th-20th centuries. Exhibition (1988; Sydney/ Melbourne). Catalogue.
T. Kustodieva et al., [Leningrado; Sydney], 1988.
Henri Matisse: Pinturas y dibujos de los museos Pushkin de Moscu y el Ermitage de Leningrado. Exposicion. [Catalogo], E.B. Gueorguievskaya, A. S. Kantor-Gukovskaya, A.G. Kostenevičh, V.A. Michin. Madrid; Barcellona, 1988.
Raffaello. "La Madonna Connestabile" dell'Ermitage a Palazzo Pitti. [Prospetto della mostra]. Firenze, 1989.
Da Leonardo a Tiepolo. Collezioni italiane dell'Ermitage di Leningrado. Mostra. Catalogo.
I. Artemieva, T. Kustodieva, S. Vsevolozskaya.
T. Bushmina. Milano, 1990.
Master paintings from the Hermitage Museum. Exhibition catalogue. Texts by N. Gritsai et al., Nara, 1990.
The romantic vision of Caspar David Friedrich: paintings and drawings from the USSR. Exhibition catalogue (1990-1991; Chicago/New York). Essays by R. Rosenblum, B. Aswarishch. New York; Chicago, 1990.
Catherine the Great: Treasures of Imperiai Russia from the State Hermitage Museum, St. Petersburg. Catalogue of the exhibition. (1991-1992; Memphis/ Los Angeles/Dallas etc.). [Catalogue], Introd. text G. N. Komelova. Dallas, San Pietroburgo, 1990.
Von Lucas Cranach bis Caspar David Friedrich: Deutsche Malerei aus der Ermitage. Ausstellung. [Katalog], Hrsg. von S. Ebert-Schifferer. Mit Beitr. von M. Garlova, B. Aswarischtsch et al. Francoforte, 1991.
Rhie M.M.; Thurman R.A.F., Wisdom and compassion: The sacred art of Tibet. [Publ. on the occasion exhibition: 1991; San Francisco etc.].
New York, 1991.
Dutch and Flemish art of the 17th century from the State Hermitage Museum. Exhibition. Catalogue. Tokyo, 1992.

L'Age d'or flamand et hollandais: Collections de Catherine II: Musée de l'Ermitage, Saint- Petersbourg. [Exposition]. Notices par I. Sokolova N. Gritsai, K. Semionova. Digione, 1993.
Italian Renaissance and Baroque art from the State Hermitage museum. Exhibition. Catalogue.
I. Artemieva, I. Grigorieva et al., Tokyo, 1993.
Lost Empire of the Silk Road. Buddhist Art from Khara Khoto (X-XIIIth century). Exhibition. (1993; Lugano). Catalogue. Ed. by M. Piotrovsky.
Milano, 1993.
Italian Renaissance and Baroque art from the State Hermitage museum. Exhibition (1993-1994; Tokyo etc.). Catalogue. Auth. I. Artiemieva et al., Tokyo, 1993.
Bilder aus der Eremitage St. Petersburg und der
602 Grossen Kunstschau Worpswede: Von Caspar David Friedrich zu Paula Modersohn-Becker. Ausstellungskatalog. Mit Texten von B. Aswarischtsch C. Baumann. Osterholz-Scharmbeck, 1994.
French Baroque and Rococo artfrom the State Hermitage Museum. Catalogue of the exhibition. (1994; Ibaraki etc.). San Pietroburgo, 1994.
Espanjan kulta aikaa = The Golden Age of Spanish art. Nyttely. [Luettelo]. Teksti L. Kagané. Turku, 1994.
Asvarisjtsj B.I.; Vliegenthart-van der Valk Bouman J.M., Hollandse 19de eeuwse schilderkunst uit de Hermitage en Paleis Het Loo. Catalogus van de tentoonstelling (1994-1995; Apeldoorn). Apeldoorn; Zwolle, 1994.
French art of the XIX-XX centuries from the State Hermitage Museum. Exhibition (1995, Mito etc.). Auth. A. Babin, A. Kostenevich, Y. Rusakov. Forew. M. Piotrovsky. Tokyo, 1995.
"Water, earth and man": Masterpieces from the State Hermitage Museum. Exhibition (1995; Shizuoka etc.). Catalogue. Auth. S. Stroganov, Y.A. Roussakov et al., Tokyo, 1995.
"God and man": Great art treasures of the State Hermitage Museum. Exhibition (1996; Nagaoka/Osaka). [Catalogue]. Text M. Garlova A. Kostsova et al., Tokyo, 1996.
Christina Robertson: A Scottish portraitist at the Russian Court. Exhibition. [Catalogue]. Text A. Bird, E. Renne, J. Vickery; Forew. M. Piotrovsky, Herbert Coutts. Edinburgo, 1996.
Spanish art of the XVI-XIX cent, from the State Hermitage Museum. Exhibition (1996, Tokyo etc.). [Catalogue]. Auth. L. Kagane, M. Dedinkin.
Tokyo, 1996.
"Vom Glück des Lebens": Fr. Kunst des 18. Jh. aus der Staatlichen Eremitage St. Petersburg. Ausstellung. [Katalog]. Red: Erika Rödiger-Diruf et al; Aut. E. Derjabina et al., Karlsruhe, 1996.
British art treasures from Russian Imperiai collections in the Hermitage (was publ. on the occasion of the exhibition: 1996-1998, New Haven etc.). Ed. by B. Allen, L. Dukelskaya. New Haven; Londra, 1996.
Catherina, de Keizerin en de kunsten: Uit de schatkamers van de Hermitage. Tentoonstelling (1996 -1997; Amsterdam). [Catalogus]. Zwolle, 1996.
Peter de Grote en Holland. Tentoonstelling (1996-1997; Amsterdam). Catalogus. Amsterdam, 1996.
Zwei Gesichter der Eremitage. Ausstellung (1997; Bonn). Katalog. Bd. 2. Von Caravaggio bis Poussin. Wiss. Red. T. Kustodieva. Bonn, 1997.
(Die grossen Sammlungen; 6).
Caterina di Russia: L'imperatrice e le arti.
Mostra (1998; Firenze). Catalogo. Red. sci.
G.V. Vilinbachov et al. Aut. G.N. Komelova et al., Milano, 1998.
Capolavori nascosti dell'Ermitage: Dipinti veneti del Sei e Settecento da Pietroburgo. Mostra (1998; Udine). [Catalogo]. A cura di I. Artemieva et al., Milano, 1998.
Omaggio al Nuovo Ermitage. Mostra. [Catalogo]. Testi di S. Androsov et al., Massa, 1998.
Masterpieces from the Hermitage. Exhibition. (1998-1999; Brussels). Ed. by I. Artemieva G. Pavanello. Bruxelles; Milano, 1998.
Catherine the Great and Gustav III. Exhibition (1998-1999; Stockholm). [Catalogue].
Red M. Olausson. [Stoccolma], 1999.
Florence and Venice: Italian Renaissance paintings and sculpture from the State Hermitage Museum. Exhibition. [Catalogue]. Essays T.
Kustodieva, I. Artemieva, S. Androssov et al. Tokyo, 1999.
Hubert Robert (1733-1808) et Saint-Petersbourg: Les commandes de la famille Imperiale et des princes russes entre 1773 et 1802. Exposition (1999; Valence). Catalogue. E. Deriabina et al., Paris; Valencia, 1999.
1 Cento Capolavori dell'Ermitage. Impressionisti e Avanguardie alle Scuderie Papali al Quirinale. Mostra (1999-2000; Roma). Catalogo. Direzione sc. M. Piotrovsky. A cura di A. Kostenevič. Milano, 1999.
Earthly beauty: Heavenly art. Art of Islam. Exhibition (1999-2000; Amsterdam). Catalogue.
Gen. ed. M.B. Piotrovsky, J. Vrieze. Amsterdam; Londra, 1999.
Le Maroc de Matisse. Exposition (1999-2000; Paris). Catalogue. A. Kostenewitch et al. Parigi, 1999.
Arcydzielo Petera Paula Rubensa "Zdjecie z krzyza" ze zbiorw Panstwowego Ermitažu w Sankt Petersburgu. Wystawa. Katalog. Varsavia, 2000.
Stroganoff: The palace and collections of a Russian noble family. Exhibition (2000; Portland/Fort Worth). Portland; New York, 2000.
Treasures of Catherine the Great. Catalogue of the exhibition (2000 -2001 ; London).
Text M. Piotrovski, G. Norman, O. Kostyuk et al., Londra, 2000.
Cinquecento veneto. Dipinti dall'Ermitage. Mostra (2001; Bassano del Grappa/Barcellona). Catalogo. A cura di I. Artemieva. Milano, 2001.
Joy of life: Great art treasures from the State Hermitage Museum. Exhibition (2001; Nagaoka/Osaka). [Catalogue]. Nagaoka, 2001.
Rubens and his age. Treasures from the Hermitage Museum, Russia. Catalogue of the exhibition. (2001; Toronto). Ed. by C. Corsiglia. Forew. M.B.
Piotrovsky. London, 2001.
Maestros Sevillanos del Barroco. Exposicion. (2001-2002; Sevilla/ Madrid). Catalogo. Textos L. Kagan, J.J. Luna. Madrid, 2001.
Masterpiece and master Colletors Impressionist and early modem paintings from the Hermitage and Guggenheim Museum. Exhibition (2002; Las Vegas). Catalogue. Pref. M. Piotrovsky. New York, 2001.
Les Stroganoff: Une dynastie de mecenes. Exposition. Catalogue. Parigi, 2002.
ERMITAGE. DIPINTI.
PUBBLICAZIONI
Collection of prints from the most celebrated pictures of the Gallery of Her Imperiai Majesty Catherine the Second, Empress and Autocratice of all the Russias. Executed and publ. with her permission J. Walker. Londra, 1792.
Labenskij F.I., Ermitažnaja galereja, gravirovannaja štrillami s luhščkartin, onuju sostavljajuščih, i soprovoždaemaja istoričeskim opisaniem, sočinennym Kamilem, urožencem ženevskim (La galleria dell'Ermitage di incisioni tratte dai migliori dipinti che la compongono e accompagnata da una descrizione storica redatta da Camille, originario di Ginevra), [in 2 voll.].
Spb.; Londra, 1805-1809.
[Schnitzler J. H.]. Noticie sur les principaux tableaux du Musée Imp. de l'Ermitage a Saint Pétersbourg. San Pietroburgo, 1828.
[Bogoljubov V.], Obzor kartinnyh galerej Ermitaža ego imeparorskogo veličestva (Rassegna delle pinacoteche dell'Ermitage
di Sua Altezza Imperiale), Spb., 1833.
Livret de la galerie Imp. de l'Ermitage de Saint Pétersbourg contenant l'explication des tableaux qui la composent, avec de courtes notices sur les autres objets d'art ou de curiosité qui y sont exposés, San Pietroburgo, 1838.
Imperatorskaja Ermitažnaja galereja, litografirovannaja francuzskimi artistami:
Gg. Djupressoarom, E. Robil'jarom, Gjuo i proc.
(La pinacoteca imperiale dell'E., litografata da artisti francesi: J. Dupressoar, E. Robilliart, Guillaux ecc), [in 2 voll]. Ed. P. Peti. Spb., 1845-1847.
Žil'F., Muzej Imperatorskogo Ermitaža. Opisanie različnyh sobranij, s istoričeskim vvedeniem ob Ermitaže Ekateriny II i o obrazovanii muzeja Novogo Ermitaža (Il museo imperiale dell'Ermitage. Descrizione delle diverse collezioni, con un'introduzione storica sull'E. di Caterina II e sulla nascita del Nuovo Ermitage), Spb., 1861.
(Edizione in francese, San Pietroburgo, 1860, 1863).
Waagen G.F., Die Gemaldesammlung in der Keiserlichen Ermitage zu St. Petersburg, nebst Bemerkungen uber andere dortige Kunstsammlungen, Monaco di Baviera, 1864.
Grigorovič D.V., Progulki po Ermitažu (Passeggiando per l'Ermitage), in "Otecestvennye zapiski" [1865]; II ed. Spb., 1875.
Bode W., Kaiserliche Gemäldegalerie der Ermitage in St. Petersburg, Berlino, 1882.
Benua A., Putevoditel' po kartinnoj galeree Imperatorskogo Ermitaža (Prospetto della pinacoteca dell'Ermitage imperiale), Spb., [1910] Al'bom indijskoj i persidskoj miniatjur XIV-XVIII vv (Album di miniature indiane e persiane del XIV-XVIII secolo). A cura di L.I. Gjuzal'jana. Testi di A.A. Ivanova et al., M., 1962.
Androsov S.O., Fomičeva T.D., Venecianskaja živopis' XIII-XVIII vekov: Kollekcija Gosudarstvennogo Ermitaža (La pittura veneziana dal XIII al XVIII secolo: la collezione dell'E.), L., 1990.
Berezina V.N., Livic N.A., Iskusstvo Zapadnoj Evropy XII-XX vv. Putevoditel' po zalam Gosudarstvennogo Ermitaža (L'arte dell' Europa occidentale dal XII al XX secolo. Prospetto delle sale del museo E.). L., 1960.
Berezina V.N., Francuzskaja živopis' pervoj poloviny i serediny 19 veka v Ermitaže (La pittura francese della prima metà del XIX sec. all'E.). Catalogo scientifico, L., 1983.
Berezina V.N., Francuzskaja Živopis' XIX veka v sobranii Gosudarstvennogo Ermitaža (La pittura francese del XIX secolo

nella collezione del museo E.) [Album], M., 1980.
Berezina V., Žan-Ogjust-Dominik Engr (Jean-Auguste Dominique Ingres), M. 1977; II ed. M., 1992.
Brodskaja N.V., Impressionizm, Spb., 2002.
Brodskaja N., Ogjust Renuar (Auguste Renoir), Spb., 1996.
Brodskaja N., Fovisty (I fauves), Spb., 1996.
Varšavskaja M Ja., Van Dejk. Kartiny v Ermitaže (Van Dyck. Dipinti dell'Ermitage) [Catalogo]. L., 1963.
Varšavskaja M.Ja., Kartiny Rubensa v Ermitaže (I dipinti di Rubens dell'Ermitage), L., 1975.
Varšavskaij S.P., Rest B., Podvig Ermitaža (L'eroica impresa dell'E.), Spb., 1995.
Voronihina L.N., Gosudarstvennyj Ermitaž (Il museo E.), L., 1983; II ed. M., 1992; Spb., 2002.
Vsevolozskaja S.N., Grigor'eva I.S., Fomičeva T.D., Ital'janskaja živopis' XIII-XVIII vekov v sobranii Ermitaža (La pittura italiana del XIII-XVIII sec. Nella collezione dell'E.), [Album], L., 1964.
Glikman A.S., Nikola Pussen, L.; M., 1964.
Glinka V.M., Pomarnackij A.V., Voennaja galereja Zimnego dvorca (La galleria militare del Palazzo d'inverno), III ed. L., 1981.
Gollandskaja i flamandskaja živopis' XVII veka (Dipinti fiamminghi e olandesi del XVII secolo) A cura di M.I. Artamonova, V.F. Levinsona-Lessinga, Praga; L., 1964.
Gosudarstvennyj Ermitaž. Leningrad (Il Museo di Stato dell'Ermitage a Leningrado), Album, a cura di B. B. Piotrovskij. Testi di. S. Nemilova, M., 1975.
Gosudarstvennyj Ermitaž. Pamjatniki russkoj hudožestvennoj kul'tury (Il Museo E. Monumenti della cultura artistica russa), M., 1977.
Gosudarstvennyj Ermitaž. Pamjatniki russkoj hudožestvennoj kul'tury XIX-načala XX v (Il Museo E. Monumenti della cultura artistica russa del XIX-inizio XX secolo), M., 1979.
Gosudarstvennyj Ermitaž (Il Museo E.). Putevoditel', Spb.: Milano, 2000. (Edizioni in inglese, tedesco, francese).
Gricaj N.I., Flamandskaja živopis' XVII veka (La pittura fiamminga del XVII sec.). Prospetto, L., 1990.
Gukovskij M.A., "Madonna Litta": kartina Leonardo da Vinci v Ermitaže (La Madonna Litta: il quadro di Leonardo da Vinci all'E.), L., 1959.
Gukovskij M.A., Kolombina, L., 1963.
Danaja: sud'ba šedevra Rembrandta (La Danae: la vicenda del capolavoro di Rembrandt), A cura di M.B. Piotrovskij, Spb., 1997.
Dukel'skaja L.A., Iskusstvo Anglii XVI-XIX vekov (L'arte dell'Inghilterra dal XVI al XIX sec.).
Prospetto, L., 1983.
D'jakonova N.V., Kul'tura i iskusstvo Kitaja (La cultura e l'arte della Cina), M., 1956.
D'jakonova N.V., Šikšin: Materialy Pervoj Russko -Turkestanskoj ekspedicii akademika S.F. Ol'denburga (Šikšin: materiali della prima spedizione russo-turkmena dell'accademico S. F. Ol'denburg) M., 1995.
Izergina A., Anri Matiss (Henry Matisse), [Album], L., 1984.
[Izerina A. N.], Francuzskaja živopis' v Ermitaže (pervaja poiovina i seredina XIX veka) (La pittura francese all'E. - prima metà del XIX secolo).
Prospetto, L., 1969.
Indijskie miniatury XVI-XVIII vv (Miniature indiane del XVI-XVIII sec.), [Album], A cura di L.I. Gjuzal'jana. Introduzione di I.V. Grek, M., 1971.
Iskusstvo Anglii XVII-XIX vv (L'arte inglese dal XVII al XIX sec.). A cura di A.E. Krol'. M.; L., 1952 (Serie: "Ermitage. Prospetti delle Mostre").
Iskusstvo Bel'gii XVIII-XX vv. i Gollandii XIX-XX vv (L'arte belga nei secoli XVIII-XX e olandese nei secoli XIX-XX). A cura di K.F. Asaevič, M., 1956 (Serie: "Ermitage. Prospetti delle Mostre").
Iskusstvo Italii i Ispanii XIV-XVIII vv (L'arte italiana e spagnola dal XIV al XVIII sec.). A cura di N.A. Livšic et al., M., 1952 (Serie: "Ermitage.
Prospetti delle Mostre").
Iskusstvo Niderlandov, Flandrii i Gollandii XV-
XVIII- vv (L'arte dei Paesi Bassi, delle Fiandre e dell'Olanda dal XV al XVIII sec.). EJu. Fehner et al., E., 1952 (Serie: "Ermitage. Prospetti delle Mostre").
Iskusstvo Francii XV-načala XX vv (L'arte della Francia dal XV all'inizio del XX secolo). A cura di V.K. Gerc, V.N. Berezina, I.D. Kamenskaja et al. M., 1955 (Serie: "Ermitage. Prospetti delle Mostre"). [II ed.]. M., 1957.
Kagane L.L., Ispanskaja živopis' XVI-XVIII vekov (La pittura spagnola dal XVI al XVIII sec.), prospetto, L., 1977.
Kagane L.L., Huan Pantoha de la Krus (Juan
Pantoja de la Cruz), L., 1969.
Kamenskaja T.D., Gjuber Rober (Hubert Robert), L., 1939.
Kantor-Gukovskaja A.S., Pol' Gogen. zizn' i tvorčestvo (Paul Gauguin. Vita e opere), L.; M., 1965.
Kožina E., Iskusstvo Francii XVIII veka (L'arte francese del XVIII secolo), L., 1971.
Kožina E., Romantičeskaja bitva (La battaglia romantica), L., 1969.
Kosolapov A.I., Marak B.I., Stennaja živopis' Srednej i centrai'noj Azii (La pittura murale dell'Asia centrale), Spb., 1999.
Kostenevič A.G., P'er Bonnar i Moris Deni: Dekorativnye ansambli v sobranii Ermitaža (Pierre Bonnard e Maurice Denis: cicli decorativi nella collezione dell'E.). Brochure della prima esposizione dell'E. nell'edificio dei Ministeri civili, inaugurata il 7 settembre 1999. Spb., 1999.
Kostenevič A., Pablo Pikasso, L., 1974.
Kostenevič A.G., Francuzskaja živopis' XIX-načala XX veka v Ermitaže (La pittura francese del XIX-inizio XX secolo). Prospetto, L., 1979.
Kostenevič A.G., Ermitaž: Zapadnoevropejskaja živopis' XIX-XX vekov (La pittura dell'Europa occidentale del XIX-XX sec.). [Album]. L., 1986. (Edizione anche in inglese)
Koscova A.S., Drevnerusskaja živopis' v sobranii Ermitaža. Ikonopis', knižnaja miniatura i ornamentika XIII-načalo XVII veka (La pittura antico -russa nella collezione dell'E. Icone, miniature e decorazioni dal XIII all'inizio del XVII sec.). Spb., 1992.
Koscova A.S., Drevnerusskie ikony v sobranii Ermitaža (Icone antico-russe nella collezione dell'Ermitage).
Krasnova N.B., Palatinskie freski školy Rafael'ja v Ermitaže (Gli affreschi palatini della scuola di Raffaello all'E.). L., 1961.
Krol' A.E., Anglijskaja živopis (Dipinti inglesi)'. Catalogo. L., 1969.
Krol' A.E., Anglijskie portrety XVIII veka (Ritratti inglesi del XVIII secolo), L., 1939.
Krečetova M.N., Pamjatniki iskusstva Kitaja v muzejah SSSR (Monumenti artistici cinesi nei musei sovietici), M., 1959.
Kuznecov Ju.I., Gollandskaja živopis' v Ermitaže (La pittura olandese all'E.). Prospetto, L., 1979;
II ed. L., 1984; III ed. L., 1888.
Kuznecov Ju.I., Zagadki "Danai" (I misteri della Danae), L., 1970.
Kuznecov Ju.I., Zapadnoevropejskij natjurmort (La natura morta europea), M.; L., 1966.
Kustodieva T.K., Botticelli, L., 1971.
Kustodieva T.K., Livic N.A., Ital'janskaja živopis' XIII-XVIII vekov v Ermitaže (La pittura italiana dei sec. XIII-XVIII all'E.). Prospetto, L., 1974.
Kustodieva T.K., Ital'janskoe iskusstvo epohi Vozrozdenija XIII-XVI veka (L'arte italiana del Rinascimento dal XIII al XVI secolo). Prospetto.
L., 1985.
Kustodieva T.K., "Madonna Benua" Leonardo da Vinci (La Madonna Benois di Leonardo da Vinci), L., 1979.
Levina I.M., Iskusstvo Ispanii XVI-XVII vekov (Arte spagnola del XVI-XVII sec.), M., 1965.
Levinson-Lessing V.F., Istorija kartinnoj galerei Ermitaža. (1764-1917) (Storia della pinacoteca dell'Ermitage). L., 1985; II ed., L.,1986.
Linnik I.V., Gollandskaja živopis' XVII veka i problemy atribucii kartin (La pittura olandese del XVII secolo e i problemi attributivi), L., 1980.
Lisenkov E.G., Anglijskoe iskusstvo XVIII veka (Arte inglese del XVIII secolo), L., 1964.
Materialy po istorii russkoj kul'tury XVIII v (Materiali sulla storia della cultura russa del XVIII sec.). A cura di V.N. Vasil'ev, V. Pomarnackij, M.;
L., 1952 (Serie: "Ermitage. Prospetti delle mostre").
Maršak B.I., Raspopova V.I. et al., Otčet o raskopkah drevnego Pendčikenta v 2002 godu. Materialy ekspedicii (Resoconto degli scavi condotti nell'antica Pendijkent nel 2002. Materiali della spedizione), n. 5. Spb, 2003.
Maculevič Ž.A., Putevoditel' po zalam francuzskogo iskusstva XV-XVIII vv (Prospetto delle sale dell'arte francese dei secoli XV-XVIII). L., 1940.
Mezenceva Č.A., Iskusstvo Germanii XV-XVIII vekov (L'arte della Germania dal XV al XVIII secolo). Prospetto. L., 1980.
Nemeckoe iskusstvo XV-XIX vv (Arte tedesca dal XV al XIX sec.). A cura di V.F. Levinson-Lessing.
Testi di A.N. Izergina, A.N. Nemilov. M., 1952 (Serie: "Ermitage. Prospetti delle mostre").
[II ed. M., 1955].
Nemilova I.S., Vatto i ego proizvedenija v Ermitaže (Watteau e le sue opere all'Ermitage) L., 1964.
Nemilova I.S., Zagadki staryh kartin (I misteri degli antichi dipinti), M., 1973; II ed, M., 1974.
Nemilova I.S., Francuzskaja živopis' XVIII veka v Ermitaže (La pittura francese del XVIII secolo all'E.). Catalogo scientifico L., 1982.
Nikulin N.N., Zolotoj vek niderlandskoj živopisi XV veka (Il secolo d'oro della pittura dei Paesi Bassi: il XV secolo), M., 1981.
Nikulin N.N., Nemeckaja i avstrijskaja živopis'
XV-XVIII vekov: Ermitaž (Dipinti tedeschi e austriaci del XV-XVIII secolo: Ermitage), L., 1989; II ed. Spb., 1992.
Nikulin N.N., Niderlandskaja živopis' XV-XVI vekov v Ermitaže

(La pittura dei Paesi Bassi nel XV-XVI sec.). Prospetto. L., 1980; L., 1984; II ed., L., 1987.

Petrusevič N., Iskusstvo Francii XV-XVI vekov (L'arte francese del XV-XVI secolo), L., 1973.

Piotrovskij B.B., Istorija Ermitaža (Storia dell'Ermitage). Breve saggio. Materiali e documenti M., 2000.

Piotrovskij M.B., Neverov O.Ja., Ermitaž: Sobranija i sobirateli (l'Ermitage: collezioni e collezionisti), Spb., 1997.

Piotrovskij M.B., O musul'manskom iskusstve (L'arte musulmana), Spb., 2001.

Podoksik A.S., Pikasso, L., 1989.

Russkaja kul'tura VI-XVIII vekov (La cultura russa dal XVI al XVIII secolo). Prospetto. A cura di G.N. Komelovoj, I.N. Uhanovoj, L., 1983.

Russkie portrety XVIII-XIX stoletij (Ritratti russi del XVIII-XIX secolo). Edito dal granduca Nikolaj Mihajlovič. Voll. 1-5. Spb., 1905-1909.

Strelkov A.S., Fajumskij portret. Issledovanie i opisanie pamjatnikov (Il ritratto del Fayyum. Analisi e descrizione delle opere), M.; L., Academia, 1936.

Fehner EJu., Gollandskaja pejzažnaja živopis' XVII veka v Ermitaže (La pittura paesaggistica olandese del XVII secolo all'Ermitage), L., 1963.

Fehner E.Ju., Gollandskij natjurmort XVII veka v sobranii Gosudarstvennogo Ermitaža (La natura morta olandese del XVII secolo nella collezione dell'Ermitage). Album. M., 1990.

Fehner E.Ju., Niderlandskaj a živopis' XVI veka (La pittura dei Paesi Bassi nel XVI secolo), L., 1950.

Fomičeva T.D., Vidy Drezdena i Pirny. Arhitekturnye pejzaži Bernardo Bellotto (Vedute di Dresda e Perna. I paesaggi architettonici di Bernardo Bedotto). L., 1959.

Ščerbačeva M.I., Kartiny T'epolo iz dvorca

Dol'fino v Ermitaže (Le opere di Tiepolo dal Palazzo Dolfin all'Ermitage), L., 1941.

Ščerbačeva M.I., Natjurmort v gollandskoj živopisi (La natura morta nella pittura olandese) L., 1945.

Ejsler K., Ermitaž: živopisi (Ermitage: pittura). Introduzione di M.B. Piotrovskij, M., 2001.

Ermitaž. Živopis XVII-XVIII vekov (Ermitage. La pittura del XVII-XVIII secolo). [Album]. In 2 voll. A cura di M.I. Artamonov, V.F. Levinson-Lessing Praga; L., 1962-1964.

Ermitaž. Zapadnoevropejskaja živopis' (Ermitage: la pittura europea). Album in 2 voli. A cura di. P.F. Gubčevskij, M., 1957-1958.

Ermitaž. Zapadnoevropejskaja živopis' XIII-XVIII vekov (Ermitage. La pittura dal XIII al XVIII secolo). [Album]. Introduzione di T. Kustodieva.

Testi di. S. Vsevolozskaja, E. Derjabina, N. Gricaj et al., L., 1989.

Ermitaž. Kartinnaja galereja (Ermitage.

La pinacoteca). Prospetto a cura di Ju. G. Šapiro L., 1991. (Edizione anche in inglese e tedesco).

Ermitaž. Istorija i sovremennost' (Ermitage: storia e attualità). A cura di V.A. Suslova, M., 1990.

A Capital Collection. Houghton Hall and the Hermitage, Ed. by L. Dukelskaya, A. Moore New Haven; London, 2002.

Catalogue of Japanese Art in the State Hermitage Museum. [Essay by M. Uspensky, T. Arapova].

Kyoto, 1993. (Report of Japanese Art abroad research project; Vol. 2).

Barskaia A., Paul Cezanne. Musée de l'Ermitage Leningrad. Musée des Beaux Arts Pouchkin Moscou, Leningrado, 1983.

Barskaja A., Claude Monet, Leningrado, 1980.

Brodskaia N., Henri Rousseau, Leningrado, 1977.

Brodskaia N., Felix Vallotton, Bournemout;

San Pietroburgo, 1996.

Brodskaia N., Maurice de Vlaminck Leningrado, 1987.

Brodskaia N., Van Dongen, Leningrado, 1987.

Caravaggio and his followers: Paintings in Soviet museum. [Album]. Introd. articles, notes by S. Vsevolozhskaya, I. Linnik, Leningrado, 1975.

Lucas Cranach. [Album]. Einl. und Ausw.

von N. Nikulin, Leningrado 1976. (Grosse Meister der Malerei).

Eisler C., Paintings in the Hermitage. Introd. by B.B. Piotrovsky, V.A. Suslov, New York, 1990.

Eremitage, Leningrad. Französische Malerei des 19. und 20. Jahrhunderts. [Album. In 2 Bd.]. Vorw. von A.N. Izergina, Praga; Leningrado, 1966 -1970.

L'Ermitage, Léningrad. Peinture d'Europe occidentale des XIIIe-XVIIIe siècles. [Album]. Préf. par E. Kojina. Comment. par T. Kustodiéva, S. Vsévolojskaia, L. Kagané et al., Léningrado, 1978.

Great art treasures of the Hermitage museum St. Petersburg. Forew. M.B. Piotrovsky. Introd. by V.A. Suslov. Essay by B. Piotrovsky. Vol. 2. Western European art. Russian art and culture, New York; Londra, 1994.

The Hermitage. English Art. Sixteenth to nineteenth century. Paintings, sculpture, prints and drawings, minor arts, Leningrado, 1979.

The Hermitage: The history of the buildings and collections. Forew. by M. Piotrovsky. Introd. articles by L. Torshina. Notes on the plates S. Kudriavtseva., San Pietroburgo, 2000.

The Hermitage, Leningrad. German and Austrian painting. [Album]. Introd. articles by N. Nikulin B. Asvarishch, Leningrado, 1986.

The Hermitage. Picture gallery. Forew. M. Piotrovsky. Text S. Kudriavtseva, A. Kamchatova San Pietroburgo, 1999.

The Hermitage: Western European painting in the Hermitage. [Album]. Introd. by B. Piotrovsky.

Notes to the plates by I. Linnik, Leningrado, 1984.

The Hermitage, Leningrad. Baroque & Rococo masters. Introd., notes by V.F. Levinson-Lessing. Prague; Leningrado, 1967.

The Hermitage, Leningrad. Medieval & Renaissance masters. [Album], Introd., notes by V.F. Levinson-Lessing. Praga; Leningrado, 1967.

The Hermitage, Leningrad. French 19th century masters. [Album]. Introd., notes by A.N. Izergina, Prage; Leningrado, 1968, 1970.

The Hermitage, Leningrad. Venetian paintings 15th to 18th century. [Album]. Comp., introd. by S. Androsov, N. Fomichova, Leningrado, 1990.

L'impressionnisme au Musée de l'Ermitage. [Album], Catalogue de A.G. Barskaia, V.N. Beresina A.N. Izergina, Paris, 1967.

Kagane L., Bartholome Esteban Murillo: The Spanish master of the 17th century. Bournemouth;

San Pietroburgo, 1995.

Kagane L., Diego Velazquez. Bournemouth;

San Pietroburgo, 1996.

Kostenevičh A., Henri Matisse. In collab. with L. Frakel, New York, 1998.

Kuznetsov Y., Linnik I., Dutch painting in Soviet museums. Album-catalogue. Amsterdam;

Leninigrado, 1982.

Loewinson-Lessing V., Nicouline N., Le Musée de l'Ermitage. Leningrado. Bruxelles, 1965. (Les primitifs flamands; 1. Corpus de la peinture des anciens Pays-Bas Méridionaux au quincième siècle; 8).

Henri Matisse. Painting and sculptures in soviet museums. Introd. by A. Izerghina, Leningrado, 1978.

Bartolomé Esteban Murillo. [Album]. Comp., introd. by L. Kagané, Leningrado, 1988. (Masters of world painting).

La peinture française: Seconde moitié du XIXe-début du XXe siècle: Musée de l'Ermitage, Léningard. [Album]. Introd. A. Izergina. Réalisation, comment. A. Barskaia, Leningrado, 1975.

Piotrovsky M., On Islamic art, San Pietroburgo, 2001.

Rembrandt Harmensz van Rijn. Paintings from Soviet museums. [Album-catalogue], Ed. by V. Loewinson-Lessing. 2. ed., Leningrado, 1975.

Sterling Ch., Musée de l'Ermitage. La penture française de Poussin aux nos jours, Parigi, 1957.

Vsevolozhskaya S., Italian Painting 13th to 18th century. From the Hermitage Museum. New York; Leningrado, 1981.

Soobščenija Gosudarstvennogo Ermitaža (Comunicati del museo Ermitage), L., 1940-Spb., 2001. n. 1-59.

Trudy Gosudarstvennogo Ermitaža (Lavori del Museo Ermitage), L., 1956-Spb., 2000. T. 1-29.

Ermitažnye čtenija pamjati V.F. Levinsona- Lessinga (1893-1972) (Letture dell'Ermitage in memoria di V.F. Levinson-Lessing (1893-1972).

Spb., 1993-2002.

Ermitažnye čtenija pamjati B.B. Piotrovskogo (1908-1990) (Letture dell'Ermitage in memoria di B. B. Piotrovskij-1908-1990). Spb., 1993-2002.

艺术家索引

作品索引